アドバイス税法講義 上巻

地方税職員のための税法入門

税法総論・所得税・固定資産税等

林 仲宣 [著]

税務経理協会

はしがき

　地域住民にとって，市町村の機関は，税務に限らずさまざまな手続きの申請や交付，行事への参加など気軽に立ち寄る身近な場所といえます。それに対応する市町村職員は，地縁，血縁で結ばれた人間関係が構築された地域社会においては，住民と直接，間接に面識のある人物であることが多いことも事実でしょう。地域住民からすれば，市町村職員は，気軽に相談や苦情をいえる相手となっているはずです。地方自治体としての市町村と地域住民との距離は近く，もちろんこのことは，自治体と住民，相互にとって有益なことと考えます。

　一般に自治体職員は，自治体内の部局を数年単位で異動する，いわばゼネラリストで構成されています。つまり，さまざまなセクションでの多様な経験が，住民との対話と対応に十分生かされるべきです。これは，税務行政の場合でも同様です。確かに，地方税務行政は，スペシャリスト集団である国税との対比で，消極的に議論されることがあります。しかし，それは複雑多岐にわたる税制に問題があり，納税者の立場からすれば本末転倒なことといえます。

　もっとも当然のことですが，地域住民と直接，応対する地方税務職員の研鑽は，極めて重要な課題です。税務行政は，地域住民に対する公共サービスを提供する他の多くの行政分野と異なり，租税の徴収賦課という強制的な行政行為の行使であることを忘れてはなりません。税法の知識不足による職員自身の誤った言動が，納税者の不利益となり，結果として行政に対する不信・不満が生じる場合が出てくることもあるからです。

　さらに地域によっては，市町村職員であっても所得税の確定申告時期において，住民サービスの一環として税務署の協力業務に従事することがありますから，地方税務職員に期待される職責は大きくなります。日常的な地方税制とともに国税に関する基本的な知識も地方税務職員も必要になるといっていいでしょう。ただ留意すべきことは，上述のように地方税務行政が地域住民との関わりが深いことから，強行法である税法の解釈と適用にあたっては，納税者の視点が不可欠であることです。

　地方税務職員には，地方税法が規定する担当分野の知識を中心に，隣接する

国税各法の基礎的な知識が必要であることはいうまでもないことです。しかしそれは，いわば実務的な知識であり，課税の論理に他なりません。そのため本書は，納税者の視点から，税法の解釈と適用の基礎となる税法の基本原則から個別税法の基礎的な論点を解説しています。

　本書は2分冊で構成しています。上巻では，税法の基本原則と所得税法，地方税法の基本問題を，下巻では法人税法，消費税法，相続税法など国税における基本事項を検討・解説しています。本書の論考は，月刊『税』平成23年4月号から平成27年10月号まで，「白熱講義録・はじめて税務部門に配属された君たちへ」と題して55回に渡って連載した原稿を修正・加筆したものであり，連載の企画から終了まで執筆のチャンスをいただいた月刊『税』編集者には謝意を表したいと思います。

　本書で紹介・解説した学説，判例，時事問題の多くは，市町村中央職員研修所（市町村アカデミー），全国市町村国際文化研修所及び東京都主税局職員研修における講義ノートをもとにしています。地方税務職員研修の講師を仰せつかるようになって，四半世紀が過ぎようとしています。この経験は，大学院の講義や学会活動を通じて，恩師・坂田期雄先生から地方自治体経営論や地方分権論をご指導いただいた賜物です。先生の学恩に深く感謝し，ご健康を心から祈念する次第です。

　月刊『税』連載時から税理士・高木良昌君にご協力いただきました。また本書の校正は，専修大学大学院法学研究科博士課程・山本直毅君，林　仲宣税理士事務所・漢那　文さんにお世話になりました。また本書の出版では，税務経理協会の鈴木利美氏には格別のご配慮を賜りました。

　2016年（平成28年）7月

林　　仲宣

本書の構成

1 本書で使用している法令及び通達の略称,法令の条項の表記方法は,通常,税法関係の書籍,雑誌などで採用されている標記を準用しています。

2 現在,税法判例,国税不服審判所裁決事例の検索は,一般社団法人日税連税法データベース(TAINS)及びLEX/DB・TKC法律情報データベースを利用することが一般的ですから,本書においても,判決(裁決)の出典は両者を活用しています。

3 最高裁の判断が棄却・上告不受理の場合には高裁又は地裁の判旨を,また高裁の判断が地裁の判断に加筆訂正しているため判読が難しい場合には地裁の判旨を,それぞれ紹介しています。

4 判決(裁決)要旨で引用されている法令の条項及び通達等の番号は,その後,廃止,削除,追加,改正,変更などにより現行とは異なるものもありますが,おおむね判旨の中で法令等の趣旨を説示していますので,原則として判決(裁決)が出された当時の表記で記載しています。

5 登載判例集等は,LEX/DB・TKC法律情報データベースの書誌データから引用し,複数の文献がある場合には代表的な判例集等を明記しています。
　なお,最高裁HPとは,最高裁判所ホームページの裁判例情報で検索できる判例を指します。

目　次

はしがき
本書の構成

税法総論

第 1 講　租税の意義 …………………………………… 1
第 2 講　税法の法源 …………………………………… 9
第 3 講　租税法律主義 ………………………………… 19
第 4 講　租税平等主義 ………………………………… 31
第 5 講　自主財政主義と法定外税 …………………… 44
第 6 講　租税の確定手続 ……………………………… 54
第 7 講　税法の解釈と適用 …………………………… 68
第 8 講　納税者の救済・保護と税務行政 …………… 80

所　得　税

第 9 講　所得の概念 …………………………………… 96
第10講　所得の分類 …………………………………… 106
第11講　所得税の課税時期 …………………………… 122
第12講　所得税法と住所課税 ………………………… 132
第13講　所得税の課税範囲 …………………………… 144
第14講　所得計算と所得控除 ………………………… 155
第15講　源泉徴収制度 ………………………………… 170
第16講　事業概念と事業所得 ………………………… 183
第17講　給与・退職金・年金と課税 ………………… 198

目　次　1

第18講　青色申告と青色事業専従者 ……………………………… 211
第19講　譲渡所得の範囲 …………………………………………… 221

固定資産税等

第20講　固定資産税の課題 ………………………………………… 237
第21講　不動産取得税の論理 ……………………………………… 253
第22講　滞納と差押え ……………………………………………… 261
第23講　税制改正と企業経営 ……………………………………… 275

下巻の目次 ●●●●●●●●●●●●●●●●●●●●●●●●●●●●

第1講　法人税法の概要
第2講　法人税法における所得計算
第3講　役員給与
第4講　交際費と使途秘匿金
第5講　損金の課題（福利厚生費・寄附金・貸倒損失・租税公課）
第6講　資産関係の課税関係（棚卸資産・減価償却・資本的支出・繰延資産・リース取引）
第7講　法人税の展望と地方税の課題
第8講　消費税の趣旨
第9講　消費税法の定義と概念
第10講　消費税の課税対象と範囲
第11講　消費税の納税義務者
第12講　消費税の課税期間と課税標準
第13講　仕入税額控除
第14講　簡易課税制度
第15講　相続税法の基本問題
第16講　相続財産
第17講　相続財産の評価
第18講　贈与と贈与税

第1講

租税の意義

租税（税金や税も同様です）とは何か。国や地方自治体のHPには，租税を社会共通の会費とか地域社会の会費として説明しています。会費とは，わかりやすい言葉だと思いますが，この会費という言葉をもとに税の本質について考えます。

■ 1－1　租税の定義

日本国憲法において，租税について記載した条文は二つありますが，次の規定です。

> 第30条　国民は，法律の定めるところにより，納税の義務を負ふ。
> 第84条　あらたに租税を課し，又は現行の租税を変更するには，法律又は法律の定める条件によることを必要とする。

通常は，憲法30条は納税義務，憲法84条は租税法律主義を明記した条文として理解されています。この憲法における租税に関する規定は，租税について国民は当然，理解しているという前提で憲法は記述されているといっていいでしょう。確かに，私たちは，租税の意義について暗黙の上で漠然と理解してきました。

例えば，私たちに最も身近な国税である所得税について，所得税法1条は次にように規定しています。

> **第1条** この法律は，所得税について，納税義務者，課税所得の範囲，税額の計算の方法，申告，納付及び還付の手続，源泉徴収に関する事項並びにその納税義務の適正な履行を確保するため必要な事項を定めるものとする。

　所得税法では，この条文に続いて納税義務者等の定義が示されていきますが，租税についての定義は明記されていません。
　地方税法を見てみましょう。地方税法1条は，用語の定義を定めています。

> **第1条** この法律において，次の各号に掲げる用語の意義は，当該各号に定めるところによる。
> 　一　地方団体　道府県又は市町村をいう。
> 　二　地方団体の長　道府県知事又は市町村長をいう。
> 　三　徴税吏員　道府県知事若しくはその委任を受けた道府県職員又は市町村長若しくはその委任を受けた市町村職員をいう。
> 　四　地方税　道府県税又は市町村税をいう。

　各号を順番に読んでいくと，地方自治体に納付する税を地方税ということがわかりますが，租税についての定義がありません。当然のことですが，国に納付する租税が国税です。ただ，国税通則法及び国税徴収法の2条で，国税について「国が課する税のうち関税，とん税及び特別とん税以外のものをいう」と定義していますが，これはこれらの法律で対象となる国税の税目を限定した定義です。
　かつて広島地裁昭和33年9月1日判決（『税務訴訟資料』42号598頁）は，租税の意義，機能及び在り方について判示しています。いささか古い判例ですが，極めて明確な内容ですので紹介してみましょう。

> 　租税は，国又は地方団体がその一般費用に充てる為収入の目的をもって国家権力に基き，無償でその構成員より徴収するものであるが，国家権力

による強制力を伴うものであるから，その濫用は国民の経済生活を破壊し，遂には革命にまで発展することがあることは歴史の示すところである。従って，租税徴収には，その妥当公正を計る為一定の基準と原則が要求され，その基準は近代社会政策的税制に到達するまで種々変化し，公平負担の原則，明確の原則，便宜の原則，徴税費節約の原則，租税収入充分の原則，租税収入弾力性の原則，資本原本不可侵の原則等が唱えられて来たが，租税負担公平の原則は時代を問わず，租税法の最も重要な基本的条理である。

　私たちが理解してきた租税の意義について整理してみると，租税とは，①国や地方自治体が公共サービスの費用のため，②強制的に徴収されるが，③反対給付すなわち直接の見返りはない，金銭の支払いといえるでしょう。

　この租税に対する認識は，諸外国でも同様のはずです。例えば，税法の入門書で引用されることの多いドイツ租税基本法は，「租税とは，特別の給付に対する反対給付ではなく，かつ公法上の団体が収入を得るために，法律が当該義務に結びつく要件事実に該当する者に対して課す金銭給付である」と定義していますから，租税に関する概念は万国共通であると考えてきました。

■ 1—2　ガーンジー島事件の波紋

　租税に関する私たちの意識に変化を与えた事例として，ガーンジー島事件（損保ジャパン事件）に対する最高裁平成21年12月3日判決があります。この最高裁判決が出された平成21年において，最も高い評価を得た税務訴訟判決といわれていますので，検討する価値が十分ある事例です。

　租税の世界では，タックス・ヘイブン（tax haven）と呼ばれる国や地域があります。そこでは，課税が免除又は軽減され，通常，租税回避地といわれています。端的にいえば，この租税回避地に，子会社等を設立し，そこに利益をプールして課税を逃れるという手法です。

当然，各国ともこの租税回避行為を封じる対策を講じていますが，わが国でもタックス・ヘイブン対策税制といわれる制度を設けています。このガーンジー島事件で争点となったのは，租税特別措置法66条の６第１項の規定です。
　この規定は，内国法人が外国において設立した子会社が，わが国の法人税に相当する外国法人税を納付していない場合には，特定外国子会社等に該当し，タックス・ヘイブン対策税制の対象となります。その場合の外国法人税としての判定基準は，25％の税率でした。いわゆる軽減税率により負担が少ない租税は，租税に該当しないという趣旨です。つまり，租税負担の少ない外国子会社の所得は，わが国にある親会社の所得に合算され，わが国の法人税が課せられることになるのです。
　ガーンジー島は，イギリス海峡のチャネル諸島に位置するイギリス領の島ですが，タックス・ヘイブンとして知られています。ガーンジー島の所得税制は，法人の同一の収入に対して，①免税法人となる，②20％の標準税率課税を受ける，③段階税率課税を受ける，④国際課税資格の申請をして０％を超え30％以下の税率による課税を受ける，という基本的性格を異にする四つの中から適用される税制（デザイナー条項）を，納税者が選択することができるものでした。つまり，ガーンジー島の法人税は，納税者に税率の選択を認めるデザイナー条項により，各国のタックス・ヘイブン対策税制に対応し，対象外となる税率をクリアーできる税率を選ぶことを可能になります。
　そこで，わが国の保険会社が，このガーンジー島に子会社であるＡ社を設立し，わが国のタックス・ヘイブン税制対象基準の税率25％をわずかに超えた26％の税率を選択しました。このＡ社が，タックス・ヘイブン対策税制が適用される特定外国子会社等に該当するか否かが争点です。税率いわば納税額を納税者が自由に選択し支払う金銭が，租税といっていいのかが論点ですが，いままで私たちが抱いていた租税の概念とは異なる制度であることは間違いありません。
　控訴審である東京高裁は，納税者にこのような選択を認める税制は，先進諸国の租税概念の基本である強行性，公平性ないし平等性と相いれないとし，

「税」なるものの実質は、タックス・ヘイブン対策税制の適用を回避させるというサービス提供の対価ないし一定の負担としての性格を有するとして、租税の範囲を狭く解していました。

それに対し最高裁は、当該租税について「ガーンジーがその課税権に基づき法令の定める一定の要件に該当するすべての者に課した金銭給付」としての性格を認め、租税であるとの判断を下しました。その結果、A社がガーンジー島に納付した金銭を外国税と認定し、Aは特定外国子会社等に該当しないと判示しています。

租税の意義が大きく変質していることを考慮し、納税者に税率の選択を認めるデザイナー条項による納付金についても租税と認定したという点で、画期的な判断であったといえます。

一方で、ガーンジー島のように他に有力な資源や産業を持たない国や地域などは、自国内への資本の誘致を促進したり、国外への流出を阻止するために、税制上の優遇措置を積極的に提供しようとする傾向が強く、国際的な租税回避行為を助長しているのも事実です。このような「有害な税の競争」との関係で、租税の意義をどのように考えるかという点では、論旨は消極的といえなくもないと考えます。

なお、平成23年度税制改正は、本事案の結果を受けて、本事案のような複数の税率の中から課税当局と協議・合意により税率を選択できるような税については、外国法人税等に含まれないと改訂されました。これは、国際的租税回避を防止する見地から行われた措置といえます。

参考判例（1-1）【租税の意義】

> 最判平成21年12月3日・平成20年（行ヒ）第43号
> （『最高裁民事判例集』63巻10号2283頁・最高裁HP）
> 【概　　要】
> 　英領ガーンジー島所在の子会社が租税として納付したものが外国法人税に該当すると認定された事例（ガーンジー島事件（損保ジャパン事件））

【判決要旨】
① 外国法人税といえるためには，それが租税でなければならないことはいうまでもないから，外国の法令により名目的には税とされているものであっても，実質的にみておよそ税といえないものは，外国法人税に該当しないというべきである。

② 控訴審は，本件外国税は，強行性，公平性ないし平等性と相いれないものであり，その実質はタックス・ヘイブン対策税制の適用を回避させるというサービスの提供に対する対価としての性格を有するものであって，そもそも租税に該当しないと判断した。確かに，事実関係等によれば，本件外国税を課されるに当たって，本件子会社にはその税率等について広い選択の余地があったということができる。しかし，選択の結果課された本件外国税は，ガーンジーがその課税権に基づき法令の定める一定の要件に該当するすべての者に課した金銭給付であるとの性格を有することを否定することはできない。また，事実関係等によれば，本件外国税が，特別の給付に対する反対給付として課されたものでないことは明らかである。したがって，本件外国税がそもそも租税に該当しないということは困難である。

■ 1－3 税方式の社会保障制度

租税と社会保障の抜本的改革が話題です。年金制度に税方式の導入が議論されています。年金の掛金（保険料）を税方式にする最大の理由は，租税であるならば，強制徴収が可能になるということでしょう。滞納に際する差押えにおいても，租税債権優先の原則が適用されます。税方式のほうが，保険料方式（公課）に比べて徴収の確保が強化できるということでしょう。ただ，この考え方は，国民健康保険制度で具体化されています。国民健康保険制度は，加入者にとっては，その給付内容に差異がないにもかかわらず，地方自治体の選択

により，公課である国民健康保険料と租税である国民健康保険税という異なる形式が併存します。この並立は，当初，保険料として制度化された国民健康保険の徴収強化を目的として税方式が追加で制度化されました。

　この国民健康保険制度における保険税と保険料の相違について争点となった旭川国民健康保険料事件に関する最高裁平成18年3月1日判決では，「国又は地方公共団体が，課税権に基づき，その経費に充てるための資金を調達する目的をもって，特別の給付に対する反対給付としてではなく，一定の要件に該当するすべての者に対して課する金銭給付は，その形式のいかんにかかわらず，憲法84条に規定する租税に当たる」と判示しています。この判旨は，私たちが従来から持っていた租税に対する概念を踏襲しています。さしあたり，国民健康保険制度における保険税と保険料の併存に対する税法学的視点からの分析は，第3講で説明します。

■ 1−4　反対給付の意味

　租税には反対給付がない，つまり多額の租税を納めてもその額に応じた見返りはありません。明治憲法下では，貴族院における多額納税議員や一定額以上の納税者には衆議院議員の選挙権が行使できた時代がありましたが，今日では納税額に伴う特権などはありません。

　そうなるとわかりやすい言葉ですが，租税を社会共通の会費という表現は疑問があります。会費は，通常，団体・組織を構成する会員が負担する金銭です。確かに，社会の一員である国民や地域住民が，その社会を維持するための費用である租税を負担する構図は似ています。しかし，すべての人が租税を負担しているわけではありません。これに対して団体・組織では，会費を支払った会員だけで構成され，会費に見合う権利を享受できます。しかも，会費の多寡により権利の内容が異なる場合があります。

　スポーツクラブを例に挙げれば，営業時間中ならいつでも利用できる正会員を中心に，早朝会員，夜間会員，平日会員，時間制会員など会費の金額に応じ

た待遇がなされます。なかには職能団体のような強制加入の組織もありますが，組織の一員としての権利も同時に取得できます。

　ともかく，反対給付がない租税を社会共通の会費とする表現は，誤解を生む可能性は大きいと思います。

第2講

税法の法源

●●●

　社会保障制度に税方式を導入する施策が議論されることがあります。これは，租税の持つ強制徴収の機能を活用する目的です。それでは，なぜ私たちは，租税を強制的に徴収されるのか，その法的根拠について考えてみます。

■ 2－1　税法の法源

　「泣く子と地頭には勝てない」という，ことわざがあります。道理の通じない相手には，黙って従うしかない，というような意味でしょうか。地頭は，鎌倉時代に登場した地方役人の職名ですと，日本史の授業で習いましたが，江戸時代には領主のことを指す言葉だったようです。横暴な領主といえば，時代劇ドラマの「水戸黄門」が思い浮かびますが，横暴さといえば，当然，年貢や労役のことでしょう。重い年貢を封建時代の笑い話といいきれるかどうか疑問もありますが，現代に生きる私たちには，事前にルールが示されなければなりません。このルールを法というならば，私たちは法治国家で生活しているといえます。

　私たち国民の生活を拘束する法の存在形式を法源といいます。租税に関する法源は，憲法，法律，命令，告示，条約，条例，規則などが挙げられます。これらの税法の法源について，基本的な事項は，次のとおりになります。

(1) 憲　　法

　憲法において租税に関する規定は，納税義務（30条）と租税法律主義（84条）の二つですが，これに平等原則（14条）を根拠とする租税平等主義，地方自治の本旨（92条）などに基づく自主課税主義を合わせて，税法の基本原則といいます。この税法の基本原則については，改めて説明します。

　第1講で説明したように，租税は強制徴収ですが，その根拠は憲法が定める納税義務に他なりません。ところが，興味深いデータがあります。

　NHKが昭和48年以来継続して行っている国民意識調査によれば，「憲法によって義務ではなく，国民の権利ときめられているものはどれか」という設問について，納税を憲法上の権利と考えている人は年々増加し，最近の調査（平成25年10月実施）では46.8％となっています（NHK放送文化研究所編「現代日本人の意識構造」第8版（NHK出版・NHKブックス1226））。

　この数値は，同じ設問で，いわゆる表現の自由を権利と思っている人の36.4％を上回っていますから，驚くべき結果です。脱税，所得隠し，滞納など納税意識が欠如した話題が多いことを踏まえると，信じられない数値です。源泉徴収制度の下にある給与所得者は，痛税感が乏しいといわれていますが，その現れでしょうか。また，義務をおろそかにして権利ばかり主張するという傾向を批判することがありますが，ある意味深刻な結果と考えられます。

　憲法には，これらの規定以外にも，信教の自由（20条）と宗教法人課税，最低生活保障（25条）と課税所得，刑事手続き（38条）と税務調査など，税法の多様な領域で憲法上の問題が論議されてきました。

(2) 法　　律

　国税については，国会が制定する法律が主要な法源といえます。この租税に関する法律は，機能的には，一般的・共通的な手続きを定める租税手続法（国税通則法・国税徴収法），個々の租税について規定する租税実体法（所得税法・法人税法・消費税法・相続税法など），税務訴訟に関わる租税争訟法（国税犯則取締法）に区分されます。表に整理してみましょう。

機能分類	内容	具体例
租税手続法	一般的・共通的な手続法	国税通則法　国税徴収法
租税実体法	個別税法全般	所得税法　法人税法　消費税法　相続税法　印紙税法　酒税法など
租税争訟法	税務訴訟手続	国税犯則取締法

(3) 命令（政令・省令）

　命令には，通常，内閣が制定する政令と各省大臣が制定する省令（規則）があります（税法の領域では財務大臣の所管です）。命令は，法律の委任により定められますが，課税の範囲と限界については法律の規定を逸脱するおそれもあることから，租税法律主義の見地から厳しく制限されるべきです。

　国税における法律と命令の委任関係は，例えば所得税の委任関係は，以下のようになります。

項目	法律	政令	省令
所得税	所得税法	所得税法施行令	所得税法施行規則

(4) 告　　示

　国家行政組織法14条1項は，「各省大臣，各委員会及び各庁の長官は，その機関の所掌事務について，公示を必要とする場合においては，告示を発することができる」と規定しています。この告示は，後述する通達と同様に，通常は国民を拘束しない行政規則とされていますが，税法の領域では納税義務の確定に関わる告示があり，法源と理解される場合があります。

　例えば，所得税の所得控除の一つに寄附金控除があります。この控除の対象となる寄附金の中で財務大臣が指定する，いわゆる指定寄附金は，寄附金を募集する法人等の事業内容や寄附金の目的などの審査を経て，財務大臣が告示することになっています（所令216）。

また，地方税の分野では，固定資産税における固定資産税評価基準は，総務大臣が定め，告示することになっています（地法388）。

　なお，地方自治体によっては，自治体の広報誌に掲載する際に，告示という表現を用いていることがありますが，これは単に名称が同じということに過ぎません。

(5) 条　　約

　わが国では，97の国・地域と租税条約を締結しています（平成28年7月1日現在：財務省HP参照）。租税条約の目的は，二重課税の調整，脱税及び租税回避への対応等を通じ，二国間の健全な投資・経済交流の促進に資することであると説明されています。租税条約には，国際標準となる「OECDモデル租税条約」があり，租税条約を締結する際のひな型となっていますが，OECD加盟国であるわが国もこのモデル条約に準拠した内容の条約を採用しています。

　地方税の分野では，留学生や交換教授等に対する住民税の課税において，租税条約の適用が争点となることがあります。

■ 2-2　通達課税の現実

　国家行政組織法14条2項は，「各省大臣，各委員会及び各庁の長官は，その機関の所掌事務について，命令又は示達するため，所管の諸機関及び職員に対し，訓令又は通達を発することができる」と規定しています。前述の同条1項で定められる告示と類似していますが，発する相手は，所管の諸機関及び職員となります。つまり，上級行政庁から下級行政庁に対して，法律の解釈，運用及び裁量の指針を明示し，行政上の取扱いを全国的に統一するための行政規則ですから，国民を拘束するものではありません。したがって，法源に含まれません。

　しかしながら，税法の領域でいうならば税務行政の執行にあたっては，通達は具体的な基準等を明記していることから，事実上，法源とみなされることは

否定できません。通達行政・通達課税といわれる所以です。

最高裁昭和33年3月28日判決は，非課税扱いだったパチンコ球遊器を課税対象とする解釈を通達により変更することを容認した，パチンコ球遊器事件として著名な判決です。いわば通達課税のお墨付きとなった事例として知られています。

国税に関する税務行政では，通達とは，国税庁長官が発遣する国税庁長官通達をさします。この税務通達は，各税法における基本的事項及び重要事項について解釈や運用方針を体系化した基本通達と，新たに生じた事項について個別に税法の解釈や運用方針を示す個別通達とで構成され，膨大な通達が発せられています。しかも，通達は，税務の執行にあたって重要な役割を果たしており，必要不可欠なものとなっているのが実情です。

本来，通達は，行政機関の内部では拘束力を持ちますが，国民の権利義務に影響を及ぼさず，国民に対して拘束力を持ちません。しかし，税務行政が，通達に過度に依存していることは明らかであり，その結果，通達課税が租税法律主義に抵触するおそれもあるといえます。不明確な法律の下で，税務行政が通達によって自由に法律を具体化し，課税を行うことには問題があるでしょう。税法において，法律が政令以下の法令に委任することが許されるのは，徴収手続の詳細についての委任や，個別・具体的な委任など，租税法律主義の本質を損なうことのないものに限られるべきです。ただ，通達を課税庁の見解として理解することで，通達の実務における効果を評価することも必要であると考えます。

なお，総務省からの通達・通知の文書には，その趣旨として，地方自治法245条の4に規定される技術的な助言及び勧告に基づくものと付記されることが一般的です。

参考判例（2-1）【通達課税】

> 最判昭和33年3月28日・昭和30年（オ）第862号
>
> （『民集』12巻4号624頁・最高裁HP）
>
> 【概　要】
>
> 　税務通達の意義を明示し，通達課税の違憲性を否定した事例（パチンコ球遊器事件）
>
> 【判決要旨】
>
> 　①　物品税は物品税法が施行された当初（昭和4年4月1日）においては消費税として出発したものであるが，その後次第に生活必需品その他いわゆる資本的消費財も課税品目中に加えられ，現在の物品税法（昭和15年法律第40号）が制定された当時，すでに，一部生活必需品（たとえば燐寸）（第1条第3種1）や「撞球台」（第1条第2種甲類11）「乗用自動車」（第1条第2種甲類14）等の資本財もしくは資本財たり得べきものも課税品目として掲げられ，その後の改正においてさらにこの種の品目が数多く追加されたこと，いわゆる消費的消費財と生産的消費財との区別はもともと相対的なものであって，パチンコ球遊器も自家用消費財としての性格をまったく持っていないとはいい得ないこと，その他第一，二審判決の掲げるような理由にかんがみれば，社会観念上普通に遊戯具とされているパチンコ球遊器が物品税法上の「遊戯具」のうちに含まれないと解することは困難であり，原判決も，もとより，所論のように，単に立法論としてパチンコ球遊器を課税品目に加えることの妥当性を論じたものではなく，現行法の解釈として「遊戯具」中にパチンコ球遊器が含まれるとしたものであって，右判断は，正当である。
>
> 　②　（上告理由の）論旨は，通達課税による憲法違反を云為しているが，本件の課税がたまたま所論通達を機縁として行われたものであっても，通達の内容が法の正しい解釈に合致するものである以上，本件課税処分は法の根拠に基く処分と解するに妨げがなく，所論違憲の主張は，通達の内容

> が法の定めに合致しないことを前提とするものであって，採用し得ない。

■ 2-3　地方税条例と規則

　地方税の法源は，地方自治体が地方議会の承認を経て制定する地方税条例です。規則（自治体によっては，規程，細則などの名称もあります）は，条例から委任された法規ですから，法律と命令の関係と同様です。

　地方税法は，「地方団体は，この法律の定めるところによって，地方税を賦課徴収することができる」（2条）としたうえで，「地方団体は，その地方税の税目，課税客体，課税標準，税率その他賦課徴収について定をするには，当該地方団体の条例によらなければならない」（3条）と規定しています。この規定が，地方税の税源に関する規定といえます。これらが地方税条例主義（狭義）と理解されています（広義の地方税条例主義は，憲法上の租税法律主義との相違で議論されますが，ここでは触れません）。

　例えば，地方税法6条は，「地方団体は，公益上その他の事由に因り課税を不適当とする場合においては，課税をしないことができる」と規定しています。これを受けてゲートボールや少年野球のために地方自治体が賃借した土地について，その公益性を考慮して，市長が固定資産税を免除したことの是非が争点となった事例があります。地代は相場に比べて低額とはいえ有償でしたが，高齢者や青少年のための施設ですから，その公益性を容認して非課税措置を講じた市長は，その妥当性を主張しましたが，東京地裁平成3年3月27日判決は，条例に免除規定がないことから，市長の判断を否定しています。

参考判例（2－2）【地方税法と首長の裁量】

東京地判平成4年3月19日・平成3年（行ウ）第164号
（『判例地方自治』98号20頁）

【概　要】

非課税規定のない税条例の下で，地方税法が規定する固定資産税の非課税措置の適用を首長の裁量で決定したことが違法と判断された事例（東村山事件）

【判決要旨】

① 地方税法第3条によれば，地方団体は，その地方税の税目，課税客体，課税標準，税率その他賦課徴収について定めをするには，当該地方団体の条例によらなければならないものとされ（同条1項），また，その長は，右の条例の実施のための手続その他その施行について必要な事項を規則で定めることができるものとされている（同条2項）。これらの規定からすると，地方団体が法348条2項ただし書によって付与された裁量を行使するには条例の定めによってこれをしなければならず，そのような条例の定めをまつことなく賦課権者である地方団体の長の個別的な裁量によって賦課徴収をし，又はしないことは許されないものと解される。

② 市長は，本件各固定資産税を賦課しなかったことは，「公益上その他の事由により課税を不適当とする場合」（法6条1項）に当たるから適法である旨主張する。同項は，地方団体は公益上その他の事由により課税を不適当とする場合においては課税をしないことができる旨を定めるが，地方団体は，その地方税の税目，課税客体，課税標準，税率その他賦課徴収について定めをするには，当該地方団体の条例によらなければならないものとされている（法3条1項）こと等にかんがみると，地方団体が法6条1項に基づき課税をしないこととする場合においては条例によりその旨の定めをしなくてはならないものと解される。しかるに，市には，法6条1項に基づき固定資産税を課さないこととする場合について定める条例の

規定はないから，右主張は失当である。

　同じように，地方税条例の重要性が議論された話題を紹介しましょう（拙稿「課税の減免」『税』平成18年2月号196頁・『中日新聞』平成16年9月15日）。
　地方税法701条は，「鉱泉浴場所在の市町村は，環境衛生施設，鉱泉源の保護管理施設及び消防施設その他消防活動に必要な施設の整備並びに観光の振興（観光施設の整備を含む。）に要する費用に充てるため，鉱泉浴場における入湯に対し，入湯客に入湯税を課するものとする」と規定しています。ところが，開設以来8年間50万人の利用者がある町営温泉施設がありながら，入湯税に関する税条例を制定していなかった地方自治体がありました。町内には町営施設以外にも，戦前から温泉施設が存在していたようです。町営施設の利用料金が500円程度の安い金額なら入湯税はかけなくてもいいという意見が役場内にあったと話す関係者もいるようですが，標準税率1人1日150円で試算すると，7,500万円の税収があったと指摘されています。この報道について総務省のコメントは，免除するなら免除を規定する条例が必要というものでした。
　形式的には，地方税においては，地方税法より地方税条例が優先するといっていいかもしれません。しかしながら，地方税法は，地方自治体が条例を制定する際の一定の基準・制限枠を定める法律であり，講学的にいうところの「基準法」「枠法」として位置付けられるのです。

■ 2-4　地方税法の限界

　現行地方税制は，結局，地方税法に立脚して課税されていることになり，その結果，地方自治体の課税権は限定されたものになっています。確かに，国民全体の税負担の公平と均衡を図るための合理的課税制限は，不可欠でしょう。地方自治体ごとの課税権行使の独自性は尊重すべきですが，一方で，納税者の負担の地域格差が著しいことは決して望ましいことではありません。抽象的な言い方となってしまいますが，各地方自治体においては，調和のとれた課税制

度が必要ということになります。したがって，全国統一的な規範の必要性を否定するものでもありません。

　地方自治体の課税権は，地方税法の定める枠内に留められ，同時に各地方自治体の判断による独自の課税も一定の範囲内で認められるという変則的な状況におかれているといえます。

　しかし，地域住民の負担と責任に基づき地方自治への参加意識を高め，地方政治への関心を高めることがまさしく地方自治の本旨と考えるならば，課税権に対する制限の範囲は最小限のものでなければならないでしょう。住民の自治意識を啓発し，地方自治体の自主・自立と自己責任を求めるためには，まず自主課税権の拡充を目指すことですが，そのことが地方分権の進展につながると考えます。地方税法のあり方，いわば拘束力の範囲と限界についての議論を始めることから，地方分権時代の地方税制が見えてくるはずです。

　ともかく，地方税の分野においては，地方税の法源は地方自治体が制定する条例であり，地方自治体の課税権行使は条例に委ねられ，首長といえども裁量の範囲は制限されます。いうまでもないことですが，このことは納税者にとって有利な課税措置であっても当然です。

第3講

租税法律主義

●●●

　税法の基本原則として第一に挙げられる，租税法律主義の原則をとりあげます。租税法律主義の原型は，ヨーロッパにおける封建時代から近代市民社会への移行過程に登場した理念です。この租税法律主義は，大日本帝国憲法（明治憲法）にも規定され，日本国憲法にも規定されていますが，実際に機能しているかどうか考えてみます。

■ 3-1　武富士事件の意義

　最高裁平成23年2月18日判決は，当日の新聞各紙でも大きく報道され，社説でもとりあげた新聞もありました。この事件は，武富士創業家の相続税対策に対する贈与税事案であったため，「武富士事件」と通称されています。

　平成11年当時の相続税法では，海外に居住する日本人が，国外にある資産を贈与されたときには，贈与税は非課税となりました。そのため国外に資産を移し，海外に居住する者にその資産を贈与することで，贈与税を回避するという節税テクニックを富裕層が興味を持つようになったようです。

　究極の相続税対策は，課税対象となる相続財産を減らすことです。しかし，生前に相続人に財産を贈与すれば財産は減少しますが，贈与税の負担は計算上，相続税より大きいですから，節税にはなりません。そこで，この節税テクニックが脚光を浴びることになったのでしょう。納税者が，贈与税の租税回避を目論むために国外に長期滞在するなどの方法を選択することなど，課税庁にして

みれば想定外のことだったはずです。しかし，この節税テクニックは横行したようで，平成12年の相続税法改正で，過去5年以内にわが国に居住していれば課税対象とされることになりました。より長期的な節税対策が必要になったわけです。

　この裁判の争点は，納税者の居住していたのが国内（東京都杉並区）か国外（香港）かということ，つまり居住の有無は，どこに「住所」があるかということでした。「住所」に関する定義は，相続税法をはじめ各税法にはないため，民法22条が規定する「生活の本拠」が準用されています。この場合に「住所」は，単一で客観的に判断されることになっています。

　ただ，「生活の本拠」が明確でない場合には，課税庁はその推定にあたって職業，家族，家財などの判断基準を示してきましたが，特に海外居住については滞在日数の長短を指摘してきました。これらの判断基準は，裁判の過程を通じて課税庁が主張し，それを裁判所が容認してきた経緯がありました。したがって，節税テクニックを立案する際にこれらの経緯を考慮し，対策を講じたことは想像できます。事実，この武富士事件の当事者は，香港へは単身赴任でしたが，およそ3年半のうち約3分の2は香港に滞在し，仕事に就いていました。控訴審である最高裁平成20年1月23日判決は，租税回避の意図を重視して納税者の主張を斥けましたが，最高裁は客観的判断として香港を住所として認めました。

参考判例（3-1）【租税法律主義の意義】

> 最判平成23年2月18日・平成20年（行ヒ）第139号
> （『判例時報』2111号3頁・最高裁HP）
> 【概　　要】
> 　香港在住の納税者の住所が国内にあると判示された事例（武富士事件）
> 【補足意見要旨】
> 　一般的な法感情の観点から結論だけをみる限りでは，違和感も生じないではない。しかし，そうであるからといって，個別否認規定がないにもか

> かわらず，この租税回避スキームを否認することには，やはり大きな困難を覚えざるを得ない。けだし，憲法30条は，国民は法律の定めるところによってのみ納税の義務を負うと規定し，同法84条は，課税の要件は法律に定められなければならないことを規定する。納税は国民に義務を課するものであるところからして，この租税法律主義の下で課税要件は明確なものでなければならず，これを規定する条文は厳格な解釈が要求されるのである。明確な根拠が認められないのに，安易に拡張解釈，類推解釈，権利濫用法理の適用などの特別の法解釈や特別の事実認定を行って，租税回避の否認をして課税することは許されないというべきである。そして，厳格な法条の解釈が求められる以上，解釈論にはおのずから限界があり，法解釈によっては不当な結論が不可避であるならば，立法によって解決を図るのが筋であって，裁判所としては，立法の領域にまで踏み込むことはできない。後年の新たな立法を遡及して適用して不利な義務を課すことも許されない。結局，租税法律主義という憲法上の要請の下，法廷意見の結論は，一般的な法感情の観点からは少なからざる違和感も生じないではないけれども，やむを得ないところである。

裁判所も指摘するように，多額の租税回避は一般論としては納得できないことは否定しません。しかし，補足意見が如実に示しているように租税法律主義の厳格な適用は，法令遵守と租税負担の公平が期待する見地からすれば，至極当然の結論というべきなのです。

■ 3−2　租税法律主義の論理

　憲法30条は，「国民は，法律の定めるところにより，納税の義務を負ふ」と定め，憲法84条で，「あらたに租税を課し，又は現行の租税を変更するには，法律又は法律の定める条件によることを必要とする」と定めています。憲法では，このように租税に関する事項は，原則として法律で定めなければならない

ことを求めています。この理念を租税法律主義といい，税法の基本原則を構成する重要な要素の一つとされています。ここでいう法律の定める条件とは，法律から委任され制定される政令など，第2講で説明した税法の法源に含まれる法形式が該当します。

一般的には，租税に対する強制徴収というイメージは，払拭できません。確かに，租税の徴収にまつわる話は，洋の東西を問わず圧政の歴史として記録されています。租税法律主義の原則は，それを教訓として構築された考え方です。

同時に憲法は，29条で財産権を保障しています。強制的である租税の徴収を，財産権の侵害とまではいわないにしても，いわば租税の徴収にはルール化が求められることは当然というべきでしょう。そのルール化の理念が，租税法律主義の原則といえるのです。

租税法律主義は，以下に述べるように，さらに課税要件法定主義，課税要件明確主義，合法性の原則，手続保障の原則及び遡及立法の禁止などの理念から構成されます。今日的な表現で示せば，租税法律主義は，まさしくコンプライアンスの理念ということになりますが，いうまでもなく法令遵守は，納税者側ではなく，課税側に課せられることが，税法領域での本質であるべきです。

課税要件法定主義は，刑法における罪刑法定主義を税法の領域に置き換えた考え方です。租税が，憲法が保障する財産権を制御して，強制的に徴収するものですから，課税の要件及び徴収の手続きのすべてに渡って法律又はその委任を受けた政令・省令で定めることを求めています。

課税要件明確主義は，法律又はその委任を受けた政令・省令が定める課税要件や，租税の賦課徴収に関する手続きは，できる限り明確で一義的でなければならないという原則です。本来，法令の条文が明確であるべきことは税法の領域に限りませんが，特に税法の領域でその意義が強く要請されるのは，納税者に義務とはいえ経済的負担を強いる課税に関する法規だからです。そして同時に，納税者の自主的判断で行われる申告納税制度では，税法が明確で平易な表現により納税者が理解しやすいものでなければなりません。不明確で曖昧な内容であれば，結果として課税庁に税法解釈の白紙委任的な裁量を与えてしまう

おそれがあるのです。

　合法性の原則は、課税庁の行う租税の徴収について、法的根拠のない減免や猶予を防ぐ原則です。税法は、定められた課税要件に基づき執行される強行法です。つまり、この原則に反する違法な税務行政は、納税者の信頼や公平を損ねる結果となることに留意すべきでしょう。

　手続保障の原則は、租税が公権力による強制徴収であることを前提にその手続きは、法律又はその委任を受けた政令・省令が定める適正な手続きを保障しなければならないとする原則です。

　遡及立法の禁止は、課税に関する予測可能性を保障する意味から構築されています。例えば、毎年、税制に関する法律改正に関する国会審議は、3月から5月に行われ、その改正が遡って1月とか4月から適用されるなど、年度をまたぐことから、遡及の時期についての議論があります。

　租税法律主義に関する議論は、決して疎かにされていませんが、実務では、通達課税の恒常化など、租税法律主義の形骸化は著しいという見解も少なくなく、その実情も否定できません。

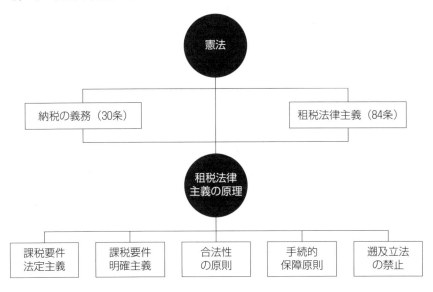

■ 3-3　租税法律主義と租税条例主義

　一般的・通説的見解として，地方税の領域では，租税法律主義を租税条例主義（広義の地方税条例主義）と置き換えています。第2講「法源」で説明したように，地方税法3条の規定する地方税条例主義（狭義）に基づき地方税の法源は各自治体が制定する条例ですから，この置き換えは当然のことと考えます。

　もっとも，忘れてはならないことは，憲法30条及び84条に基づく租税法律主義の原則は，課税権の行使に関して国と地方自治体との課税権のあり方について規制するものではありません。憲法は，課税権の行使にあたって納税者の権利を保護するための課税権の制限という重要な要件を律しているはずです。

　租税条例主義を，租税法律主義と同じ概念と考えれば，すでに述べた課税要件法定主義，課税要件明確主義，合法性の原則，手続き保障の原則及び遡及立法の禁止などの理念から構成されることになります。

　地方税法に規定する地方税条例主義の原則は，法源について規制する狭義の理念と理解しますが，課税要件法定主義は，これに近い理念といえるでしょう。課税要件が立脚する法源，すなわち法形式は条例が該当しますから，地方税法の範囲内における自主課税の限界はありますが，形式はともかく納税者に対して課税要件を明示する試みは行われています。

　例えば，地方税法の枠外にある法定外税の制度の下では，実質的に課税要件に対する租税条例主義は履行されてきました。法定外目的税第一号として著名な山梨県河口湖周辺の河口湖町，足和田村，勝山村が共同で導入した遊漁税（平成13年7月1日施行）は，各自治体で個々に同一内容の税条例を制定しましたが，その後，雨後の筍のように全国で生まれた法定外税の施行にあたっては，当該自治体が制定した税条例により執行されています。租税条例主義の理念が実践されてきたといえると思います。

■ 3-4 国民健康保険における矛盾

　租税法律主義の原則を構成する具体的要素である課税要件法定主義が達成されていても，その内容が不明確である場合には，課税庁の裁量に依拠することになります。その意味で，同時に課税要件明確主義の充足が重要となりますから，やはり両者は租税法律主義の重要な理念となります。
　秋田市国民健康保険税事件（仙台高裁昭和57年7月23日判決）では，この課税要件明確主義の意義と範囲について，違憲判断を明確にしました。

参考判例（3-2）【租税法律（条例）主義】

仙台高判昭和57年7月23日・昭和54年（行コ）第1号
（『行政事件裁判例集』33巻7号1616頁・最高裁HP）

【概　　要】
　国民健康保険税の賦課徴収に関する条例が，租税法律主義の構成する課税要件明確主義の見地から，違憲と判断された事例（秋田市国民健康保険税事件）

【判決要旨】
　①　課税要件法定（条例）主義といっても，課税要件のすべてが法律（条例）自体において規定されていなければならず，課税要件に関して，法律（条例）が行政庁による命令（規則）に委任することが一切許されないというものではなく，ただ，その命令（規則）への委任立法は，他の場合よりも，特に最小限度にとどめなければならないとの要請が働くものとして理解されるべきである。
　②　課税要件明確主義の下でも，課税要件に関する定めが，できるかぎり一義的に明確であることが要請されるのであるが，租税の公平負担を図るため，特に不当な租税回避行為を許さないため，課税要件の定めについて，不確定概念を用いることは不可避であるから，かかる場合についても，

> 直ちに課税要件明確主義に反すると断ずることはできないし，その他の場合でも，諸般の事情に照らし，不確定概念の使用が租税正義の実現にとってやむをえないものであり，恣意的課税を許さないという租税法律（条例）主義の基本精神を没却するものではないと認められる場合には，課税要件に関して不確定概念を用いることが許容される余地があるというべきである。
>
> ③　立法技術上の困難などを理由に，安易に不確定，不明確な概念を用いることが許されないことはもとより当然であり，また，許容されるべき不確定概念は，その立法趣旨などに照らした合理的な解釈によって，その具体的意義を明確にできるものであることを要するというべきで，このような解釈によっても，その具体的意義を明確にできない不確定，不明確な概念を課税要件に関する定めに用いることは，結局，その租税の賦課徴収に課税権者の恣意が介入する余地を否定できないものであるから，租税法律（条例）主義の基本精神を没却するものとして許容できないというべきである。

　当時の秋田市の国民健康保険税に係る条例では，国保税の税率決定の基礎となった課税総額の確定方法及び課税総額の金額が明らかにされておらず，税率だけの明示では，課税総額及びそれに基づく税率の決定が条例に基づいて正しく計算されたかを検討することができないという状況にありました。したがって，裁判所の判断は，当然の結果だったかもしれません。

　ところで，国民健康保険には，二つの徴収制度が並立しています。国民健康保険は，加入者から徴収する同一制度でありながら，加入者が負担する費用は，「国民健康保険料」と「国民健康保険税」というように，自治体によりその名称が異なります。全国的にみて，保険税を徴収している市町村が9割以上といわれていますが，保険料を徴収している自治体には，東京都特別区や政令指定都市等の大都市が含まれていることから，加入世帯数でみると，保険税と保険料の比率は拮抗しているといわれています。

平成25年度　国民健康保険における保険料，保険税の状況等

	保　険　料	保　険　税	合　　計
市　町　村　数	237団体	1,505団体	1,742団体
収　入　額	14,661億円	16,391億円	31,052億円

※　特別区，一部事務組合等を構成する市区町村はそれぞれ1市町村として集計
出典　総務省HP

　この保険税は，昭和26年度の地方税法改正により創設され，保険者である市町村は，保険税を徴収することができることになりました。その目的は，保険料を地方税とすることで，被保険者の納付意識を高めることにあったといいます。このところ，社会保障の財源を税方式で確保しようすとする見解がありますが，その根底には，強制徴収である租税固有の性格を活用する意図があることは明らかでしょう。それを考えると保険税が導入された思惑を想像できます。

　確かに，公課である保険料と租税である保険税を比した場合に，徴収権の消滅時効（保険税は5年，保険料は2年）と徴収権の優先順位の違いはありますから，保険者である自治体の立場からすれば，両者の差異を意識することは理解できます。しかし，加入者にとっては，支払うべき国民健康保険の負担金額の名称が，例えば転居などで変わったとしても，全く気にならないはずです。

　つまり，自治体が保険者である国民健康保険事業において，加入者である被保険者が負担する費用が，「料」と「税」という名称と形式は異なりますが，その実態は，強制加入，強制徴収であり，保険給付の内容など，実質的な差異はないのです。したがって，昭和57年7月，秋田国保税訴訟において租税法律主義に反するとして違憲判決が出された時，それでは国民健康保険料の場合はどうなるだろうかという論議を多く耳にしました。

■ 3-5　旭川市国民健康保険料訴訟の顛末

　旭川市の国民健康保険料に係る条例が違憲という第一審旭川地判平成10年4月21日が報道されたときの衝撃は，記憶に残っています。行政事件が弁護士に

依頼しない本人訴訟というのも珍しかったのですが，秋田市国保料訴訟とおおむね同じ論理の主張に対して，国民健康保険料の持つ強制加入及ぶ強制徴収という制度を踏まえ，国民健康保険料を国民健康保険税と同一と考えたうえで，租税法律主義に反するという判示であったからです。

　結局，最高裁平成18年3月1日判決は，保険料も保険税も，ともに国民健康保険制度を運営・維持するための受益者負担金としての目的，機能，性格が同一であるが，法形式が異なることから憲法84条の適用はないという結論でした。

参考判例（3-3）【租税の意義】

> **最判平成18年3月1日・平成12年（行ツ）第62号他**
> （『最高裁民事判例集』60巻2号587頁・最高裁HP）
>
> 【概　　要】
> 　国民健康保険加入者にとっては，その給付内容に差異がないにもかかわらず，地方自治体の選択により，公課である国民健康保険料と租税である国民健康保険税という異なる形式が併存する制度において，租税の意義が示され，公課としての規律の必要性が明確にされた事例（旭川国民保険料事件）
>
> 【判決要旨】
> 　① 国又は地方公共団体が，課税権に基づき，その経費に充てるための資金を調達する目的をもって，特別の給付に対する反対給付としてではなく，一定の要件に該当するすべての者に対して課する金銭給付は，その形式のいかんにかかわらず，憲法84条に規定する租税に当たるというべきである。市町村が行う国民健康保険の保険料は，これと異なり，被保険者において保険給付を受け得ることに対する反対給付として徴収されるものである。
>
> 　② 国，地方公共団体等が賦課徴収する租税以外の公課であっても，その性質に応じて，法律又は法律の範囲内で制定された条例によって適正な規律がされるべきものと解すべきであり，憲法84条に規定する租税ではな

> いという理由だけから，そのすべてが当然に同条に現れた上記のような法原則のらち外にあると判断することは相当ではない。
> 　③　租税以外の公課であっても，賦課徴収の強制の度合い等の点において租税に類似する性質を有するものについては，憲法84条の趣旨が及ぶと解すべきであるが，その場合であっても，租税以外の公課は，租税とその性質が共通する点や異なる点があり，また，賦課徴収の目的に応じて多種多様であるから，賦課要件が法律又は条例にどの程度明確に定められるべきかなどその規律の在り方については，当該公課の性質，賦課徴収の目的，その強制の度合い等を総合考慮して判断すべきものである。

　国民健康保険の加入者の立場からすれば，支払った金銭の目的・性質・効果が全く同じ内容であるにもかかわらず，法形式が異なるだけで加入者に対する自治体の責任に軽重が生じることになります。もっとも，保険税と保険料では，時効と徴収権の優先順位の違いという加入者の責任にも軽重があるとするならば，制度の運用上，両者に差異を認めることも少なからず理解できます。ただし，滞納処分については，最高裁判決でも言及するように，地方税の滞納処分の例によることができるならば（国民健康保険法79条の2・地方自治法231条の3③），加入者の責任には差異はないといえるかもしれません。

　ただ，最高裁は，憲法84条の適用について，「租税以外の公課は，……その規律の在り方については，当該公課の性質，賦課徴収の目的，その強制の度合い等を総合考慮して判断すべき」であり，「保険料を徴収する方式のものであっても……憲法84条の趣旨が及ぶと解すべきであるが，他方において，保険料の使途は，国民健康保険事業に要する費用に限定されているのであって，国民健康保険法81条の委任に基づき条例において賦課要件がどの程度明確に定められるべきかは，賦課徴収の強制の度合いのほか，社会保険としての国民健康保険の目的，特質等をも総合考慮して判断する必要がある」と述べています。

　さらに，最高裁は，旭川市条例について，「保険料率算定の基礎となる賦課総額の算定基準を定めた上で，市長に対し，同基準に基づいて保険料率を決定

し，決定した保険料率を告示の方式により公示することを委任したことをもって，国民健康保険法第81条に反するということはできず，また，これが憲法84条の趣旨に反するということもできない」と結論づけています。

地方税務行政の視点から，最高裁判決を俯瞰すると，その趣旨は，①租税に関しては憲法84条が厳格に適用される，②租税以外の公課でも，その性質，賦課徴収の目的，その強制の度合い等を総合考慮して判断した結果，憲法84条の適用が及ぶものがある，③憲法84条が適用されない公課にあっては，首長に対する委任内容と首長の裁量範囲は広がる，ということになると思われます。

保険税創設の趣旨は，被保険者の納付意識を高めることであったとされてきました。それに則って保険税方式を選択した場合には，憲法84条の適用が厳格に行われました。自治体にとっては，痛し痒しといえなくもない内容です。つまり，旭川訴訟の最高裁判決に従えば，自治体が，まったく同じサービスを提供するために求める経済的負担の形式が，公課から租税に変わるだけで，地方自治体の責任が加重されることになる。逆説的にいえば，最高裁判決は租税という形式の重みを鮮明にしたといえなくもありません。

社会保障制度に税方式の持つ一方的・強制的な金銭の賦課徴収機能のみに固執して，租税化が議論されています。このような強制優先の論理の背景に，租税という形式の持つ重み，すなわち租税の持つ公共性と法的手続きの重要性について，理解と認識の普及が重要でしょう。

第4講

租税平等主義

●●

　税法の基本原則として第二に挙げられる，租税平等主義の原則をとりあげます。租税平等主義の理念は，税法の立法上からの見地と税法の執行上からの見地という二つの側面からの構築がなされてきました。前者は，担税力による区別に合理性を見いだし，一方，後者は，課税対象となる事実認定について合理的な取扱いを求めています。

　私たちの租税負担は，平等であり公平であるべきです。この租税の平等性，公平性についてどう考えるべきか，検討してみましょう。

■ 4-1　租税は平等か

　ここでは，平等と公平を同じ概念として使います。一般には，課税の公平という表現が使われます。その多くは，税務訴訟において課税庁の主張や裁判所の判断，税制改正における政府の解説など，あえていうならば，納税者に対しての説明や弁明などの機会に接することが多いような気がします。課税の公平を期する，促進する，徹底する，目的とする，などのために課税庁の見解が表明される，というようなときに登場してきます。

　では，本当に課税は公平でしょうか。租税負担は，平等であり公平であるべきですが，同時に平等性・公平性の判断や感じ方は個人差があることも事実です。地方税が採用している賦課課税制度では，名簿や記録をもとに，いわば通知課税ですから平等性の観点からは弊害は少ないと思いますが，国税が採用し

ている申告納税制度では，課税は公平ではないと感じることが多いです。

　例えば，所得税における医療費控除で考えてみましょう。医療費控除とは，本人又は家族のために一定の金額の医療費（10万円以上又は所得金額の5％以上）を支払った場合には，確定申告を行うことで，所得税が還付される制度であることは，誰もが知っているといっていいでしょう。この医療費控除は，昭和25年に導入された制度ですが，一般に普及したのは，昭和55年（1980年）ごろ，放送作家でのちに参議院議員，経済評論家として活躍した野末陳平氏が，ラジオ番組で盛んに宣伝した影響でした。その結果，各地の税務署には還付申告が殺到することになったため，還付専用の簡易な申告書が制定されました。最終的には，還付申告を制限する意図もあったのでしょう。医療費の下限が，昭和62年度税制改正で5万円から現行の10万円に変更されてしまいました。

　いささか個人的な話ですが，この当時，私はすでに税理士事務所で税理士登録に必要な2年間の実務経験，いわば税理士のインターンとして勤務していました。そんなまったくの駆け出しの私でも，顧客に対して医療費控除の適用を説明し，活用していました。つまり，医療費控除が普及する以前でも，税理士やそのスタッフと付き合いのある納税者は，あたりまえに所得税の還付を受けていたことになります。

　申告納税は自主申告が原則ですから，税法知識の有無や多寡が申告に反映され，それが租税負担の増減にも影響を及ぼします。「法の不知」の責任は，納税者に帰するといえばそれまでです。しかし，税法知識を税理士などから得るためには，確定申告時期の実施される無料相談もありますが，多くは税理士に報酬を支払ったことへの対価と考えると，申告納税制度における租税負担の公平性は気になるところです。

■ 4-2　平等原則と税法

　憲法14条1項は，「すべて国民は，法の下に平等であって，人種，信条，性別，社会的身分又は門地により，政治的，経済的又は社会的関係において，差

別されない」と規定しています。税法の領域でも、この憲法が定める平等原則に則り、租税負担も平等であるべきと考えます。これが租税平等主義の原則であり、租税法律主義とともに税法の基本原則を構成する理念とされています。

租税平等主義の理念は、租税の負担は納税者の担税力に応じて平等であるべきであり、同様に租税法規は、納税者に対して平等に適用されなければならないという考え方です。したがって、この租税平等主義の原則は、租税法規の立法上はもちろん、税法の解釈・適用を行う税務行政の執行において、公平・平等な取扱いが求められます。課税要件の認定や徴収手続において、同様の状況にある特定の納税者を利益又は不利益に扱ってはならないと解されます。もっとも、この原則は不合理な差別を禁止することが趣旨とされますから、合理的な差別を禁止するものではないと理解されています。

ただ、租税法律主義の原則については、その適用範囲や限度については議論がありますが、この原則の存在を否定する見解は見当たりません。しかし、平等性については、各人各様の意識があるため、一致した統一的判断基準が多様化することから、租税平等主義の実際についても議論が分かれるところです。

平等性、公平性の判断基準には、統一性がありません。たとえわが国民が単一民族といっても、生活習慣、思想信条、職業、知識教養など様々な人々で構成されます。その結果、何が平等であるかの判断は、情緒的・心情的であり、また経験的なものであることは否定できません。そのため、相対立する議論に終始する論争を避けて通ることができないのです。

税法における平等性については、水平的平等（形式的・絶対的平等、同じ状況下において、同一の担税力を持つ者は同一の額の租税を負担すべきであるという考え方）と、垂直的平等（実質的平等、異なる状況下において、担税力の異なる者は異なる額の租税を負担するべきであるという考え方）の二つに区分されます。

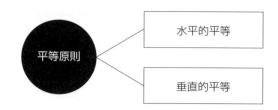

　税法の領域においては，この二つの観点が複雑に組み合わされています。例えば，消費税は一律8％税率という水平的平等が，所得税では累進税率の適用という垂直的平等が，それぞれ要請されることになります。

　この税法の領域でいう状況とは，納税者の経済事情と考えます。この経済事情が納税者の租税の負担能力に反映されるとする，極めて現実的，そしてあえていえば客観的ともいえる唯一の尺度として採用されることが，税法の領域における一つの常識といっていいでしょう。

　この担税力に応じて租税負担に差異があることを前提に，それによって区別することは合理的であるとする考え方は，容認されています。しかし，その差異の範囲や限度については，容易に結論が出せないところが，平等性の曖昧さを如実に示しているといっていいでしょう。そして，担税力の指標ともいうべき経済力の評価に対して，個人差があるということにつながります。

　最高裁は，経済力の多寡により担税力を評価し，それに基づく租税負担の差異について，合理性があると判示して，租税平等主義に違反しないと判断してきました。その代表的な事例が，地方税の分野では「ゴルフ場娯楽施設利用税訴訟」があり，また住民税にも関わりがある所得税の分野では「寡夫控除訴訟」が知られています。

■ 4-3　ゴルフ場娯楽施設利用税訴訟の今日的意義

　平成元年3月まで存続した娯楽施設利用税は，舞踏場，ゴルフ場，パチンコ場，射的場，マージャン場，たまつき場，ボーリング場などの施設の利用に対して，その施設所在の都道府県においてその利用者に課せられる租税でした。

なかでもゴルフ場については，利用の日ごとに定額課税され，訴訟が提起された昭和40年（1965年）9月当時，納税者は神奈川県下のゴルフ場を利用した際に娯楽施設利用税450円が徴収されていました。

　この事例において，原告・納税者は，ゴルフ場利用に対する娯楽施設利用税の課税は，①スポーツをする自由を制限すること（憲法13条違反），②他のスポーツ施設利用者との税負担と比べて税負担の公平に欠けること（憲法14条違反），③結社の自由を侵害していること（憲法21条違反）を主張しました。

　最高裁昭和50年2月6日判決は，ゴルフ場の利用は，高額所得者がその中心をなしており，利用料金も相当高額であって，相当高額な消費行為であることから担税力に着目した課税であり，合憲であると判示しています。

参考判例（4-1）【租税平等主義】

最判昭和50年2月6日・昭和44年（行ツ）第64号
（『判例時報』766号30頁・最高裁HP）

【概　　要】

　娯楽施設利用税（都道府県税・平成元年3月31日廃止）は，スポーツ施設であるスケート場，テニスコート，水泳プール，野球場等の利用を課税対象としていないにもかかわらず，ゴルフ場の利用に対し課税することは，平等原則に反しないとされた事例（ゴルフ場課税事件）

【判決要旨】

　①　ゴルフはスポーツであると同時に娯楽としての一面をも有し，原判決が確定した事実によれば，その愛好者は年々増加しているとはいえ，なお特定の階層，とくに高額所得者がゴルフ場の利用の中心をなしており，その利用料金も相当高額であって，ゴルフ場の利用が相当高額な消費行為であることは否定しがたいところであり，地方税法がゴルフ場の利用に対し娯楽施設利用税を課することとした趣旨も，このような娯楽性の面をも有する高額な消費行為に担税力を認めたからであると解せられる。娯楽施設利用税の課税は，ゴルフ自体を直接禁止制限しようとするものではない

ばかりでなく，もともとゴルフは前記のように高額な支出を伴うものであり，かかる支出をなしうる者に対し，ゴルフ場の利用につき，1日500円程度の娯楽施設利用税を課したからといって，ゴルフをすることが困難になるとはとうてい考えられず，右規定がスポーツをする自由を制限するものであるということはできない。

　② 立法上ある施設の利用を娯楽施設利用税の課税対象とするか否かは，その時代における国民生活の水準や社会通念を基礎として，当該施設の利用の普及度，その利用の奢侈性，射幸性の程度，利用料金にあらわされる担税力の有無等を総合的に判断したうえで決定されるべき問題である。ゴルフがスケート，テニス，水泳，野球等と同じく健全なスポーツとしての一面を有することは所論のとおりであるが，スケート場，テニスコート，水泳プール，野球場等の利用は普遍的，大衆的であり，利用料金も担税力を顕著にあらわすものとはいえないのに対し，ゴルフ場の利用は，前記のとおり特定の階層，とくに高額所得者がその中心をなしており，利用料金も高額であり，高額な消費行為であることは否定しがたいところである。右のごとき顕著な差異を無視して娯楽施設利用税の課税が，租税負担の公平を欠き平等原則に違反するとする所論違憲の主張は，その前提を欠く。

　昭和40年は，東京オリンピックの翌年ですから，半世紀前になります。インターネットで検索した情報ですが，当時の物価は，郵便料金では葉書5円（現行52円），封書10円（同82円），国鉄初乗り料金10円（同JR東日本・首都圏140円），都バス20円（同210円）だったそうです。これを見ると，450円という税額は相当高額な租税負担といえなくもありません。単純に5倍，10倍と現在の価格と比較するのは難しいのですが，少なくとも当時は，10円硬貨の価値は高かった時代でした。

　その後，娯楽施設利用税は，消費税創設に伴い課税対象施設をゴルフ場に限定するゴルフ場利用税に改められました（現行のゴルフ場利用税は，標準税率は1人1日につき800円（制限税率1,200円）。

この最高裁の示した論理は，ゴルフがより日常化して現在でも尊重されているといえます。確かに地域による格差はあるものの，ゴルフは他のスポーツに比べて高額な費用が伴います。しかし現実には，ゴルフ愛好者は増大し続けている。昭和40年当時よりゴルフが大衆化してきていることは否定できません。

　その極め付けが，平成11年10月に開催された第54回国民体育大会（くまもと未来国体）秋季大会から，ゴルフが正式種目となったことです。つまり，高校生もゴルフ競技に参加する時代を迎えたわけです。このため，スポーツを所管する当時の文部省が，ゴルフはすでに国民的スポーツとして，ゴルフ場利用税廃止の要望を出しました。

　これに対して当時の自治省は，財政難で悩む自治体にとって代替財源が確保されない限り廃止には応じられないとして，反発していました。地方税収入の4割をゴルフ場利用税が占める自治体もあるなど，地方財政はゴルフ場利用税に依存しているため，廃止される可能性は少ないと考えられていました。

　ゴルフ愛好者が高額所得者であるとする見解は，現在では説得力に欠けるといっていいでしょう。ゴルフが高校生も競技に参加する国民体育大会の正式種目に採用され，文部科学省までもがゴルフ場利用税の廃止を求めたことからも，ゴルフは担税力測定基準として不適合といえます。

　結局，平成15年度の税制改正で，高齢者，未成年者，国体参加のゴルフ選手に対するゴルフ場利用税の非課税制度が導入されましたが，その後も，このゴルフ場利用税の撤廃を求める声は大きいようです。再びゴルフ場利用税が租税平等主義に反するという提起がなされた場合に，最高裁はどう応えるか興味があります。

■ 4-4　ゴルフ場利用税の廃止

　文部科学省は，例年，ゴルフ場利用税の廃止を税制改正の要望項目に挙げています。国民の誰もが，それぞれの体力や年齢，技術，興味・目的に応じて，いつでも，どこでも，いつまでも安全にスポーツに親しむことができる生涯ス

ポーツ社会の実現を政策目的に掲げ，以下のように必要性を示しています。

> 平成23年6月に成立し，同年8月に施行されたスポーツ基本法2条1項では，「スポーツは，これを通じて幸福で豊かな生活を営むことが人々の権利であることに鑑み，国民が生涯にわたりあらゆる機会とあらゆる場所において，自主的かつ自律的にその適性及び健康状態に応じて行うことができるようにすることを旨として，推進されなければならない。」とされており，生涯スポーツ社会の実現が法律上規定された。また，同法8条では，政府は必要な税制上の措置その他の措置を講じなければならない旨規定されている。
>
> ゴルフは2016年のオリンピック競技大会リオデジャネイロ大会における追加競技に決定しており，競技スポーツとして国際的にも広く認知されているところである。また，ゴルフは老若男女問わず親しむことのできるスポーツであり，国民のスポーツライフの中でも主要な位置を占めている。平成21年9月に行われた「体力・スポーツに関する世論調査」でも，過去1年間に行ったスポーツの中でゴルフは第6位の10.7％に上っている。
>
> 一方で，平成元年度の消費税創設以降，スポーツの中でゴルフだけに消費税と施設利用税との二重課税が行われており，公平性を欠いているとの声が寄せられており，他のスポーツに比べ競技者の金銭的負担が高くなっている。ゴルフプレー料金は過去16年間で消費者物価指数が40.8ポイント低下しており，その中に占めるゴルフ場利用税の割合は高まっている。また，都道府県税に占めるゴルフ場利用税の割合も平成7年度から平成21年度にかけて0.7％から0.4％に減少している。
>
> ゴルフ場利用税は，現在，ゴルフ場所在市町村にとって貴重な財源となっているという状況はあるが，高齢化が進む日本社会において，ゴルフの振興は生涯スポーツ社会の実現に大きく貢献するものであり，またその結果，生涯にわたる心身ともに健康で文化的な生活が実現される。ゴルフに国民が積極的に参画できる環境を整備するためには，税制改正を行う必

要がある。

　ゴルフ場利用税については，文部科学省と同様にゴルフ場業界団体やゴルフ愛好家団体が創設以来，反対し，廃止を要望してきました。地方税制のなかでゴルフ場利用税は大きな存在とはいえないかもしれませんが，今後の動向を注目していきたいと思います。

■ 4-5　寡婦控除と寡夫控除

　現行の所得控除には，雑損控除，医療費控除，社会保険料控除，小規模企業共済等掛金控除，生命保険料控除，損害保険料控除，寄付金控除，障害者控除，老年者控除，寡婦（寡夫）控除，勤労学生控除，配偶者控除，配偶者特別控除，扶養控除及び基礎控除の15種類の控除が設けられています（所法72～86）。住民税も同様です（地法314の2）。

　この所得控除のなかで寡夫控除は，昭和56年度税制改正でいわゆる父子家庭のための措置として，一定の要件の下に寡婦控除に準じて導入された比較的新しい制度です（所法81・地法314の2①，③）。これは，寡婦に認められている措置を必要な範囲内で男性にも認めるための法整備の一環といわれました。

　現行制度における寡夫控除の適用対象となる寡夫は，妻と死別・離婚した後，再婚していない人又は妻の生死が不明な人で，扶養親族となる子供と生計を一にして生活しており年間所得が500万円以下の人が対象となります。

　これに対して寡婦控除の適用対象となる寡婦は，①夫と死別・離婚した後，再婚していない人又は夫の生死が不明な人で，扶養親族又は扶養親族となる子供と生計を一にして生活している人（所得制限なし），②夫と死別又は夫の生死が不明な人で再婚をしておらず年間所得が500万円以下の人，となっています。

　つまり，寡夫の場合は子供を引き取っていることが第一条件であり，重ねて500万円以下という所得制限が課せられます。しかし，寡婦の場合は，子供に

限らず親兄弟を扶養していれば所得は無制限で適用され，さらに死別ではなく生き別れであっても，例えば一人暮らしをしていても年間所得500万円以下ならば適用されます。寡夫の場合は，人的条件と経済的要件という二重の足枷があることになります。

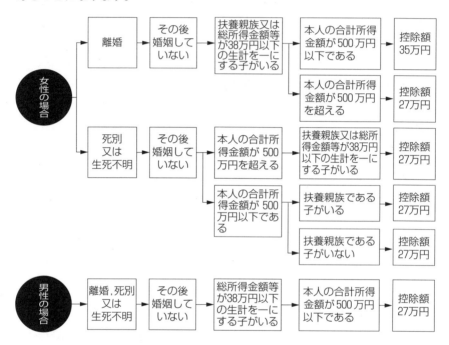

　この寡婦控除と寡夫控除との適用要件の差異については，合理的な理由がないのに，性別や社会的関係によって差別的取扱いをするものですから，法の下の平等を定めた憲法14条1項に違反する，との主張があります。

　福岡地裁平成6年12月26日判決は，税法の分野における所得の性質の違い等を理由とする取扱いの区別は，その立法目的が正当なものであり，かつ，当該立法において具体的に採用された区別の態様が右目的との関連で著しく不合理であることが明らかでない限り，その合理性を否定することができず，憲法14条1項に違反しないというものでした。

参考判例(4−2)【租税平等主義】

> **福岡地判平成6年12月26日・平成6年(行ウ)第8号**
> (『税務訴訟資料』206号850頁)
>
> **【概　要】**
>
> 　所得税法上の所得控除である寡夫控除は、寡婦控除と比べ控除を受ける要件に差異を設けている(所得制限)。憲法の定める平等原則は、合理的な理由がないのに性別や社会的関係(死別者、夫の行方不明と離婚者)によって差別的取扱をすることを禁じているが、この寡夫控除の制限は、平等原則に反しないと判示した事例
>
> **【判決要旨】**
>
> 　所得税法上、寡婦控除と寡夫控除では控除を受ける要件にはその主張のように差異が設けられているが、これは、寡夫の場合は寡婦と異なって、通常は既に職業を有しており、引き続き事業を継続したり、勤務するのが普通と認められ、また、高額の収入を得ている者も多い等両者の間に租税負担能力の違いが存するので、これらの諸事情を考慮した結果と解される。したがって、この区別が著しく不合理であることが明らかとは到底いえず、憲法14条に何ら反していない。

　女性の進出による社会環境の変化、日常生活における価値観の複雑化、いわゆる男女雇用機会均等法などの法的整備により、女性の地位は着実に向上してきました。しかし、男女間の経済格差、両者間の租税負担能力の違いについての裁判所の説示は否定し難く、わが国の男性優位社会という現実を正確に示していることも否定できません。つまり、その論旨は極めて説得力があることは、残念ながら事実といえます。国税庁発表の平成25年の民間給与実態統計調査によれば、男子(平均給与511万円)、女子(平均給与272万円)となっています。この統計調査に現れた男性と女性の地位の格差は、寡婦と寡夫の差異以上のものであるという実情を如実に示していることは疑いようもありません。

　収入と担税力が関連するという論理と担税力の低い者が社会的経済的弱者で

あるという図式が重なるとするならば，現行の寡婦・寡夫控除制度における，いわば男女差別は受け入れざるを得ないといえるでしょう。しかし一方で，この福岡地裁の判断を最高裁も容認していることから（最判平成7年12月15日『税務訴訟資料』214号765頁），わが国の是正すべき社会構造を最高裁が追認するようなことは避けるべきという，見解も耳にします。

　最近では，児童育成及び児童福祉の分野では，母子家庭や寡婦という視点ではなく，「ひとり親家庭」として位置付けた施策を講じる地方自治体が出てきました。昨今の労働事情の変化により，男性の非正規雇用も増加していることを踏まえる必要があるかもしれません。一概に，父子家庭の方が母子家庭よりも経済的に恵まれているとは限らないからです。社会政策が変化し始めている現状をみるとき，税法上も，「ひとり親家庭」に対する所得控除の新設などが時代に即した方向かもしれません。

■ 4-6　租税負担の公平の本質

　租税に関して，法令遵守いわばルール化を理念とする租税法律主義と租税の負担公平を標榜する租税平等主義の実行は，租税の強制徴収と財産権の尊重を相互に牽制する見地からも，課税権の執行にあたっては，厳に要請されるべきと考えます。

　ところが，課税権が具体化される税務行政においては，租税法律主義に比べて租税平等主義を強調する傾向にあると感じます。例えば，新聞報道における「申告漏れ」「脱税」「租税回避」「税逃れ」などの報道の背景には，課税の公平という観点から租税負担の均一化ともいうべき思想が伺えるのです。

　しかも，租税平等主義に則る租税負担の公平に関する論議は，課税段階における形式的な租税負担の在り方について終始することが多いといえます。

　税務行政は，いわば課税からスタートし，納税というゴールまでの過程を経て実施されます。しかし，実際には租税を平等に負担するということは，課税というスタートにおいてではなく，納税というゴールを結果を得た上で達成さ

れるはずです。つまり，租税負担の公平とは，納めるべき租税が確実に納付されることで達成されるべきである。そうなると，少なくとも租税の滞納は，租税負担の公平，しいては租税平等主義の原則に違反する状況であることを，課税権者は認識し，その解決に努める必要があります。

租税に限らず，国民健康保険料，公営住宅の家賃，公立高校の授業料，保育料，給食費，公立病院の医療費まで，こと滞納に関する話題に事欠きません。これらの料金は，いわば公課ですが，受益内容は明確であり，受益者負担は当然のことと認識されてきました。つまり，反対給付の対価があるにも関わらず滞納が発生していることは，従来の想像を超える現実がそこにはあるのです。

これに対して租税は，いうまでもなく反対給付としての対価が存在しません。現状を踏まえれば，納税が国民の義務ということを課税権者が督励しても，滞納を完全に解決することは至難の業といえるでしょう。

しかし，行政サービスの受給者としての納税者の意識を喚起する施策を講ずる責任は，課税権者にあります。地方税の領域では，地域社会の一員として行政サービスを受給する条件のための最低限の負担としての租税の必要性を啓蒙することは，地方自治体の責任です。

納税が完了することで租税負担の公平が達成されることが，租税平等主義の目標とする理念です。租税を公平に負担するということは，課税というスタートのみを論じることではなく，納税というゴールを見据えた視点を欠くことはできないと思います。滞納を解消する徴税率の向上には，地方自治体が持つ徴税力の強化が必要です。その結果，租税負担の公平を根底におく租税平等主義の理念が初めて実現できることは，いうまでもないでしょう。

第5講

自主財政主義と法定外税

●●●

　憲法は，地方自治の本旨を規定し，地方自治体の自主性を標榜していますが，当然，課税権がその根幹にくるはずです。この自主的な課税権の確立を目指す理念が自主財政主義の考え方であり，地方分権の推進を背景に，税法の基本原則として議論されることが多くなってきました。

　それを背景に導入された法定外税の検討や創設について，地方自治体が積極的に取り組んだ時期がありましたが，最近では減少傾向にあるような気がします。本講では，法定外税の現状と問題点もあわせて考えてみます。

■ 5-1　地方自治の本旨

　憲法92条は，「地方公共団体の組織及び運営に関する事項は，地方自治の本旨に基いて，法律でこれを定める」と規定し，同じく94条で，「地方公共団体は，その財産を管理し，事務を処理し，及び行政を執行する権能を有し，法律の範囲内で条例を制定することができる」と定めています。

　多くの高校の教科書にも登場しますが，イギリスの政治学者，ジェームズ・ブライスの著作にある言葉に，「地方自治は民主主義の学校である」というのがあります。地域住民は，直接，地方政治に参加し，その意思を地方政治に反映させるという考え方です。それが地方自治の本旨であり，具体的には首長や議員の選挙やリコール，住民投票などで実現されています。

　また，団体自治の原則があります。学校教育，警察，消防など様々な行政作

用を通じて自治体独自の政治が行われますが，そのためには条例の制定権が認められています。

しかしながら，現実の地方自治を概観すると，地方自治は不十分なものであり，憲法の定める地方自治の本旨は，理想・理念として受け止められているのが実情です。

すでに第2講「税法の法源」でも触れましたが，現行地方税制は，地方税法に立脚して課税されており，その結果，地方自治体の課税権は限定されたものになっています。地方自治体の課税権は，地方税法の定める枠内に留められ，同時に各地方自治体の判断による独自の課税も一定の範囲内で認められるという変則的な状況におかれています。しかし，地域住民の負担と責任に基づき地方自治への参加意識を高めることがまさしく地方自治の本旨と考えるならば，課税権に対する制限の範囲は最小限のものでなければなりません。住民の自治意識を啓発し，地方自治体の自主・自立と自己責任を求めるためには，まず自主課税権の拡充を目指すことといえます。

結局，自主財政主義とは，地方自治体が憲法に基づき自主的な課税権を保持すべきであるという理念であり，その背景には，地方分権の推進に必要な財源確保が目標にあるといえます。地方分権推進を前提として自主財源の拡充・確保のための施策として，従来から，税源移譲と独自課税という二つが論じられてきました。地域住民である納税者の視点による自主財源論，いわば納税者のこうむる負担を考慮するならば，独自課税に比べて税源移譲のほうが納税者に受け入れられやすいことは明らかです。

■ 5-2 税源移譲の現状

いままでの議論においては，税源移譲の対象となる税目は，個人住民税との関わりとしての所得税と，公平・格差を講じた消費税とに集約されていました。所得税と消費税の現行税制は，決して納税者の負担を十分に考慮・解決した制度とはいえません。しかし，少なくとも租税負担を現状維持の形で課税権者が

変更されるのならば、納税者に混乱が生じることは少ないと思われます。

結局、税源移譲の本質は、現行税制の各税目を国と地方とで再配分をすることであり、実際には、国税の中から地方税に移行する、あるいは移行できる税目を選択することが現実的な方法とされてきました。

そこで、共に所得課税であり、計算過程も類似している所得税と個人住民税を一体化する形で、所得税を地方税に移行する方策は、有益な方法と考えられてきました。納税者の立場で考えれば、手続文書の提出先が異なるだけで、租税の確定手続きと徴収方法にほとんど差異がありません。課税年度が1年ずれている現行制度を修正するというテクニカルな面は残りますが、重要なことは税務行政の執行の問題であり、最終的には各自治体担当者の意識と意欲に委ねられることになるといえるでしょう。

これに対して所得税では、所得格差～税収格差～財政格差～行政サービスの格差～国への依存度の格差という格差拡大の議論もありました。この議論は、消費税の創設により、より格差が少ないとされる消費課税も税源移譲の対象になることになり、これに地方消費税の導入が拍車をかけました。

消費税の全部が地方税に組み込まれた場合、手続上、納税者の負担には、影響は少ないといえます。しかし、地方消費税といっても、現行では課税・徴収に地方自治体は関与していません。また消費税は、法人税又は所得税の所得計算と連動します。このことから、消費税に係る税務行政の執行に、地方自治体はかなり混乱するかもしれません。

本来、税源移譲の論点は、国税である所得税もしくは消費税を地方税に移す、いわば制度自体を移動させるというものでありました。そのため、あえて「委譲」ではなく、「移譲」という表現が用いられたと考えられてきたのです。

ところが、いわゆる税源移譲が平成19年分の所得税及び住民税の領域で実施され、国や地方自治体は3兆円の税源移譲を大きくアピールしていました。しかも、この税源移譲では、納税者の負担は変わらないことが前面に打ち出されていました。税源移譲というより、内容的には財政学の領域でいうところの国と地方の税源再配分といったほうが適切でしょう。憂慮すべきは、国や地方自

治体のアピールでは，これにより税源移譲が完遂したと錯覚してしまう表現に出会うことです。

■ 5-3　独自課税の拡充

　地方税法改正により法定外税導入の緩和が行われ，地方自治体による独自課税が従来に比べて容易になったことから，自主課税の拡充という考え方が現実的なものとなりました。法定外税導入の緩和化により，独自課税が従来に比べて容易になったことから，自主課税の拡充という路線が先行してきたことも明らかです。そこでは，雨後の筍のように全国で登場した法定外税，いわゆる新税の是非を踏まえた自主財源の確保のための独自課税の論議が，あたかも地方分権を推進する方策の一つとして議論されてきました。

　その背景には，いうまでもなく法定外税における目的税の解禁と従来の許可制から総務大臣との事前協議に基づく同意制に移行したことが，その要因といえるでしょう。

　しかし，新税による自主課税には，大きな問題があります。つまり，課税対象の偏在化であり，課税の公平に対する批判です。新税の多くは，その課税対象として選挙権を持たない法人企業や個人であっても地域外からの訪問者（観光客）などに焦点を当てており，租税を徴収しやすい所から徴収するというような課税の原理原則に反する施策であるという批判があるからです。同じように，地方税は，応益負担の原則によるという見地からの批判も出てきます。

　本来，選挙権を有する住民個人を対象に「サービス」と「税負担」をセットにして問いかけることが，税制として望ましいはずです。たとえ環境対策を標榜したとしても，新税が地域住民から歓迎され，受け入れられるか否かが重要でしょう。

　いずれにしても，新税という独自課税が財政難にあえぐ地方自治体の苦肉の策であるとするならば，本末転倒も甚だしいといえます。確かに，自主的な課税を競うことは，地方自治の本旨のあるべき意識を高めるものとして評価でき

ますが，他方，安易な増税につながるおそれもあります。行政改革の行方が定まらない現実を踏まえるならば，負担ばかりが増える地域住民は困惑するばかりです。

ともかく現実には，地方税制の基本は，企業課税であることは否定できません。地方自治体の課税権と新税に基づく独自課税について議論する場合には，東京都の「銀行税」訴訟と神奈川県における「臨時特例企業税」訴訟の意義は大きかったと考えます。

■ 5－4 東京都銀行税の顛末

いわゆる東京都銀行税について，東京高裁平成15年1月30日判決では，銀行税は地方税法の規定する要件を満たしていないと判断しています。

参考判例（5－1）【地方税法と租税条例主義】

> 東京高判平成15年1月30日・平成14年（行コ）第94号他
> （『判例時報』1814号44頁・最高裁HP）
> 【概　　要】
> 　地方税法の規定する要件を満たしていないと判断された事例（銀行税事件）
> 【判決要旨】
> 　①　本件条例制定に当たっての東京都の裁量判断は，いずれも地方税法72条の19（「所得」を課税標準として課税することが適当でないと考えられる場合には，「所得」以外の外形標準による課税を地方団体の裁量によって行うことを認める趣旨）において許容される範囲内のものであると認められるので，本件条例は同条に違反しないものと考えられる。
> 　②　東京都の説明や均衡要件の判断に当たっての基礎資料によっては，認定した比較値による税負担の不均衡（の可能性）の推認を覆すことはできないと評価せざるを得ない。かえって，税率と共に，本件外形標準課税

> による税負担に影響を及ぼす課税標準として「業務粗利益」を採用したことについては，「所得」を課税標準とした場合の税負担がゼロとなってしまう銀行がほとんどとなっているのに，本件条例による納税額が相当額に上るのは，貸倒損失等を一切考慮しない「業務粗利益」を課税標準としたことに起因することは明らかであって，均衡要件との関係でも，課税標準における貸倒損失等の扱いについてはなお検討が必要であったということになる。
> ③　地方税法72条の19に基づき導入した外形標準課税が同法72条の22第9項（外形標準課税による税負担と旧基準による税負担とが，「著しく」均衡を失わないこと）の均衡要件を満たすことについては，外形標準課税を導入する条例を制定した地方公共団体側において，客観的な資料に基づき積極的に証明すべき責任があるところ，本件条例による税負担が，「所得」を課税標準とした場合の税負担と，「著しく均衡を失することのないよう」なものであることを認めるに足りる証拠はなく，東京都は，本件条例が均衡要件を満たすことの証明ができていないことになる。したがって，本件条例は，地方税法72条の22第9項の均衡要件を満たしていると認めることはできない。

　東京都銀行税は，大手の金融機関が不良債権処理により所得が減少し，ほとんど事業税を負担していない状況を踏まえて，課税標準を不良債権処理に伴う損失を引く前の業務粗利益に代えて法人事業税を課税する特例制度でした。判示は，納税額が著しく増えたことが地方税法に違反するものというものですが，同時に，地方自治体が自治体の裁量として特定業種に外形標準課税を導入することを認めています。最終的には曖昧な判断といえなくもないことから，税務行政に混乱を生じたことは否定できません。平成16年度から資本金1億円以上の企業については外形標準課税制度が導入されましたが，この銀行税はその先駆けとして評価できると思います。

■ 5-5 神奈川県臨時特例企業税事件の展開

　最高裁平成25年3月21日判決は，残念ながら神奈川県の敗訴で終結しましたが，その概要は以下のとおりとなります。

　神奈川県は，平成13年に神奈川県臨時特例企業税条例を制定しました。同条例は，地方税法の規定に基づく道府県法定外普通税として，県内に事務所又は事業所を有し資本の金額又は出資金額が5億円以上の法人に対し，法人事業税の課税標準である所得の金額の計算上繰越控除欠損金額を損金の額に算入しないものとして計算した場合の所得の金額に相当する金額（当該金額が繰越控除欠損金額を超える場合は繰越控除欠損金額に相当する金額）を課税標準とし，税率を原則100分の3（平成16年4月1日以降は100分の2）とする企業税を課す，としていました。

　同条例の適用対象となった納税者が，本条例は法人事業税につき欠損金額の繰越控除を定めた地方税法の規定を潜脱して課税するもので違法・無効である等として，神奈川県に対して，既に納付していた平成15，16年度分の企業税等の還付請求等を求めたのがこの事件です。

　第一審横浜地裁平成20年3月19日判決は，企業税は，法人事業税における欠損金額の繰越控除のうち一定割合の控除を実質的に遮断し，当該部分に相当する額を課税標準として法人事業税に相当する性質の課税をする効果を意図したもので，企業税の課税は，法人事業税の課税標準である所得の計算につき欠損金額の繰越控除を定めた規定の趣旨に反して違法であるとして，これを定める本条例が違法，無効であると判断しました。

　これに対して控訴審東京高裁平成22年2月25日判決は，本件条例は，資本金等が5億円以上の大法人の「事業活動」に対し，その法人に，欠損金の繰越控除をしないで計算した「所得」，即ち「欠損金の繰越控除前の利益」を課税標準として，法定外普通税を課するものとして制定されたと解され，本件条例の定める企業税は，法人事業税が課税の対象としていない欠損金を繰越控除する

前の「利益」に課税するものということができるから，法人事業税とは課税標準が同一ではなく，二重課税ではないだけでなく，法人事業税とは「別の税目」であって，法人事業税の課税標準等を変更する趣旨のものではない，として適法としました。

　最高裁は，本件条例の規定は，地方税法の定める欠損金の繰越控除の適用を一部遮断することをその趣旨，目的とするもので，企業税の課税によって各事業年度の所得の金額の計算につき欠損金の繰越控除を実質的に一部排除する効果を生ずる内容のものであり，各事業年度間の所得の金額と欠損金額の平準化を図り法人の税負担をできるだけ均等化して公平な課税を行うという趣旨，目的から欠損金の繰越控除の必要的な適用を定める同法の規定との関係において，その趣旨，目的に反し，その効果を阻害する内容のものであって，法人事業税に関する同法の強行規定と矛盾抵触するものとしてこれに違反し，違法，無効であるというべきである，と判示しました。

■ 5-6　神奈川県臨時特例企業税事件と地方税制

　本事案の争点は，神奈川県の制定した企業税条例が地方税法の規定する法人事業税の趣旨を逸脱するものであるか否かということでした。本条例の違法性を，既定の法人事業税と比較考量して論ずるか，あるいは地方自治体の自主課税を前提に導くか，上告審での判断が注目されるところでした。

　結局，最高裁は，企業税の性格を，法人事業税の課税標準等を変更するものと結論付けています。つまり，地方税法は，法人事業税が，各事業年度間の所得の金額と欠損金額の平準化を図り法人の税負担をできるだけ均等化して公平な課税を行うという趣旨，目的から欠損金の繰越控除の適用を定めていますが，企業税がこの趣旨に反すると判示したことになります。

　法人事業税の欠損金の繰越控除制度は，担税力のない法人に対する課税を制限するためと考えられます。しかし，課税対象が資本金額等を5億円以上とする企業税では，いわゆる大企業の欠損金が，課税の公平に関する指標である担

税力を反映しているかは疑問です。中小企業のそれとは同等に論ずべきではないと考えます。

この企業税は，地方分権一括法の施行により法定外税の導入が拡大されて以降，東京都銀行税事件が控訴審で終わったことから，最初の最高裁判断となりましたが，その判断は，地方分権推進の流れに逆行するという見解もあります。確かに，地方分権の鍵である財源確保にあたって，自主課税は，税源移譲等とともに重要な施策であり，法定外税が自主課税の根幹とされていますから，影響は大きいといえます。企業税は，法定外税といっても，東京都銀行税と同じように法人事業税を前提とし，類似した租税であることは否定できないことから，法定外税の在り方にも課題を残したといえます。

ただ，本事案の最高裁判決における金築誠志裁判官の補足意見は興味深いものです。この補足意見は，従来からの地方税法枠法論の延長ではありますが，地方分権推進へのエールとも感じられます。一方，最高裁判決は，地方分権の対象に，行政，立法と共に極めて中央集権的な司法制度も包含されるか否かを司法自身がどう考えているかの手掛かりになるかもしれません。

参考判例（5-2）【地方税法と租税条例主義】

> 最判平成25年3月21日・平成22年（行ヒ）第242号
> （『判例地方自治』368号9頁・最高裁HP）
> 【概　　要】
> 　神奈川県企業税条例の規定は，法人事業税に関する同法の強行規定と矛盾抵触するものとされた事例
> 【補足意見要旨】
> 　法定税と課税標準が重複する場合であっても，当該地方公共団体における実情に即した，その税自体として独自の合理性が認められるものであれば，法定外税として許容される余地があるのであり，また，法定税と課税標準が共通性を有する場合などには税収や経済的効果において法定税に事実上の影響が及ぶことは避け難いのであるから，そのような事実上の影響

があり得るとしても，法定外税が直ちに法定税と矛盾抵触することになるものではないと解される。

　もっとも，国税や法定地方税が広く課税対象を押さえているため，これらの税との矛盾抵触を避けて，地方公共団体が法定外税を創設することには，大きな困難が伴うというのが実情かもしれない。しかし，憲法が地方公共団体の条例制定権を法律の範囲内とし，これを受けて地方自治法も条例は法令に違反しない限りにおいて制定できると定めている以上，地方公共団体の課税自主権の拡充を推進しようとする場合には，国政レベルで，そうした方向の立法の推進に努めるほかない場面が生じるのは，やむを得ないことというべきである。

第6講

租税の確定手続

●●

　憲法30条は，法律の定めに従い納税義務が成立すると規定しています。この納税義務が具体的に成立することで，納めるべき税額が確定することになります。この納税義務の確定手続きである申告納税と賦課課税の現状について考えます。

■ 6－1　租税法律関係

　納税義務は，課税要件といわれる税法の定める一定の要件が充たされたときに法律上成立します。この課税要件とは，納税義務者，課税物件（課税対象），帰属（納税義務と課税物件の結び付き），課税標準，税率に分類されることになります。納税義務の成立により，国又は地方自治体と国民（地域住民）との間で発生した租税に関する権利義務，いわゆる租税の債権債務を租税法律関係といいます。

　租税の賦課・徴収について，国・地方自治体と国民・地域住民との関係は法律で規律するわけですから，税の賦課・徴収に関しては法律に基づき納税義務が生じなければならないとする租税法律主義の原則に合致することになります。

　債権債務という表現は，ビジネスにおける商取引において多用される言葉ですから，一般の納税者にすれば違和感があるかもしれません。しかし，税法が定めている一定の要件（課税要件）を充足する事実が存在することで，国・地方自治体と納税者である国民・住民との間に租税債権者と租税債務者という法

律効果が発生することとなるのです。

租税法律関係の性質については，学説上，権力関係説と債務関係説の二つに分類されてきました。

権力関係説は，課税権を持つ国・地方自治体が，納税者より優越的な地位を占めるとする見解で，両者が縦に存在する，いわば上下関係にあるとする考え方です。ドイツの行政法学者であるオット・マイヤー等が主唱してきた伝統的な学説です。この学説では，納税義務は課税要件が充足するだけでは成立せず，課税処分（行政処分）により発生すると考えますから，税法は行政法の一分野と理解されることになります。

これに対して債務関係説は，国・地方自治体と納税者は公法上の債権債務関係にあるとする見解で，両者は対等であり並立する関係にあると考えます。これは，ドイツのアルバート・ヘンゼルが主張しました。債務関係説は租税法律関係を基本的に租税債権と租税債務の関係と考えることから，租税法律関係を規律することにより，独立した法領域・法体系である税法が存在するということになります。

わが国の税法体系では，租税法律関係は，一定の事実が存在することにより法律上当然に発生することになっています。つまり，私法上の領域における当事者間（私人間）の自由な契約によって発生するという見解とは異なっていますので，一般的には債務関係説が妥当な考え方といえるでしょう。しかし，行政機関が納税者に対して更正・決定等の課税処分や滞納処分時の強制徴収を実施する場合もありますから，権力関係説の要素も持っていることは否定できません。

■ 6-2 地方税法の特殊性

実をいえば，税法が体系化するこれらの分類は，国税を対象としたといえるかもしれません。地方税法の適用範囲は，地方税の総則，実体，手続，争訟，及び処罰の各機能が網羅された法規です。しかも，地方自治体の課税権は，地

方税法の定める枠内に留められ，同時に各地方自治体の判断による独自の課税も一定の範囲内で認められるという変則的な状況におかれているといえます。しかも，地方税の分野においては，地方税の法源は地方自治体が制定する条例であり，地方自治体の課税権行使は条例に委ねられ，首長といえども，裁量の範囲は制限されます。

租税法律関係が債務関係説に立脚していると考えた場合，申告納税制度の下では，租税の債権者と債務者は対等と考えるわけですが，地方税の分野では賦課課税方式による課税が基本制度となっています。賦課課税は，権力関係説に基づく方式に近いといえますから，現行の地方税制の本質は国税のそれと同一視することは難しいかもしれません。

地方税法は，「地方団体は，この法律の定めるところによって，地方税を賦課徴収することができる」（2条）としたうえで，「地方団体は，その地方税の税目，課税客体，課税標準，税率その他賦課徴収について定をするには，当該地方団体の条例によらなければならない」（3条）と規定しています。これらの規定を地方税条例主義（狭義）と理解され，広義の地方税条例主義は憲法上の租税法律主義と同一と考えることは，すでにお話ししてきました。

結局，現行では，地方自治体が制定する税条例も地方税法と同様に多機能の要素を持つ法規となりますが，地方税の分野における租税法律関係を律する法律は，税条例と考えることに異論はないと思います。

■ 6－3　租税の債権債務の確定

納税義務が実際に履行され，租税が納付されるためには，納税義務が確定されていなければなりません。この納税義務が確定させる主要手続は，通常，申告納税方式と賦課課税方式の二つの方法があげられます。これ以外にも，自動車重量税や印紙税は，納税義務の成立と税額が同時に確定されることから，自動確定方式と位置づけられることがあります。

申告納税方式は，納税義務が納税義務者の自主的な申告によって確定するこ

とを原則とする方法です。納税義務者は，法定期限までに申告書を提出し，租税を納付することになりますが，全て自主的に行われるため，講学的には民主的な制度とされています。原則というのは，納税義務者が申告をしなかった場合や申告内容に誤りがある場合などには，課税庁の更正・決定という処分によって申告の補正が行われることがあるからです。

　賦課課税方式は，納税義務が課税庁の納税義務者に対する賦課決定によって確定する方法です。賦課決定は，通知書が納税義務者に送達したときに効力が生じることになります。

　申告納税方式は，主に国税が採用している制度であり，一方，賦課徴収方式は，主として地方税が採用している制度です。今後，地方分権の進展により国から地方に税源の移譲や再配分がなされ，国税の一部が地方税に移行すると仮定するならば，現状における国税及び地方税の区分に変化が生じるでしょう。現状では，移行税目として，所得税と消費税が論議されることが多いようです。これらの税目はいうまでもなく申告納税方式を採用しています。その結果，国税で行われている申告納税方式に関する手続を地方自治体が担当する可能性が出てくるかもしれません。

　申告納税方式は，太平洋戦争後に導入された制度です。納税者の立場からすれば，自主申告といっても複雑多岐に渡る租税法規を駆使することは素人では難しいことは明らかですから，矛盾する事柄も少なくありません。課税庁が，納税者に対して本来の自主申告の趣旨を逸脱するような行為を強制する，いわば制度疲労ともいうべき症状も出ていると感じることもあります。

　したがって，納税者の視点という見地では，納税者にとっては簡便に感じられる賦課課税方式は，申告納税方式に比べて受け入れやすい制度といえなくもないのです。

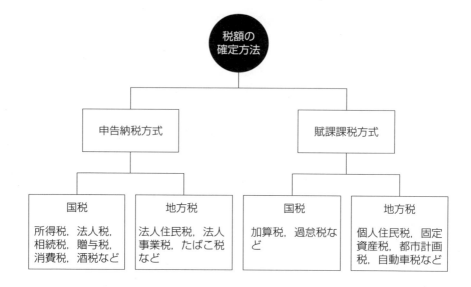

■ 6-4 納税者の責任

　換言するならば，申告納税制度の下では，納税者の自主申告・納税が前提となりますが，複雑多岐にわたる税制に対する自主性に基づく納税者の行動は，極めて限定的といわざるを得ません。税理士等の専門家に相談するためには，納税者には経済的負担が伴います。誰もが活用できるものでもありません。結局，円滑な申告納税の遂行にあたっては，納税者は，税務職員の支援に依存する度合いは高くなります。したがって，納税者が，申告納税にあたっての疑問を税務職員に相談し，説明・助言・指導を受けることが日常的に行われてきました。

　しかしながら，納税者が税務職員の言動を信頼したにもかかわらず，課税上の不利益を被った場合もでてきます。残念ながら，裁判所の判断は，この種の事例において，税務相談の意義，形式・方法，担当職員の権限・地位，相談内容の程度，相談の立証責任，当事者の責任などを検討することで，第一に税務相談における公的性格・信頼性，第二に納税者の相談に対する責任，第三に納

税者の受けた不利益の程度などの検討項目を考察し，最終的に租税法律主義の原則から強調される合法性と，正義に基づく信頼の保護の要請を比較考量して，一貫して裁判所は納税者の救済を否定してきました。

例えば，横浜地裁平成8年2月28日判決は，地方税でありながら申告納税制度を採用していた特別土地保有税の事案ですが，裁判所は，納税者が区役所土地係を訪れたのは，5月13日，7月26日，7月31日，8月6日，8月29日及び10月25日の6回であり，係内会議の開催日が8月20日であったと事実を認定したうえで，納税者による自主的な判断と責任を指摘しています。

参考判例（6-1）【信義則】

横浜地判平成8年2月28日・平成5年（行ウ）第18号

（『判例地方自治』152号50頁）

【概　　要】

課税庁による明らかな誤指導に対して信義則の適用が認められなかった事例

【判決要旨】

①　土地係の担当職員は，平成3年5月13日，納税者に対し，建設大臣認定の駐車装置が，申告時期の平成4年5月末日までに完成していれば，特別土地保有税の納税義務が免除される可能性がある旨の見解を述べたので，納税者は，これを前提に，その後，相談のため土地係を訪れたが，その間，係内会議が開催され，課税の免除の要件や基準日について確認されたにもかかわらず，担当職員は従前通りの応対を続け，平成3年11月6日に至り，初めて納税者に対し，訂正の電話をしたということになるから，担当職員の納税者に対する対応が，極めて不適切であったことは否めない。

②　納税者に対応した担当職員は，いずれも役職はなく，また，担当職員の言動は，納税者の照会に対する正式な回答ともいい難く，単に口頭でされたに過ぎないのであるから，担当職員の見解の表示をもって，税務官庁がした納税者の信頼の対象となる公的見解の表示とは認められない。

③　土地係が区内の特別土地保有税に関する説明・指導をする担当部署であること，パンフレットに問合せ先として各区役所の固定資産税課土地係の名が記載されていたこと，納税者が，特別土地保有税の免除を目的に，継続的に，相当回数，土地係に赴き，その意向を確認し，指導を受けながら駐車装置の設置計画を進めてきたことは事実であり，このような納税者の期待が裏切られた結果となったことは，遺憾というほかない。
　④　担当職員の本件基準日についての説明が断定的なものであったとまではいえないし，納税者に対する右の点の訂正の伝達も，遅れたとはいえ同年11月6日にされたのであり，本件駐車装置の設置が右基準日に間に合わなかったのは，右のような装置の注文がメーカーに殺到したという特殊な事情によるものといわざるを得ない。

　裁判所が指摘するように，窓口で納税者との質疑応答に役職者が応対する可能性，さらに質疑内容に対して文書を交付する習慣の有無を考慮しますと，申告納税制度において納税者の課せられた責任の大きさに驚くばかりです。まさしく納税者の自主性が重視されているといえます。
　窓口で相談する一般納税者は，公的見解に相当する指導権限を持つ職員と質疑することは不可能に近いといえます。公的見解として位置づけられるのは，国税においては税務署長の言動と考えるのが通説です。つまり，税務署の窓口で税務署長に面談を求め，直接指導を受けるようなものなのです。

■ 6-5　賦課課税の功罪

　これに対して賦課課税は，納税者からみれば，いわば通知課税といえますから，一方的な課税という意識は強くなります。確かに，申告納税に比べ，手続きに関する納税者の負担は少ないのですが，賦課課税が疑問視されるのは，固定資産税において頻発する誤課税や誤徴収の存在です。
　固定資産税は，市町村の税収に占める割合は極めて大きいことはいうまでも

ありません。固定資産税は，地方税における基幹税という存在であり，地域住民にとっても身近な租税の一つといえます。しかし残念ながら，課税ミスが多いという現実があり，固定資産税に係る不祥事の話題は事欠きません。特に最近の傾向は，コンピュータの入力ミスが目立ちます。私たちは，新聞で報道された事例を見る機会が多いのですが，それは表面化された報道として氷山の一角であることは，十分想像できます。賦課課税の本質は，納税者の行政に対する信頼であり，いわば課税ミスは無いという前提に立つことですから，課税ミスは，税務行政に対する納税者の不信感も増幅します。

さらに納税者からみれば，過徴収・誤徴収された課税分の返金が時限的に制限され，しかもその範囲が徴収した地方自治体により異なるという矛盾があります。そして，徴収漏れにしろ，過徴収にしろ，誤った手続きで論議となるのは，5年間という地方税の徴収権の時効です。

結局，賦課課税における，いわゆるミスは，最終的には行政の怠慢という結論に帰するといえます。

■ 6−6 賦課課税における救済

賦課課税である固定資産税においては，地方自治体による評価間違いが問題となることが少なくありません。この点について地方税法は，固定資産評価審査委員会に対する審査の申出及びその決定に対する取消しの訴えによってのみ争うことができる，と規定しています。さらに，その申出期限については，毎年4月1日の固定資産の価格を登録した旨の公示の日から納税通知書の交付を受けた日後60日以内に，文書をもって，固定資産評価審査委員会に審査の申出をすることができる，としています。

納税者は，固定資産の評価等に不服がある場合には，この審査の申出により損害を回復する，というのが通常です。しかし，審査申出の期限は非常に短い。明らかに課税側である自治体職員のミスによって誤った課税がなされていた場合にも審査申出期限が過ぎてしまっている過去の分については，救済される手

段がないのだろうかという疑問が出てきます。

その意味で，最高裁平成22年6月3日判決は，画期的な判断といえます。

本事案は，昭和62年度から平成18年度に至るまで，納税者の所有する倉庫は，市により一般用の倉庫に該当することを前提にして評価され，税額が決定されており，納税者は決定に従って固定資産税等を納付してきました。

その後，平成18年5月26日付けで，市は納税者に対し，倉庫が冷凍倉庫等に該当するとして，平成14年度から同18年度までの登録価格を修正した旨を通知したうえで，各年度に係る本件倉庫の固定資産税等の減額更正をしました。納税者は，同14年度から同17年度までの固定資産税等につき，納付済み税額と上記更正後税額との差額として389万9,000円を還付されました。

そこで納税者は，昭和62年度から平成13年度までの各賦課決定の前提となる価格の決定には本件倉庫の評価を誤った違法があり，評価の誤りについて過失が認められると主張して，所定の不服申立手続を経ることなく，市を相手に，国家賠償法1条1項に基づき，各年度に係る固定資産税等の過納金及び弁護士費用相当額の損害賠償等を求めました。

しかし，控訴審である名古屋高裁平成21年3月13日判決は，国家賠償法に基づいて固定資産税等の過納金相当額を損害とする損害賠償請求を許容することは，当該固定資産に係る価格の決定又はこれを前提とする当該固定資産税等の賦課決定に無効事由がある場合は別として，実質的に課税処分を取り消すことなく過納金の還付を請求することを認めたのと同一の効果を生じ，課税処分や登録価格の不服申立方法及び期間を制限してその早期確定を図った地方税法の趣旨を潜脱するばかりか，課税処分の公定力をも実質的に否定することになって妥当ではない。そして，評価基準別表第13の7の冷凍倉庫等に係る定めが一義的なものではないことなどに照らすと，各決定に無効とすべき程度の瑕疵はない，などとし，納税者の訴えを退けたため納税者が上告した事案です。

最高裁は，国家賠償請求訴訟による損害回復を認めています。

賦課課税方式をとる固定資産税等においては，評価の間違いにすぐ気づかずに審査の申出をしない場合には国家賠償訴訟による損害の回復も求め得ない，

というのでは，納税者にとって酷というべきでしょう。

　控訴審において市側は，固定資産の価格とは適正な時価をいうから，納税者は，評価基準に拘束されず，専門の倉庫業者の立場として，独自に資産価値を測定・検証等することは十分に可能であった，などと主張しています。しかし，固定資産税は賦課課税方式の税であり，固定資産の価格の決定はすべて評価基準に従っているはずですから，納税者は市の評価に間違いがあるとは通常考えません。賦課課税方式の税額計算の基礎となる登録価格の評価が過大であるか否かは納税者には直ちには判明しないでしょうし，それは専門の倉庫業者であろうと同様です。本事案の場合，外見上それとわかる冷凍倉庫を一般倉庫と20年も間違って評価していたというのですから，市の固定資産評価体制に問題があったといえます。

参考判例（6－2）【固定資産税の誤評価と国家賠償請求】

> 最判平成22年6月3日・平成21年（受）第1338号
>
> （『最高裁民事判例集』64巻4号1010頁・最高裁HP）
>
> 【概　　要】
>
> 　固定資産税評価の間違いについて固定資産評価審査委員会に審査の申出をできなかった場合においても国家賠償訴訟による損害の回復の道があることを示した事例
>
> 【判決要旨】
>
> 　①　地方税法は，固定資産評価審査委員会に審査を申し出ることができる事項について不服がある固定資産税等の納税者は，同委員会に対する審査の申出及びその決定に対する取消しの訴えによってのみ争うことができる旨を規定するが，同規定は，固定資産課税台帳に登録された価格自体の修正を求める手続に関するものであって（435条1項参照），当該価格の決定が公務員の職務上の法的義務に違背してされた場合における国家賠償責任を否定する根拠となるものではない。
>
> 　②　控訴審は，国家賠償法に基づいて固定資産税等の過納金相当額に係

る損害賠償請求を許容することは課税処分の公定力を実質的に否定することになり妥当ではないともいうが，行政処分が違法であることを理由として国家賠償請求をすることについては，あらかじめ当該行政処分について取消し又は無効確認の判決を得なければならないものではない〔最高裁昭和35年（オ）第248号同36年4月21日第二小法廷判決・民集15巻4号850頁参照〕。このことは，当該行政処分が金銭を納付させることを直接の目的としており，その違法を理由とする国家賠償請求を認容したとすれば，結果的に当該行政処分を取り消した場合と同様の経済的効果が得られるという場合であっても異ならないというべきである。そして，他に，違法な固定資産の価格の決定等によって損害を受けた納税者が国家賠償請求を行うことを否定する根拠となる規定等は見いだし難い。

③　固定資産の価格の決定及びこれに基づく固定資産税等の賦課決定に無効事由が認められない場合であっても，公務員が納税者に対する職務上の法的義務に違背して当該固定資産の価格ないし固定資産税等の税額を過大に決定したときは，これによって損害を被った当該納税者は，地方税法432条1項本文に基づく審査の申出及び同法434条1項に基づく取消訴訟等の手続を経るまでもなく，国家賠償請求を行い得るものと解すべきである。

④　記録によれば，本件倉庫の設計図に「冷蔵室（－30℃）」との記載があることや本件倉庫の外観からもクーリングタワー等の特徴的な設備の存在が容易に確認し得ることがうかがわれ，これらの事情に照らすと，控訴審判決が説示するような理由だけでは，本件倉庫を一般用の倉庫等として評価してその価格を決定したことについて市側に過失が認められないということもできない。

■ 6－7　地方税務行政と納税者の距離

　平成19年6月，各自治体の住民税窓口は，納税者からの問い合わせに追われたそうです。いわゆる税源移譲と喧伝された国と地方の税源再配分に関しては，年間負担額には変更がないという広報活動が盛んになされましたが，所得税率と住民税率の見直しが行われ，また課税時期のズレから増税感が増したことに納税者は混乱しました。

　地域住民にとって，市町村の機関は，税務に限らず様々な手続きの申請や交付，行事への参加など気軽に立ち寄る身近な場所です。また市町村職員は，地域住民にとって，地縁，血縁で結ばれた人間関係が構築された地域社会においては，気軽に相談や苦情をいえる相手となるはずです。つまり，自治体としての市町村と地域住民との距離は短く，もちろんこのことは，自治体と住民，相互にとって有益なことになります。

　一般に自治体職員は，自治体内の部局を数年単位で異動する，いわばゼネラリストで構成されています。様々なセクションでの多様な経験が，住民との対話と対応に十分生かされることから，極めて有益な制度と思います。このことは，税務行政の場合でも同様でしょう。地方税務行政を，スペシャリスト集団である国税との対比で議論されることがありますが，これは複雑多岐にわたる税制に問題があり，納税者の立場からすれば本末転倒なことといえます。

　なお，東京高裁平成13年11月27日判決は，村の違法性を認めた第一審判決（新潟地裁平成12年12月7日判決）の取消判決ですが，この事案は，単なる「いじめ」事件と認識すべき事例ではありません。零細な村役場における税務行政に従事する専門職員の本質と首長の政策との相克と理解されるべき内容です。まさしく政治主導か官僚支配かという問題ではありますが，その判断の是非は，やはりこの村の財政の一部の負担を余儀なくされている納税者が真っ先に行うべきでしょう。

参考判例（6－3）【地方分権の担い手】

東京高判平成13年11月27日・平成13年（ネ）第402号
（最高裁HP）

【概　要】
税務課長の職責と適格性について，その範囲と限界が明示された事例

【判決要旨】
①　被控訴人（元税務課長）が，税務課長として自らが正しいと考える見解を述べることは，その職責の一部であって，それが上司である村長の意向に反するものであったり，上級官庁や関係官庁等の見解と異なるものであったとしても，そのことから直ちに税務課長としての適格性が欠けていたと断ずることはできない。

②　被控訴人は，税務の専門家であることを自負する余り，従前の経緯に関する検討や幅広い観点からの検討を欠き，また，上級官庁や関係官庁への意見照会等の裏付調査もしないまま，独自の見解に基づいて，控訴人（村）の条例の規定が違法であるとか……更なる調査検討を求める村長や村議会の意向を無視する態度を執った。

③　税務行政の所管課長である被控訴人としては，上司である村長から調査検討を求められた以上，当初意見を求められていた課税免除措置の適否ばかりではなく，他の観点からの総合的な検討を求められていたものというべきであり，そのような検討も経ないまま，「税のことは協議して決めるものではない。」などと言って更なる調査検討をしようともしなかったことは，所管課長としての対応として適切ではなかったといわざるを得ない。

④　控訴人の業務の円滑な遂行や業務改善に対する十分な配慮を欠いたまま，必ずしも相当とは言い難い納税義務論や守秘義務論に拘泥して村長の方針に反対する態度を執り続け，その結果，誤った施策の実施や，必要な施策の遅延等をもたらしたものであって，村長が，これらの行為は税務

課長としての適格性に疑問を生じさせるものであると受け止めたことには相応の根拠がある。

⑤　他の職員との間に相当程度の軋轢が生じていたであろうこと……などの事情を総合考慮すれば，村長が，被控訴人をラインの管理職である課長職ではなく，専門職的色彩の強い参事職として処遇し，特命事項を担当させるのが相当であると判断したことには相応の根拠があったものというべきであり，この判断自体に裁量権の逸脱，濫用があったということはできない。

第7講

税法の解釈と適用

●●●●●●●●●●●●●●●●●●●●●●●●●●●●●●●●

　税務においては，租税法規を解釈することにより，その意味内容を明らかにします。税法を適用するためには，解釈された課税要件に対して該当する具体的な事実認定を行います。この税法の解釈にあたっての原則や適用における問題点について考えてみましょう。

■ 7－1　実質所得者課税の原則

　実質所得者課税の原則とは，資産又は事業から生ずる収益の法律上帰属するとみられる者と，その収益を享受する者が異なる場合は，所得が実質的に帰属するとみられる納税義務者に対して課税するという原則です。所得税，法人税，消費税では，この帰属関係が重要な要素となります。

　例えば，所得税の課税において，法律上も実質上も所得者に帰属することが前提として一般的に考えられています。ところが，やむを得ない事情により，他人名義で資産を取得し，名義と実質的な所有者が相違する場合には，その資産から発生する収入は，誰に帰属されるかという問題が生じることがあります。法律上，夫婦共有名義となっているアパートの建物を，妻は単なる名義人で，実質は，夫が所有して不動産収入を得ていた場合には，その収入は誰に帰属されるかというような例がそうです。

　所得税法12条は，「資産又は事業から生ずる収益の法律上帰属するとみられる者が単なる名義人であって，その収益を享受せず，その者以外の者がその収

益を享受する場合には、その収益は、これを享受する者に帰属するものとして、この法律の規定を適用する」と規定しています。この規定は、所得が実質的に帰属するとみられる納税義務者に対して所得税を課税するという趣旨を明らかにしたものです。法人税法11条、消費税法13条にも同様の規定があります。地方税においても、地方税法24条の2・72条の2・294条の2などで規定されています。このことを、実質所得者課税の原則といっています。

所得税に関する税務の取扱いにおいては、所得税基本通達12-1において「法第12条（実質所得者課税の原則）の適用上、資産から生ずる収益を享受する者がだれであるかは、その収益の基因となる資産の真実の権利者がだれであるかにより判定すべきであるが、それらが明らかでない場合には、その資産の名義者が真の権利者であるものと推定する」と示されています。

具体的な事例で考えると課税庁は、所得課税は経済的利益を受ける者に対して課税されることを本質としていることから、課税庁と納税者との間で不動産所得や事業所得などの帰属を巡る事例も少なくありません。

例えば、東京地裁昭和48年5月6日判決は、「国民に対し公平適正な課税処分を行なうため、法律形式上所得の帰属する者が経済的実質においてもその帰属者であるかどうかを十分に検討しなければならない」と判示しています。

参考判例（7-1）【実質所得者課税】

東京地判昭和48年5月6日・昭和42年（ワ）第4332号

（『税務訴訟資料』70号113頁）

【概　要】

　実質所得者の帰属について経済的実質を認定基準と示した事例

【判決要旨】

　租税法は、国民に対し担税力に応じた公平適正な課税をなすことを目的としているが、現実の課税技術の上からいうと、複雑多岐にわたる現在の国民の経済活動について、その実質的関係にまで深く立ち入って具体的事実を明らかにすることは、極めて困難であり、ほとんど不可能に近いこと

から，所得や財産等の法律形式上帰属する者に経済的実質もまた帰属するのが通例であることにかんがみ，原則的にはその形式，外観に着目して課税することを承認しているが，法律形式上の名義人が外見上の単なる名義人にすぎなく，他に実際に収益を享受する者がある場合には，実際に収益を享受する者に課税するのが租税負担の公平を維持する見地からみて妥当であるので，現行所得税法12条，法人税法11条は，「資産又は事業から生ずる収益の法律上帰属するとみられる者が単なる名義人であって，その収益を享受せず，その者以外の者（法人）がその収益を享受する場合には，その収益は，これを享受する者（法人）に帰属するものとして，この法律の規定を適用する。」と実質所得者課税の原則を規定して，法律形式上の所有者の外に，資産，事業等の収益を実質的に享受支配している者がある場合には，その者を租税法上の所得者と認めるべきものとする。

したがって，税務職員は，課税処分を行なうに際しては，単に法律形式上の所有者に所得が帰属するというような安易な処分をすることなく，国民に対し公平適正な課税処分を行なうため，法律形式上所得が帰属する者が経済的実質においてもその帰属者であるかどうかを十分検討して，課税処分を行わなければならない。

また，大阪地裁平成12年12月8日判決では，「具体的には，当該事業に関する名義人と名義人以外の者の能力，関与の程度，収益の管理状況等を総合勘案して，いずれが当該事業の経営方針や収益等につき支配的影響力を有しているかによって判断すべきである」と示しています。

参考判例（7－2）【事業収益の帰属】

大阪地判平成12年12月8日・平成11年（行ウ）第21号他
（『税務訴訟資料』249号1055頁）
【概　　要】
事業収益の帰属の判断基準を示した事例

【判決要旨】

① 所得税法12条は，「資産又は事業から生ずる収益の法律上帰属するとみられる者が単なる名義人であって，その収益を享受せず，その者以外の者がその収益を享受する場合には，その収益は，これを享受する者に帰属するものとして，この法律の規定を適用する」と規定し，実質所得者課税の原則を明らかにしている。

② 右の「収益を享受する」とは，経済的に収益が帰属することを意味するとの解釈も成り立ち得るが，法12条が法律上収益が帰属するとみられる者が「単なる」名義人である場合にその者以外の者に収益が帰属する余地を認めていることからすると，問題となる収益が私法上は名義人に帰属し，名義人以外の者が単にその収益を消費している場合には当該収益は名義人に帰属するとする趣旨と解され，結局「収益を享受する」とは，収益が経済的に帰属することを意味するのではなく，私法上帰属することを意味すると解するべきである。このような解釈は，法的安定性の見地からも支持し得るものである。

③ しかし，私法上の帰属を判断するには，実質所得者課税の原則が担税力に応じた公平な課税を実現するための要請であることからすると，本件のように事業による収益の帰属が問題となる場合は，その者が，当該事業による収益を実質的に支配しているか否かで判断すべきであり，ある事業が何者かの名義において行われる場合であっても，名義人以外の者がもっぱら自己のために当該事業活動を行い，その成果を直接自己に帰属させている場合には，右収益は右名義人以外の者に支配されていると言うべきである。そして，具体的には，当該事業に関する名義人と名義人以外の者の能力，関与の程度，収益の管理状況等を総合勘案して，いずれが当該事業の経営方針や収益等につき支配的影響力を有しているかによって判断すべきである。

④ 実質所得者課税の原則が，担税力に応じた公平な課税を実現するた

めの要請であることからすると、右収益が法律上だれに帰属するかの問題は、名義人と名義人以外の者の間において法律上どちらに帰属するかの問題であり、本件における収益のように収益が第三者から支払われた報酬であるような場合に、その報酬の支払者との関係で、何者が法律上その報酬を受領する権限を有するかとは別個の問題であるというべきである。

■ 7-2 信 義 則

　信義則とは、法律関係の当事者は、相手方の合理的な期待や信頼を裏切ってはならない、という原則です。
　民法1条2項は、「権利の行使及び義務の履行は、信義に従い誠実に行わなければならない」と定めていますが、この規定は、法律関係の当事者は、相手方の合理的な期待や信頼を裏切ってはならない、という原則です。信義誠実の原則ともいわれます。
　また、同様に禁反言の法理という考え方があります。人は、いったんなした言動をそれが誤りであることを理由としてひるがえすことができない、という原則です。税法では、信義則（信義誠実の原則）と禁反言の法理を同一概念として捉えています。
　この民事法の論理である信義則が、公法である税法の領域でも適用されるという考え方は、固定資産税の非課税通知の効果が争点となった東京地裁昭和40年5月26日判決（文化学院事件）において、明確に示されました。

参考判例（7-3）【信義則の適用条件】

東京地判昭和40年5月26日・昭和38年（行）第44号
（『行政事裁判例集』16巻6号1033頁）
【概　　要】
　公法における信義則の適用を容認した事例

【判決要旨】
　禁反言の原則は，いわゆる公法分野についても，その適用を否定すべき根本的理由はないと解すべきであるが，このことは，右の原則が私法分野におけると同じ要件の下に，同じ範囲，程度において適用されると解すべきことの理由となるものではなく，公法分野とくに税法の分野においては，前述のように，積極，消極両面の行政作用につき厳格な法律の遵守が要請されていることにかんがみれば，かような法分野について禁反言の原則がいかなる要件の下に，いかなる範囲において適用されるかについては慎重な判断を要することはもちろんである。すなわち，この原則の適用の要件の問題としては，とくに，行政庁の誤った言動をするに至ったことにつき相手方国民の側に責めらるべき事情があったかどうか，行政庁のその行動がいかなる手続，方式で相手方に表明されたか（一般的のものか特定の個人に対する具体的なものか，口頭によるものか書面によるものか，その行動を決定するに至った手続等）相手方がそれを信頼することが無理でないと認められるような事情にあったかどうか，その信頼を裏切られることによって相手方の被る不利益の程度等の諸点が，右原則の適用の範囲の問題としては，とくに，相手方の信頼利益が将来に向っても保護さるべきかどうかの点が吟味されなければならない。

　申告納税制度の下では，課税庁は，納税者からの税務相談や申告指導が日常的に行われています。こうした課税庁の行為などに誤りがあった場合に問題が生じ，その救済として信義則の適用を求めることができてきます。
　例えば，本来は課税すべきところを，納税者に非課税であるとの税務指導をしたにも関わらず，後になって法令の解釈の誤りに気づき，遡って課税する場合や，本来課税すべきところを，長い間課税せず，急に遡って課税する場合などが考えられます。
　信義則の適用について，最高裁昭和62年10月30日判決（酒類販売業者青色申告事件）は重要な判例です。青色申告の申請をしていない納税者に対して，課

税庁が青色申告用紙を送付した行為が争点となりました。

第一審，控訴審では，信義則の適用を認め，課税庁の処分は違法と判示しています。しかし，最高裁は，「租税法律主義の原則が貫かれるべき租税法律関係においては，信義則の法理の適用については慎重でなければならず，租税法規の適用における納税者間の平等，公平という要請を犠牲にしてもなお当該課税処分に係る課税を免れしめて納税者の信頼を保護しなければ正義に反するといえるような特別の事情が存する場合に，初めて信義則の法理の適用の是非を考えるべきものであると判示しました。

参考判例（7－4）【信義則の適用条件】

> 最判昭和62年10月30日・昭和60年（行ツ）第125号
> （『判例時報』1262号91頁・最高裁HP）
>
> 【概　要】
> 　青色申告制度における承認の効力を認めた事例（酒類販売業者青色申告事件）
>
> 【判決要旨】
> 　①　租税法規に適合する課税処分について，法の一般原理である信義則の法理の適用により，右課税処分を違法なものとして取り消すことができる場合があるとしても，法律による行政の原理なかんずく租税法律主義の原則が貫かれるべき租税法律関係においては，右法理の適用については慎重でなければならず，租税法規の適用における納税者間の平等，公平という要請を犠牲にしてもなお当該課税処分に係る課税を免れしめて納税者の信頼を保護しなければ正義に反するといえるような特別の事情が存する場合に，初めて右法理の適用の是非を考えるべきものである。そして，右特別の事情が存するかどうかの判断に当たっては，少なくとも，税務官庁が納税者に対し信頼の対象となる公的見解を表示したことにより，納税者がその表示を信頼しその信頼に基づいて行動したところ，のちに右表示に反する課税処分が行われ，そのために納税者が経済的不利益を受けることに

> なったものであるかどうか，また，納税者が税務官庁の右表示を信頼しその信頼に基づいて行動したことについて納税者の責めに帰すべき事由がないかどうかという点の考慮は不可欠のものであるといわなければならない。
> ②　本件についてみるに，納税申告は，納税者が所轄税務署長に納税申告書を提出することによって完了する行為であり（国税通則法17条ないし22条参照），税務署長による申告書の受理及び申告税額の収納は，当該申告書の申告内容を是認することを何ら意味するものではない（同法24条参照）。また，納税者が青色申告書により納税申告したからといって，これをもって青色申告の承認申請をしたものと解しうるものでないことはいうまでもなく，税務署長が納税者の青色申告書による確定申告につきその承認があるかどうかの確認を怠り，翌年分以降青色申告の用紙を当該納税者に送付したとしても，それをもって当該納税者が税務署長により青色申告書の提出を承認されたものと受け取りうべきものでないことも明らかである。そうすると，原審の確定した前記事実関係をもってしては，本件更正処分が上告人の被上告人に対して与えた公的見解の表示に反する処分であるということはできないものというべく，本件更正処分について信義則の法理の適用を考える余地はないものといわなければならない。

　信義則の適用に関する裁判所の考え方は，合法性の原則を犠牲にしてもなお納税者の信頼を保護することが必要であると認められる場合に信義則の適用が肯定されるものとなるとしています。現在では，信義則の適用に関する裁判所の考え方は，ほぼ同じ考え方であり，信義則の適用を否定してきています。

　今後さらに，地方分権の推進による税制改正で，申告納税制度が地方税に導入されることになれば，自治体の窓口では，税務署の窓口と同じように，納税者の税務相談や申告指導が日常的に行われるかもしれません。地方税務職員の対応如何が納税者の信頼確保につながるか否か，大きな問題をはらんでいるといっていいでしょう。

■ 7-3　借用概念

　税法では，例えば「所得」など税法独特の用語ないし概念を用いているものがありますが，一方，「配当」や「相続」など税法以外の法領域で用いられている用語ないし概念を用いているものがあります。

　税法の法領域以外で用いられていない税法独自の用語ないし概念のことを，固有概念といいます。これに対して，税法以外の法領域で用いられている用語ないし概念が税法にそのまま用いられているものを，借用概念といいます。通説・判例とも法的安定性の観点から，借用概念を他の法領域で用いられているのと同じ意義に解すべきとする考え方をとっています。

　固有概念については，「所得」という概念が代表的ですが，税法独自の観点からその解釈を行うとする概念であると，通説は理解しています。それに対して，借用概念の解釈にあたっては，借用概念を他の法領域で用いられているのと同じ意義に解すべきか，税法独自の意義に解すべきかの問題があり，様々な考え方があります。この点について，法的安定性の観点から，借用概念を他の法領域で用いられているのと同じ意義に解すべきとする考え方が，通説とされています。

　判例においては，所得税法上の「親族」の意義について争われた事例があります。内縁の妻との間の認知されていない子及びその妻の連れ子を所得税法上の扶養控除の対象とすべきかという借用概念が争点となりました。

　東京地裁昭和62年12月16日判決は，所得税法の親族は，特段の理由がない限り，6親等以内の血族及び3親等以内の姻族をいうものであって，これに当たらないことが明らかな事実上の子は右の親族に当たらないものといわなくてはならないと判示しています。判例も同様，借用概念を他の法領域で用いられているのと同じ意義に解すべきとする考え方をとっているといえるでしょう。

参考判例（7-5）【税法上の親族の意義】

東京地判昭和62年12月16日・昭和61年（行ウ）第176号
（『判例時報』1268号22頁）

【概　　要】
税法上の親族は，民法上の親族と同意義であると示した事例

【判決要旨】
① ある法律において，「親族」と規定している場合に，当該法律にその定義規定を置いていないときは，特段の理由がない限り，民法上の親族を指すものと解すべきである。所得税法は，前述のように親族という用語を使いながら，それについて定義規定を置いていないから（もっとも，所得税法は，親族につき，「（配偶者を除く。）」と規定しているが，本件では3人の子が原告の配偶者でないことは明らかであるから，以下の判断において，親族から配偶者を除いて考えることとする。），この親族という用語は，特段の事由のない限り，民法上の親族（以下「法律上の親族」ともいう。）を指すものと解される。民法725条は，六親等以内の血族及び三親等以内の姻族を親族とする旨規定しているから，所得税法の親族は，特段の理由がない限り，六親等以内の血族及び三親等以内の姻族をいうものであって，これに当たらないことが明らかな事実上の子は右の親族に当たらないものといわなくてはならない。所得税法2条1項34号は，里子及び委託老人も扶養親族としているが，これらは法律上の親族ではない（ただし，里親及び里子間並びに委託老人及び受託者間に民法上の親族たる関係がある場合を除く。）。しかし，これらは，同法の明文の規定で扶養控除の対象となるものとされているのであるから，これらが，法律上の親族ではないのに，扶養控除の対象となるものとされているからといって，同法に明文の規定のない事実上の子が扶養控除の対象となるものに当たるとする根拠とすることはできない。

■7-4　不確定概念

　租税法規や通達の中には，「不当に高額」や「不当に減少」や「正当な理由」などといった抽象的な言葉を用いていることがあります。これを不確定概念といっています。

　申告納税制度の下では，租税法律主義の原則により，課税要件及び租税の賦課・徴収の手続きに関する定めをなす場合に，その定めはなるべく一義的で明確でなければなりません。しかし，現行の税法では，抽象的であいまいな文言を用いているものは少なくないのです。

　例えば，過大役員報酬・役員退職給与の「不当に高額」，同族会社の行為計算否認における「不当に減少」，加算税が課されない場合の「正当な理由」，更正の請求における「やむを得ない理由」，交際費等の「通常要する費用」「社会通念上一般的に」などがあげられます。このような不確定概念は，税法の特徴ともいえるでしょう。

　わが国の中小企業の大半は，同族会社といえます。税法は，同族会社の行為又は計算でそれを容認した場合には税の負担を「不当に減少させる」結果になると認められるときは，課税庁はその行為又は計算がなかったものとして税額を計算することができる旨を規定しています。

　この規定の趣旨は，所有と経営が一体となっているような同族会社は，税負担を減少させるような行為や計算を行うことが容易に行われやすいため，それを防止するというものです。「不当に減少させる」ことの判断基準について様々な見解があり，不確定概念をめぐる税務上のトラブルは少なくないのです。

　これに対して，不確定概念を用いることは，租税負担の公平を図るためには，ある程度必要不可欠であるとの見解もあります。確かに，法令や通達等で「○○円以内」といったような具体的な数値等をあげると，「○○円以内」とする考え方が一人歩きしてしまうおそれがあることも否定できません。

　ただ，不確定概念は，課税庁に自由裁量を容易に認めるおそれがあることを

忘れてはなりません。納税者の自主的な申告を前提としている申告納税制度の下では，租税法は明確でなければならず，納税者にとって，わかりやすいものでなければなりません。課税要件明確主義を厳密に考えるとすれば，不確定概念を用いることは慎重であるべきでしょう。

　このような不確定概念は，納税者にとって，容易に解釈することは困難であり，納税者の税法の解釈力が問われているといえます。

第8講

納税者の救済・保護と税務行政

●●●●●●●●●●●●●●●●●●●●●●●●●●●●●●●●

　本講においては，申告納税制度における納税者の権利救済と保護に関する納税者の責任と税務行政の対応について考えます。申告納税制度においては，納税者の責任は重いものですが，その一端を理解して欲しいと思います。

■ 8−1　納税者の救済

　納税者の救済とは，納税者の納付した税額が過大であった場合や，課税処分があった場合は，災害等を受けた場合などに応じて，納税者の法的権利を救済する制度をさします。

(1) 更正の請求

　納税申告書を提出した者は，その申告書に記載した課税標準等や税額等の計算が法律の規定に従っていなかったことや計算に誤りがあったことにより，納付すべき税額が過大であるとき，原則としてその申告書に係る国税の法定申告期限から5年以内に限り，税務署長に対し，その申告に係る課税標準等又は税額等につき更正をすべき旨の請求をすることができます。これを通常の更正の請求とよんでいます。

　これに対して，後発的事由による更正の請求として，申告，更正又は決定に係る課税標準等や税額等の計算の基礎となった事実に関する訴えについての判決により，その事実がその計算の基礎としたところと異なることが確定したな

どの後発的事由により更正の請求をすべき理由が生じた場合は，当該理由が生じた日の翌日から起算して2月以内に更正の請求ができることになっています。

(2) 不服審査

国税に関する法律に基づく処分に対して不服がある者は，税務署長がした処分にはその処分をした税務署長に，国税局長がした処分にはその処分をした国税局長に，それぞれ異議申立てができます。つまり，国税の不服申立ては，原処分庁に対する異議申立てを原則とします。異議申立て（再調査の請求）に対する決定処分（棄却・一部取消し・却下）を経た後，国税不服審判所長に対して審査請求をすることができます。地方税においては，地方税法の特則，行政

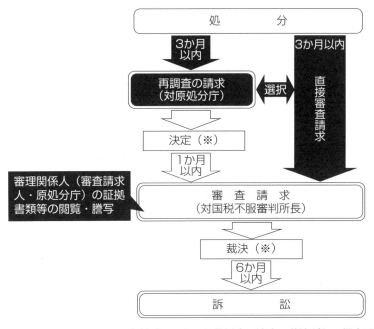

処分から訴訟までの流れ

（※）　原処分庁・国税不服審判所長から3か月以内に決定・裁決がない場合は，決定・裁決を経ないで，審査請求・訴訟をすることができる。

（財務省HPの図を一部変更）

不服審判法による不服申立てが適用されます。

不服審査の結果に対して不服のある納税者は，訴訟を提起することになります。

(3) 申告・納付の延長

国税庁長官等は，災害その他やむを得ない理由により，国税に関する法律に基づく申告，申請，請求，届出その他書類の提出，納付又は徴収に関する期限までにこれらの行為をすることができないと認めるときは，政令で定めるところにより，その理由のやんだ日から2月以内に限り，当該期限を延長することができます。東日本大震災に伴う措置は，言うまでもありません。地方税においては，国税と異なり地方税法で各税ごとに規定されていますが，実際には各自治体の税務条例等で定められています。

■ 8-2 税務調査

国税職員は，質問検査権に基づき，必要があるときに租税に関する調査を行うことができることになっています。ここでいう調査の必要性に関しては，客観的に調査の必要と判断される場合に行われ，国税職員の自由な裁量により行われているのではありません。

しかし，実際のところ，客観的な税務調査の必要性に関しては，高度に専門的な判断に基づいて行われているとされており，仮に国税職員による恣意的な調査が行われたとしても，恣意的な調査による違法性を立証することは非常に困難であるといえます。

国税職員は，質問検査を行う場合，身分を明らかにする証明書を携帯し，必要に応じて証明書を提示する必要があります。

税務調査の事前通知（調査を行う日時，場所を事前に委嘱を受けた税理士や納税者に通知する）は，必ずしも行われる必要がなく，調査相手の事業内容や，事前通知があると調査相手の実体がわからない場合など，事前通知を行うと調

査に支障が出ると国税職員が判断したときには，その通知は行われないことがあります。また，調査を行う理由等を開示しないことは，必ずしも違法であるとはいえません。

　この調査の事前通知や調査理由の開示に関しては，裁判等で度々争われますが，調査の事前通知や理由開示に関しては，それ自体が無い場合であっても違法であると認められるケースは，ほとんどないのが実情です。

　また，税務調査そのものは，間接強制を伴うものであり，基本的に納税者はこれを特別な事情のない限り拒否することはできないとされています。しかし，調査手続きにおいて，調査の事前予告が行われない場合もしばしばあり，令状等を伴う強制調査でない限り，納税者の業務が調査により継続困難な場合や，経営者の健康上の理由等から，税務調査の延期を申し出ることは違法ではありません。つまり，後日税務調査を受けるのであり，調査そのものを拒否したわけではないからです。

　また，税務調査が違法に行われた場合であっても，調査の結果，行われた課税処分に関して，違法であると認められることは難しいことです。判例においても，税務調査の過程はともかく，税務調査の結果行われた課税処分には影響しないと考えられています。しかし，違法な調査の下で行われた課税処分が果たして公平な課税処分であるかという点に関しては，疑問が残ります。

　さらに，税務調査において，納税者自身が加入する納税者団体の会員や職員の立ち会いを求めたことが争点となった事例は，団体の名を付けた著名な事件が多いことで知られています。その結果，税務調査が頓挫し，課税庁が推計課税を実施するというプロセスに繋がることがあります。しかし，最近の事例では確かに，第三者の立会いは，調査妨害の意味合いがあることを否定しません。一方では，納税者団体会員への強引な調査方法が争点となった事例も少なくないからです。そのような中で，税務調査において租税の持つ権力性や租税法規の難解さゆえに一般の納税者が課税庁に対応することには特別な精神的な負荷がかかることは想像に難くないことです。また，税務職員の裁量により第三者の立会いを判断することは，納税者ごとに手続きが一律に扱われないおそれも

生じます。刑事手続きでさえも可視化が議論される現在，課税庁のいうプライバシー保護の見地も変化すべきでしょう。プライバシーの保護とは，多義的な言葉ではありますが，自己情報の管理・開示をコントロールする権利と考えれば，納税者が許諾要請すれば，第三者の立会いも許容範囲の範疇となる可能性もあるはずです。その場合には，「調査妨害」と「プライバシー保護」の両者の観点を踏まえなければならない中で，一律の取扱いが求められることから，裁量ではなく，立法により解決することが必要であると考えられます。

参考判例（8－1）【税務調査】

> 岡山地判平成11年10月6日・平成9年（行ウ）第10号
> （『税務訴訟資料』244号1073頁）
>
> 【概　　要】
> 　税務調査における第三者の立会いを否定した事例
>
> 【判決要旨】
> 　①　所得税法234条1項の規定は，所得税について調査の権限を有する税務署等の係官において，当該調査の目的，調査すべき事項，申請，申告の体裁内容，帳簿等の記入保存状況，被調査者の事業の形態等諸般の具体的事実にかんがみ，客観的な必要性があると判断される場合には，調査の一方法として，同条1項各号に定める者に対し質問し，又はその事業に関する帳簿，書類その他当該調査事項に関連性を有する物件の検査を行う権限を認めた趣旨であって，この場合の質問検査の範囲，程度，時期，場所等実定法上特段の定めのない実施の細目については，右にいう質問検査の必要があり，かつ，右必要と相手方の私的利益との衡量において社会通念上相当な限度にとどまる限り，これを権限ある税務署等の係官の合理的な選択にゆだねたものと解するのが相当である。
>
> 　②　納税者の具体的な所得金額を把握しようとする本件調査では，当然に，納税者の取引先に関係する事項にも調査が及ぶことが予想され，課税庁の係官が納税者にその取引先のプライバシーに関する事項等をみだりに

他に漏らすことが許されない事項について質問し回答を求めることもあり，納税者が要求する団体関係者の立会いを認めることは，課税庁の係官が納税者の取引先との関係で公務員の守秘義務違反となるおそれがあると考えられること，税務調査は，収入金額や必要経費について，その内容を一番把握している納税義務者本人等からの説明を求め，あるいは帳簿書類等の検査をするものであるから，納税者等の権利保護のために専門知識を有する者の立会いが必ず必要であるとも考えられないことからすると，課税庁の係官が守秘義務を理由に第三者の立会いを拒否したことは，社会通念上相当な限度にとどまっており，課税庁の係官の裁量の範囲内であるというべきである。

■ 8-3　質問検査権

　質問検査権に基づく税務調査について国税と地方税では，本質的に差異はありません。

　国税において，例えば所得税法では，国税庁，国税局又は税務署の当該職員は，所得税に関する調査について必要があるときは，納税義務者等に質問し，又はその者の事業に関する帳簿書類その他の物件を検査することができると規定し（所法234①），またこの質問又は検査の権限は，犯罪捜査のために認められたものと解してはならないとしています（所法234②）。

　地方税法では，例えば事業税では，道府県の徴税吏員は，事業税の賦課徴収に関する調査のために必要がある場合においては，納税義務者等に質問し，又はその者の事業に関する帳簿書類その他の物件を検査することができると規定し（地法72の7①），またこの質問又は検査の権限は，犯罪捜査のために認められたものと解釈してはならないとしています（地法72の7⑤）。

　このように文言の表現に相違点はありますが，国税，地方税における質問検査権の行使による税務調査には，本質的に差異はないといえます。

税務調査については，事前通知，調査の受認義務，調査の対象物，立入りとプライバシー，調査官の行為，第三者の立会い，違法調査に基づく課税処分の効力など調査の進行・進度に応じて，多くの論争が提起されてきました。現在の地方税における税務調査が，滞納に対する書面・依頼調査が多いとするならば，国税におけるそれは臨場調査が主流であり，納税者とのトラブルは日常的に発生しているといっても過言ではありません。

　税務調査における税務職員の言動が威圧的で，裁量を逸脱するような行為については，違法性が指摘される場合があります。これらの問題について，平成23年度の国税通則法改正において，税務調査手続の法定化が図られ，平成25年1月1日より施行されました。23年改正は，事前通知の項目等が法定化され，事前通知がない調査についても「正確な課税標準等又は税額等の把握を困難にするおそれ」がある等の要件が付されて法定化されています。

　しかし，事前通知に関しては，文書でなく口頭であることから，発言に関して言った・言わない的な論争に発展し，調査内容における言動と同様，水掛け論になることが考えられます。とくに事前通知がない調査においては，税務職員が強制調査と誤信させるような言動を取ることがあります。

　23年改正においては，調査の開始と終了の際の手続きについての改正がされましたが，調査の手法については立法化がなされていないため，23年改正をもってしても，調査の違法性を争点とした事案がなくなることは考えにくいでしょう。臨場の際に調査官らが納税者らに対して，調査活動が任意調査（講学的にいう間接強制をも含む）である旨を説明することなど納税者に対して質問検査権の法理を明確に説示することは稀であり，その延長として常軌を逸する威圧的な発言に進展することは残念なことです。

　京都地裁平成12年2月25日判決は，違法行為と認定する根拠は，調査実施における納税者の明確な承諾の有無と判示していますが，そのことは間接強制が伴うとはいえ，任意調査であるから当然といえます。

参考判例（8-2）【質問検査権】

京都地判平成12年2月25日・平成7年（行ウ）第4号
（『訟務月報』46巻9号3724頁・最高裁HP）

【概　　要】
　質問検査権の意義と範囲が明示され，違法性が指摘された事例

【判決要旨】
　①　所得税法234条は，当該調査の目的，調査すべき事項，帳簿書類の記入，保存状況，相手方の事業の形態等諸般の具体的事情に鑑み，所得税に関する調査の客観的な必要があると判断される場合に，国税調査官が同条1項各号規定の者に対して質問し，またはその業務に関する帳簿書類その他当該調査事項に関連性を有する物件の検査を行う権限を認めたものである。

　②　右質問検査権は，その行使に対し，相手方は，刑罰による制裁の下で応答を間接的に強制されるが，国税調査官らはそれを超えて直接的物理的にこれを強制し得ないという意味において，任意調査の一種であるから，その行使に際しては相手方の承諾を要し，その意思に反して行われる調査は，任意調査として許される限度を超え，違法となると解するのが相当である。

　③　右質問検査権行使の相手方は，質問検査権の実効性確保の見地や所得税法244条1項の規定に照らすと，納税義務者本人のみならず，その業務に従事する家族，従業員等を含むものと解するのが相当である。ただし，その行使が，納税義務者本人ではなく，その家族等に対しなされる場合で，納税者本人の事前の承諾がない場合には，右家族等による黙示の承諾の有無については，その具体的状況を勘案して，慎重に判断すべきである。

　④　質問検査権の具体的な行使における質問検査の範囲，程度，時期，場所，事前通知の要否，第三者の立会の許否等実定法上特段の定めのない実施の細目については，質問検査の必要があり，かつ，これと相手方の私

> 的利益との衡量において社会通念上相当な限度に止まる限り，国税調査官らの合理的な裁量に委ねられていると解すべきである。

　仮に，この申告納税制度が地方税に積極的に導入されると，現行制度で論議されている諸問題も地方に移入されるおそれがでてきます。しかも当事者は，密接な関係のある地域間の行政と住民です。税務行政において住民との指導相談は具体的であろうし，対応の不備に対する後遺症も，広範にしかも長きに渡って影響を残すことは否めません。住民に対するサービスの如何が，行政評価に直接つながる以上，これらはおろそかにできないでしょう。

　最近でも，地方税の滞納に悩む地方自治体の様々な施策・活動が報道され，論議を呼んでいます。それは国税に比べて，地方税の話題が行政に密接な住民に対して活発に提供されているからであり，行政と住民の課税関係が深まれば，住民の地方税務行政に対する監視が避けられない現実となるはずです。日頃はともかく，納税の時に不満や苦情を漏らすわが国の国民性が今後も継続されていくとするならば，その矛先は真っ先に地方税務行政に向かうことは確実です。

■ 8-4　租税回避行為

　税法は，納税者が通常行う取引形式を予定して課税要件を定めています。これに対して租税回避行為は，納税者が意図的に迂回行為を行うなど，通常の法形式を選択した場合に発生する租税負担を軽減，又は排除しようとする行為です。

　租税回避行為が行われると，通常は租税負担が発生するケースであっても，租税の負担がなくなる，もしくは，著しく過少な租税負担で納まることになる事態が出てきます。こうした場合において，同種同規模の経済活動を行ったにも関わらず，一方は租税負担が多く，一方は租税負担が軽減されるということでは，租税負担の公平を保つことができません。そのため，課税側の方針としては，租税回避があった考えられる場合には，①当該租税回避行為を否認，②

通常の法形式に置き換えて課税する，などの処分を検討することになります。

しかし，ここで留意すべきことは，その結果，「納税者が選択した法形式」を否認することにつながり，税法が前提とする「納税者による法形式の選択」を無視することになるということです。

申告納税制度そのものの前提を，課税庁が例外的に否認することにより，他の納税者に対する同種，類似内容の法形式も否認することにつながります。その結果，納税者は，選択の幅が狭まり，著しく不利益を被るおそれが出てきます。

租税回避行為は，異常な法形式を選択することにより，納税義務が発生しないようにすることですが，これに対し脱税は，納税義務が発生しているのに，意図的に納税義務を間逃れようとする行為といえます。

確かに，納税者の自主的な判断により，行われる租税回避行為に関しては，違法か合法かという線引きが難しく，いわゆるグレーゾーンが多いのも事実です。異常な法形式という判断も課税側の論理ともいえます。

■ 8-5　仮装隠ぺい

仮装行為とは，意図的に真の事実や法律関係を隠ぺい，もしくはみせかけの事実や法律関係を仮装することです。典型的な例は，民法94条1項の規定にいう通謀虚偽表示（仮装行為）をあげることができます。

仮装行為が存在する場合に，仮装に基づいた事実や法律関係に基づいた課税は行われません。隠ぺいされた事実や法律関係に課税が行われることになります。要するに，架空の外観により発生した経済的効果や法律関係は当初から発生していないことから，仮装行為は課税所得算定の上ではまったく関係のない行為ということになります。

仮装行為は，租税回避行為とは基本的に異なる行為といえます。仮装行為は，当事者が意図した法律行為や真の取引が隠されている場合をさします。その隠された法律行為により形成された法律関係に基づき課税されます。例えば，架

空経費を計上した場合では，その架空経費は当初からなかったこととされ，まったく影響を及ぼしません。仮装行為は，課税上まったく考慮されないといっていいのです。

仮装隠ぺいが行われた場合に，重加算税が課されることになりますが，その賦課要件が争点となることが多いのも事実です。法人税の重加算税の賦課に関する取扱基準の整備等を図るために国税庁が公表した事務運営指針（法人税の重加算税の取扱いについて・平成12年7月3日）では，隠ぺい又は仮装に該当する場合について以下のように示しています。これは，地方税における重加算金の対象と同様と考えていいでしょう。

1 　いわゆる二重帳簿を作成していること。
2 　次に掲げる事実（以下「帳簿書類の隠匿，虚偽記載等」という。）があること。
　① 　帳簿，原始記録，証ひょう書類，貸借対照表，損益計算書，勘定科目内訳明細書，棚卸表その他決算に関係のある書類（以下「帳簿書類」という。）を，破棄又は隠匿していること。
　② 　帳簿書類の改ざん（偽造及び変造を含む。以下同じ。）帳簿書類への虚偽記載，相手方との通謀による虚偽の証ひょう書類の作成，帳簿書類の意図的な集計違算その他の方法により仮装の経理を行っていること。
　③ 　帳簿書類の作成又は帳簿書類への記録をせず，売上げその他の収入（営業外の収入を含む。）の脱ろう又は棚卸資産の除外をしていること。
3 　特定の損金算入又は税額控除の要件とされる証明書その他の書類を改ざんし，又は虚偽の申請に基づき当該書類の交付を受けていること。
4 　簿外資産（確定した決算の基礎となった帳簿の資産勘定に計上されていない資産をいう。）に係る利息収入，賃貸料収入等の果実を計上していないこと。
5 　簿外資金（確定した決算の基礎となった帳簿に計上していない収入金

又は当該帳簿に費用を過大若しくは架空に計上することにより当該帳簿から除外した資金をいう。）をもって役員賞与その他の費用を支出していること。
6　同族会社であるにもかかわらず，その判定の基礎となる株主等の所有株式等を架空の者又は単なる名義人に分割する等により非同族会社としていること。

8−6　推計課税

　推計課税とは，税務署長が所得税，法人税について決定する際に，納税者の提出する資料がない場合や提示を拒否された場合に，間接的な資料等に基づいて所得を更正し，課税額を確定する方法です。

　推計課税自体は，青色申告の承認を受けた個人・法人には適用されません。つまり，青色申告の承認を受けていない，もしくは青色申告の承認を取り消された「白色申告」の個人・法人の場合に限って行われます（所法156，法法131）。これは，青色申告を行う法人や個人が，記帳や書類保存の課程において，厳しい義務が課せられており，かつ，高い信頼が認められているからです。

　また，推計課税は，いつもその利用が認められているわけではなく，推計課税をする必要がある場合のみ認められるのである。つまり，推計課税を行う大前提は，実際の課税金額に近い課税所得を明らかにすることであり，資料がない場合や資料の不提示のため，所得が確定できない場合の例外的な措置であると考えられています。

　したがって，負担公平の原則との均衡を図るうえからも必要であるとする推計課税は，申告納税制度の下では変則的であると考えるべきです。直接的資料ではなく，間接的資料を用いて所得を把握する手法を駆使する推計課税は，当然，批判の対象となることが多いのです。

　そのため，推計課税が争われた場合，課税庁は，推計課税の手続要件や，推

計課税の内容が合理的であったかどうかという点に関して，立証する責任が発生します。これは，推計課税を行うもととなった資料が確実であるか，また，推計課税を行うために行った計算方法が合理的であり，恣意性がなかったかどうかという点に関して，証明する責任を負っているからです。

推計課税が合理的であったかどうかに関して，同種，同規模の個人や会社を基準として，推計課税を行う場合が一般的です。その場合，選定された個人や会社が，どの程度の類似性を有しているか，また，納税者の特殊事情がどの程度考慮されているかという点が問題となります。比率・比準の基礎となる同業者の選定，比率・比準の作成，対象納税者の個別・特殊事情の斟酌などにおいては，合理性が求められることは当然でしょう。

同様に，推計課税の方法の選択は，課税庁の恣意性によるものではなく，納税者を納得させる合理性が必要です。

福岡高裁平成11年10月21日判決では，ホテル宿泊者の実数を，シーツの洗濯量から算出する手法としている。外部業者のデータという客観性の高い指標であることを踏まえれば，推計の基礎となった事実が正確なものであると考えられるため，合理的な推計といえるでしょう。

参考判例（8-3）【推計課税】

福岡高判平成11年10月21日・平成11年（行コ）第5号

（『税務訴訟資料』245号83頁）

【概　　要】

会計帳簿等の保存状態が悪い納税者に対して行われた推計課税の手法と合理性が容認された事例

【判決要旨】

① 納税者は，シングル客がツイン室を使用した場合，右客が他のベッドを使用することが常態であるとは容易に首肯し難いことである。仮に，ツイン室使用のシングル客が他のベッドに座ったり，物を置いたりしたとしても，そのことから直ちにそのベッドのシーツを取り替えるということ

は，ホテルの経営の観点からしても，通常考え難いことであるし，現に，証拠によれば，平成3年12月における宿泊者数が633人であるのに，同月の使用シーツ枚数が790枚となっており，宿泊者数の2倍よりもはるかに少ないことが認められる。

② 納税者は，本件調査が入った後に，ツイン室のシングル客利用の場合に，4枚ともシーツを取り替えなくて済むように，一方のベッドにカバーを掛けるように改善したため，その後はシングルの客には2枚のシーツで済むようになった旨主張し，本件ホテルの経営者として当然経費の節約を考慮するはずの納税者が，それまでシングル利用の宿泊者についても，ツイン室の4枚のシーツを取り替えていたところ，本件調査後に至って突如他方のベッドにカバーを掛けるようになり，その後は使用シーツの枚数が2枚になったというのも不自然である。

③ 連泊の客のうち，シーツの取り替えをしないよう注文する宿泊者は，皆無とはいえないまでも，相当数いるとは通常考えられず，また，右推計方法によれば，連泊により使用シーツの枚数が減る場合は，推計による宿泊者数がそれに応じて減少することになり，これは，右推計が控訴人に不利益に働かないことを示すものであるから，右推計の合理性を否定することにはならない。

以上によれば，使用シーツの枚数から本件ホテルの宿泊者数を推計する方法は，十分合理性を有するということができる。

■ 8-7 犯則事件

租税犯の容疑がある場合を，犯則事件といいます。租税犯に対する処罰は，刑事訴訟の規定に従い，刑事裁判手続きを経て，量刑が科されることになります。犯則事件の調査は，国税犯則取締法に基づき行われ，この国税犯則取締法には，他の犯罪と異なる特別の取り扱いが二つ定められています。

一つは，犯則事件の調査が収税官吏（関税の場合は税務職員）によって行われることです。ここでいう収税官吏とは，国税庁・国税局，又は税務署の職員のうち，租税犯則調査の権限を与えられた職員のことです。

　もう一つは，間接国税について，刑罰に代わるものとして，通告処分と呼ばれる制度が採用されていることです。間接国税とは，課税貨物に科される消費税，酒税，たばこ税，揮発油税，地方道路税，石油ガス税，石油税，取引税のことを指します。国税犯則取締法は，地方税についても一般的に広く準用されています。

　犯則事件の調査そのものは，租税犯に関する証拠の収集を目的とするものといえます。犯則事件を調査する必要がある場合に，収税官吏は，犯則嫌疑者や参考人に対し質問を行うことになります。収税官吏は，裁判所の許可状（令状）を得て，臨検，捜索又は差押えをすることができます。例外的に，間接国税の場合だけは，証憑を収集するために必要であって，急を要する場合には，裁判所の許可状を得ることなく，臨検，捜索，差押えを行うことができることになっています。犯則事件の調査は，課税処分のための調査と異なり，刑事責任を追及するための調査であるため，犯則嫌疑者は，黙秘権を有するものと考えられています。

　収税官吏による調査が終了した場合に，直接国税については，直ちに検察官に告発の手続きを行わなければなりません。間接国税については，調査を終了したときは，所轄国税局長，税務署長又は税関長に対し，調査結果を報告する必要があります。ただし，嫌疑者による逃走の恐れや，証拠湮滅の恐れがある場合，直ちに告発することになります。

　間接国税と関税に関する犯則事件に関しては，収税官吏の調査結果の報告により，国税局長等が通告処分（科料に相当する金額，その他犯則調査に関して係った費用の納付を通知）をします。ただし，金銭による納付を履行することができない場合で，懲役刑に処するべきものと考えるときは，直ちに告発の手続きを取ることになります。

■ 8-8 守秘義務

　国家公務員法及び地方公務員法は，「職員は，職務上知ることのできた秘密を漏らしてはならない。その職を退いた後といえども同様とする」と規定しています。ここでいう秘密とは，個人や法人の活動に関する事柄で，かつ一般に知られていない，公務員としての立場で知り得た内容です。

　もちろんこの規定は，租税に携わる税務職員にも該当します。公務員は，その立場から一般には知り得ない内容を知る機会も多いわけですが，税務職員の場合には，納税者の個人情報，すなわち個人の収入や資産の状況が分かる税情報に接することができます。税務職員が，この税情報の秘密を守られないとするならば，納税制度そのものの根底を揺るがす事態にもなりかねません。

　最近では，納税者のプライバシーの保護という本質的な問題を踏まえると，極めて憂慮すべき事態が，地方税務行政で続出しています。

　例えば，平成20年6月には，岐阜県可児市の元税務課長が，固定資産税に係る市民4人の情報を不動産業者に漏らした容疑で，地方税法違反（秘密漏洩）で逮捕されました。同法違反で逮捕された事例は全国初とされましたが，その後有罪判決（懲役10月執行猶予3年）が下されました（『中日新聞』平成20年9月23日）。

　その他にも，税情報の基礎となる資料等の盗難，紛失，廃棄ミスなど，不祥事が頻発しています。これが氷山の一角であり，官公庁の秘密対策でさえも隠ぺいできなかった結果であるとするならば，納税者に対する重大な背信といわざるを得ません。

第9講

所得の概念

●●

　本講においては，所得概念について考えます。所得は，税法固有の用語ではありませんが，税法上の所得と課税の関係について，整理し検討します。

■ 9－1　所得の意義

　所得の意義は曖昧です。通常，所得とは，経済的利益と説明されることが一般的です。この経済的とは，貨幣価値に換算できるものと理解されます。

　金融商品の購入やクレジット・カードの加入に関する申込書に，収入とか所得に関する記入欄があることがあります。収入を所得と認識する人もいますが，利益を所得と考える場合もあります。

　例えば，年収300万円のサラリーマンの給与所得は，給与所得控除額を差し引いて192万円です。1杯500円のラーメンを1日20杯（1日の売上1万円），年間300日，商いを続ける屋台の主人は，年商300万円ですが，経費率40％として事業所得は180万円といったところでしょう。いうまでもなく給与所得控除の額は，概算によるいわば架空の経費ですから，サラリーマンにとっては，収入＝所得という感覚があるかもしれませんが，屋台の主人には，日々の売上を所得と考えにくいでしょう。税法の領域では，法人税，所得税，住民税などが，この所得の多寡に応じて課税されることになっていますから，所得の概念は重要です。

　所得課税の中核である所得税では，その対象となる個人の所得概念について，

所得税法は明確な定義をおいていませんが、所得の種類と範囲については規定しています。

つまり所得税法は、課税物件を暦年ごとの所得と規定しています（所法7）。ただ、所得の定義についての明確な規定はないのですが、所得を利子、配当、不動産、事業、給与、退職、山林、譲渡、一時、雑の10種に分類し、それぞれの定義を示しています。

なかでも雑所得の定義は、他の九つの所得以外の所得という広い範囲であることから、法の求める課税対象は極めて広範であるといえます。つまり、これは所得税法が、事業、労働といった反復的、継続的に発生する所得のみを対象とする制限的所得概念ではなく、一時的、偶発的、恩恵的に発生した所得をも対象とする包括的所得概念を採用しているといわれる所以でもあります。

結局、所得税の対象となる所得は、その源泉と形態を問わず担税力があると判断されるものは、金銭収受による利得はもちろんのこと、現物給付、債務免除等の経済的利益も課税対象とされることになります。しかも、その所得の発生原因は、適法、違法を問いません。

■ 9-2 非課税所得

所得税の対象となる課税所得は広範なものですが、特定の所得は課税されません。非課税所得は、①所得税法の規定によるもの、②租税特別措置法の規定によるもの、③その他の法令の規定によるもの、により課税対象から除かれています。

非課税所得の主なものは、次のようなものがあります。

---

① 所得税法の規定によるもの
   a　増加恩給・傷病賜金・遺族年金・障害者年金
   b　生活に通常必要な動産の譲渡による所得
   c　強制換価手続による資産の譲渡及びこれに類する資産の譲渡による

>   所得
>   d　文化功労者への年金，ノーベル賞などの金品
>   e　相続，遺贈又は個人からの贈与による所得
>   f　損害保険金，損害賠償金，慰謝料
> ②　租税特別措置法の規定によるもの
>   a　公社債等の譲渡等による所得
>   b　オリンピック特別賞
>   c　定額給付金
> ③　その他の法令の規定によるもの
>   a　健康保険法，国民健康保険法，介護保険法の保険給付
>   b　雇用保険法により支給される失業給付
>   c　生活保護法により支給を受ける保護金品
>   d　当せん金付証票法による当せん金付証票の当せん金品（いわゆる宝くじ）
>   e　子ども手当

　講学的には，非課税は，特定の者に対して課税しない人的非課税と特定の所得に対して課税しない物的非課税とに区分されます。物的非課税となる非課税所得は，所得税法のみならず租税特別措置法等にも規定されているため，極めて多岐に渡っています。

　なかでもオリンピック特別賞は，オリンピックのメダリストに贈られる報奨金ですが，金メダルが300万円，銀メダルは200万円，銅メダルは100万円となっています。この制度は，平成4年に行われたバルセロナオリンピックにおいて金メダルを獲得した当時中学2年生の岩崎恭子選手に対し支払われた報奨金が，一時所得に当たるとして課税されたことから，非課税措置が検討されたといわれています。

　いずれにしても，非課税措置は政策的配慮が強く，一般にはせいぜい宝くじぐらいしか非課税ではありませんでしたが，最近では定額給付金や子ども手当

も非課税となりました。これもやはり，政策的な措置といえるかもしれません。

結局，所得税の対象となる課税所得は，広範なものですが，特定の所得は課税されないということです。非課税所得については，①社会政策的配慮，②担税力の考慮，③必要経費的性格，④少額免除・貯蓄奨励，⑤二重課税の回避などの性質に分けて提示した，限定列挙の内容です。つまり，損害賠償金（所法９十六）を除き，解釈の余地がないといえます。損害保険契約に基づき支払いを受ける保険金及び損害賠償金で，心身に加えられた損害又は突発的な事故により資産に加えられた損害に取得するものは，非課税となっています。

この損害賠償金を非課税とした趣旨について，札幌地裁平成３年２月５日判決は，損害賠償金は，当事者の意思に基づき資産が譲渡される場合と異なり，資産に対して突発的に予期しない損害が加えられた場合に発生するところから，その間に所得の観念を入れて課税するとすれば被害者にとって苛酷な結果になるとの配慮したものであると解されると判示しています。

参考判例（９－１）【非課税所得】

札幌地判平成３年２月５日・昭和62年（行ウ）第12号

（『税務訴訟資料』182号253頁）

【概　　要】

損害賠償金を非課税と判示した事例

【判決要旨】

①　資産に対する損害賠償金を非課税とした趣旨は，損害賠償金は，当事者の意思に基づき資産が譲渡される場合と異なり，資産に対して突発的に予期しない損害が加えられた場合に発生するところから，その間に所得の観念を入れて課税するとすれば被害者にとって苛酷な結果になるとの配慮に出たものであると解される。

②　ある金員の支払が，同規定の，いわゆる損害賠償金に該当するか否かは，その名目のみにとらわれるのではなく，右のような趣旨に鑑み，実質的にみて被害者の予期せぬ損害を補填する性質のものであるか否かに

> よって判断すべきものである。

■ 9－3　損害賠償金の性格

　損害賠償金等が非課税所得に該当するかどうかは，その名目ではなく実質により判断する必要があります。最近では，商品先物取引に係る訴訟上の和解金が非課税とされた事例として，大分地裁平成21年7月6日判決があります。この事例では，訴訟上の和解に基づいた和解金であったため，不法行為によるものであることや損害賠償金に相当する部分が明確でした。先物取引による損害は，納税者の合意に基づいた行為に起因していましたが，そこに不法行為が介在したことによる損害に対する賠償金であれば非課税所得に該当すると，裁判所は判示しています。換言するならば，納税者は不法行為を立証する，あるいは立証に努める必要が出てくることになります。

参考判例（9－2）【非課税所得】

> **大分地判平成21年7月6日・平成19年（行ウ）第6号**
> （『税務訴訟資料』259号順号11239・最高裁HP）
>
> 【概　　要】
> 　商品先物取引に係る訴訟上の和解金が非課税とされた事例
>
> 【判決要旨】
> 　①　所得税法9条1項16号は，物的損害に係る損害賠償金について「損害賠償金で，突発的な事故により資産に加えられた損害に基因して取得するものその他の政令で定めるもの」を非課税所得とする旨規定し，これを受けた法施行令30条2号は「不法行為その他突発的な事故により資産に加えられた損害につき支払を受ける損害賠償金（これらのうち第94条（事業所得の収入金額とされる保険金等）の規定に該当するものを除く。）」を非課税所得とする旨規定している。

②　不法行為により資産に加えられた損害に基因して取得する損害賠償金で，収益補償に当たらないものは，本来課税されるべきでない実損害を補填する性質を有するものであるとの立法趣旨の下に，所得税法9条1項16号は，「突発的な事故」の中に「不法行為」が含まれることを前提として，突発的な事故により資産に加えられた損害に基因して取得する損害賠償金など政令で定めるものを非課税とする旨規定して，その定めを政令に委任し，これを受けた法施行令30条2号が，収益補償に当たる法施行令94条の規定に該当するものを除いた，不法行為その他突発的な事故により資産に加えられた損害につき支払を受ける損害賠償金が非課税となることを定めたものと解するのが相当である。

③　本件和解金の実質は不法行為に基づく損害賠償金及び遅延損害金であるところ，上記損害賠償金は，本件先物取引の売買差損等により納税者の生活用資産である金銭等の資産に加えられた損害に基因して取得した損害賠償金であり，収益補償ではないと認められるから，所得税法9条1項16号，法施行令30条2号が規定する非課税所得に該当し，法施行令30条2号括弧書，94条1項柱書，同項2号が規定する非課税所得の除外規定に該当しないといえる。

■ 9-4　違法所得

　所得の発生には，適法，違法の区別はありませんから，違法所得であっても課税対象になります。

　違法所得に対する課税として必ず言及されるのは，利息制限法による制限超過の受取利息に対する課税問題があります。この分野におけるリーディング・ケースとされる最高裁昭和46年11月9日判決では，課税の対象となるべき所得を構成するか否かは，必ずしも，その法律的性質いかんによって決せられるものではないとしています。

参考判例（9－3）【違法所得】

最判昭和46年11月9日・昭和43年（行ツ）第25号
（『最高裁民事判例集』25巻8号1120頁・最高裁HP）

【概　　要】
違法とされる制限超過利息収入に対する課税を明示した事例

【判決要旨】
① 課税の対象となるべき所得を構成するか否かは，必ずしも，その法律的性質いかんによって決せられるものではない。当事者間において約定の利息・損害金として授受され，貸主において当該制限超過部分が元本に充当されたものとして処理することなく，依然として従前どおりの元本が残存するものとして取り扱っている以上，制限超過部分をも含めて，現実に収受された約定の利息・損害金の全部が貸主の所得として課税の対象となるものというべきである。

貸主は，いったん制限超過の利息・損害金を収受しても，法律上これを自己に保有しえないことがありうるが，そのことの故をもって，現実に収受された超過部分が課税の対象となりえないものと解することはできない。

② 利息制限法による制限超過の利息・損害金は，その基礎となる約定自体が無効であって，約定の履行期の到来によっても，利息・損害金債権を生ずるに由なく，貸主は，ただ，借主があえて法律の保護を求めることなく，任意の支払を行なうかも知れないことを，事実上期待しうるにとどまるのであって，とうてい，収入実現の蓋然性があるものということはできず，したがって，制限超過の利息・損害金は，たとえ約定の履行期が到来しても，なお未収であるかぎり，旧所得税法10条1項にいう「収入すべき金額」に該当しないものというべきである（もっとも，これが現実に収受されたときは課税の対象となるべき所得を構成すること，前述のとおりであって，単に所得の帰属年度を異にする結果を齎すにすぎないことに留意すべきである。）。

> ③　借主が当初の約定に従い制限超過分を含めて利息・損害金の支払をし，貸主がこれを収受した場合は，利息制限法による制限の範囲内であると否とを問わず，これが課税の対象となるべき所得にあたるが，約定の履行期の属する年度内にその支払がない場合は，約定の利息・損害金のうち，法定の制限内の部分のみが課税の対象となるべき所得にあたり，制限超過の部分はこれにあたらないこととなる。

　この最高裁判決が示すように，私法上無効である制限超過利息であっても課税対象になるという見解には争いはなかったのですが，制限超過利息の未収額も課税所得に含まれるかどうかについては，下級審では見解が対立していました。通常の利息・損害金債権が，現実に未収の状態であっても課税対象となるのは，収入実現の可能性が高度であるからですが，制限超過利息の場合は借主が法律の保護を求めることなく，任意で支払うことを期待するにとどまり，収入実現の蓋然性があるとはいえないとして，未収利息は課税所得に含めない，という初めての最高裁判断が示されました。この制限超過利息についての課税と未収利息が課税所得を構成しないという最高裁の判断は，今日まで踏襲されています。

　ところで，制限超過利息に関する事例を挙げるなら，やはりいわゆるヤミ金事件に関わる事件を忘れてはなりません。新聞に報道された一例ですが，違法な高利貸しをしていたヤミ金グループのリーダー格の男が，約14億円の所得を隠し，所得税約5億円を免れたとして，東京国税局が，所得税法違反（脱税）の疑いで千葉地検に告発したという話です（『朝日新聞』平成20年4月11日夕刊）。貸金業の登録をせず高金利で貸し付けを行っていますから，税務調査を受けることもなく，当然，納税申告をするはずもありません。報道によれば，出資法違反で逮捕されたことで，国税局の指摘を受け申告をしたとされていますが，氷山の一角と言わざるを得ません。

　ところで，恐喝による収入が違法所得であっても，課税対象として所定の所得申告義務を課することは，憲法第38条1項の自己に不利益な供述強要の禁止

の趣旨に反することとなり，不法所得について所轄税務署に所得の申告行為をなすことを期待することは到底不可能であると納税者が主張した事例について，名古屋地裁昭和41年9月29日判決は，申告書には所得の具体的な取得方法まで記載することを要求していないと一蹴しています。

参考判例（9－4）【違法所得】

名古屋地判昭和41年9月29日・(事件番号不明)

（『税務訴訟資料』51号80頁）

【概　要】

恐喝事件の被告が喝取金の申告をしなかったことは，憲法の規定する不利益な供述強要の禁止に該当せず，申告義務があると判示した事例

【判決要旨】

①　弁護人は，かりに喝取金が所得税法上の所得に該当するとしても，喝取金につき同法所定の所得申告義務を課することは憲法第38条第1項の自己に不利益な供述強要の禁止の趣旨に反することとなるから，被告人らが遊技業組合から提供を受けたパチンコ景品買戻し利益の分け前が喝取金と認定される以上，被告人にかかる不法所得について所轄税務署に所得の申告行為をなすことを期待することは到底不可能であると主張する。

②　しかしながら，所得税法が納税義務者に対し所定の事項を記載した申告書により所得の申告をなすべく義務づけ，右申告書の記載事項として所得金額，所得の種類等の記載を法定しているとは言っても，所得の種類或はその外の記載事項において，犯罪発覚の端緒となるような所得の具体的な取得手段方法まで要求しているものではないから，喝取金も所得税法上の雑所得に該当すると解するのを相当とするから他の適法な所得と同様申告義務を課したとしても何ら憲法第38条第1項の趣旨に反するものではない。従って被告人に恐喝に基く所得について所轄税務署に対し所定の申告行為をなすべく期待することが不可能であるとみることは出来ない。右の理由により右弁護人の主張は理由がない。

いずれにしても，所得税法は，各人に発生帰属した経済的利益のすべてを所得として把握し，法及びその他の法令において明らかに非課税とする趣旨がない限り，その発生原因又は法律関係のいかんを問わず，すべてこれを課税対象となる所得としていると解されることになります。したがって，所得税の対象となる所得は，その発生の源泉と形態を問わず担税力があると判断されるものは課税対象とされることから，発生原因が適法，違法を問わないことになります。

第10講

所得の分類

　本講においては，所得の分類について考えます。所得の分類に応じて，所得計算の方法や損益計算の有無などが変わりますから，納税者の租税負担の差異が生じます。分類した所得如何によっては負担すべき税額が異なるため，所得の区分に関して納税者と課税庁の間で論争を巻き起こすことも少なくありません。

■ 10－1　所得の種類

　所得税法は，所得の定義についての明確な規定がないことは，第9講で説明しました。具体的には，下記のように10種類の所得に分類されています。しかし，所得税法は，それぞれの定義を示しているにすぎません。しかも雑所得の定義は，他の九つの所得以外の所得という広い範囲であることから，法の求める課税対象は極めて広い範囲といえます。

　所得税法が分類する所得の範囲は，担税力の調整・反映と所得計算の効率・便宜を考慮したものといわれています。確かに，継続的・反復的な所得と臨時的・一時的な所得が混在するすべての所得を，その発生源と性格に応じて区分することは合理的でしょう。同時に，これは所得税法が，事業や勤労といった反復的・継続的に発生する所得のみを対象とする制限的所得概念だけではなく，一時的・偶発的・恩恵的に発生する所得をも対象とする包括的所得概念を採用していることを明確にしています。

また所得税法では，10種類に分類した所得の計算方法をそれぞれ規定しています。いわば不労・金融性所得，事業性所得，資産性所得，非日常性所得などの性格に応じた計算方法ということになります。しかし，所得計算の方法や損益計算の有無などの相違から，納税者の利害に関わる租税負担の差異が生じることは明らかです。

特に収入の形態や過程が類似している場合には，所得のその区分に応じた計算により租税負担や課税時期が異なることが出てきます。つまり，分類した所得如何によっては負担すべき税額が異なるため，所得に関して納税者と課税庁の間で論争を巻き起こすことも少なくありません。

①利子所得，②配当所得，③不動産所得，④事業所得，⑤給与所得，⑥退職所得，⑦山林所得，⑧譲渡所得，⑨一時所得，⑩雑所得

利子所得	預貯金，公社債の利子，合同運用信託・公社債投資信託・公募公社債等の運用投資信託の収益の分配に係る所得をいいます。
配当所得	株主や出資者が法人から受ける配当や，投資信託（公社債投資信託及び公募公社債等運用投資信託以外のもの）及び特定受益証券発行信託の収益の分配などに係る所得をいいます。
不動産所得	土地や建物などの不動産，不動産の上に存する権利，船舶又は航空機の貸付けによる所得（事業所得又は譲渡所得に該当するものを除く）をいいます。
事業所得	農業，漁業，製造業，卸売業，小売業，サービス業その他の事業から生ずる所得をいいます。ただし，不動産の貸付けや山林の譲渡による所得は事業所得ではなく，原則として不動産所得や山林所得になります。
給与所得	サラリーマンなどが勤務先から受ける給料，賞与などの所得をいいます。
退職所得	退職により勤務先から受ける退職手当や加入員の退職に基因して支払われる厚生年金保険法に基づく一時金などの所得をいいます。
山林所得	山林を伐採して譲渡したり，立木のままで譲渡することによって生ずる所得をいいます。ただし，山林を取得してから5

	年以内に伐採又は譲渡した場合には，山林所得ではなく，事業所得又は雑所得になります。
譲渡所得	土地，建物，ゴルフ会員権などの資産を譲渡することによって生ずる所得，建物などの所有を目的とする地上権などの設定による所得で一定のものをいいます。ただし，事業用の商品などの棚卸資産，山林，減価償却資産のうち一定のものなどを譲渡することによって生ずる所得は，譲渡所得となりません。
一時所得	上記①から⑧までのいずれの所得にも該当しないもので，営利を目的とする継続的行為から生じた所得以外のものであって，労務その他の役務の対価としての性質や資産の譲渡による対価としての性質を有しない一時の所得をいいます。 例えば，次に掲げるようなものに係る所得が該当します。 (1) 懸賞や福引の賞金品，競馬や競輪の払戻金 (2) 生命保険の一時金や損害保険の満期返戻金 (3) 法人から贈与された金品
雑所得	上記の9種の所得のいずれにも該当しない所得をいいます。 例えば，次に掲げるような所得が該当します。 (1) 公的年金等 (2) 非営業用貸金の利子 (3) 著述家や作家以外の人が受ける原稿料や印税

■ 10-2　事業所得の範囲と雑所得

　実は，所得税法は，事業の概念も明確に定義していません。しかし，「居住者の営む不動産取得，事業所得又は山林所得を生ずべき事業の用に供される……」（所法51①）と規定していることから，所得税法の下における事業は，事業所得の対象を超えたものであり，不動産等の貸付及び山林の伐採又は譲渡による収入を得る行為・活動をも含む広義の概念で考えています。収入の発生源について資産的要素が強いという性格で区分されている不動産所得及び山林所得も，それぞれ不動産貸付業及び造林・育林業として，本質的には事業所得

に含まれると理解されています。

事業所得については，事業から生じる所得と定義し（所法27①，所令63），具体的には，農業，林業及び狩猟業，漁業及び水産養殖業，鉱業（土石採取業を含む），建設業，製造業，卸売業及び小売業（飲食店業及び料理店業を含む），金融業及び保険業，不動産業，運輸通信業（倉庫業を含む），医療保健業，著述業その他のサービス業と例示的に示したうえで，最後にその他「対価を得て継続的に行う事業」と例示しています。

この「対価を得て継続的に行う事業」という文言は，抽象的な表現といえます。個人が営む仕事は種々の形態があり，日々進化しますし，また仕事に対する意識も極めて主観的なものです。そのため個人の業務を，「事業」と「非事業」とに区分するための具体的な基準は，必ずしも明確ではありません。

そこで一般的には，対価を得て継続的に行う事業とは，自己の計算と危険において営利を目的として継続的に行われる経済的活動であって，同時に事業としての社会性・客観性を持ち，必ずしも特定の設備・施設や組織体であることを有する必要はありませんが，社会通念に照らして事業と認められるものであると考えられています。

さらに事業の概念については，納税者にとって本来の職業として，生計維持の唯一もしくは最大の手段であることを要としない，つまり副業であっても構わないという見解がある一方で，事業では，相当程度の期間継続して安定した収益を得られる可能性を必要とするという指摘もあります。

これらの見解は，事業概念を客観性・社会性の名の下に評価することに固執する余り，事業者自身の意思を全く顧慮していません。本来，事業の成否には，事業者の意欲・意識が及ぼす影響が大きいはずです。事業者の内面を無視して，その事業性を検討することは，不自然といえるでしょう。

もっとも，事業概念の論理は，納税者の主張を否定するという前提で構築されたといえなくもありません。事業所得の意義が争点となった事例の多くは，株取引，商品先物取引などが対象でした。収入の事業性が否定されることで，その所得は雑所得として認定されます。雑所得の計算で発生した損失は他の所

得と通算できませんから，納税者自身の租税負担に大きく関係することになります。

　結局，「継続性」の判断については，世間に受け入れられるまでのある程度の期間を要することと想像でき，また社会通念という見地は，職業や商売として世間に認知された経済的活動・行為を事業と理解することにあるのでしょう。

　しかしながら，時代の変化が敏速に流れる現代社会におけるこの認知と期間の判断については，社会通念でいう社会をどの階層・年代に設定するかで差異が生じることは明らかです。

　例えば，給与所得者が趣味を生かした副業を事業所得と認識し，そこで生じた損失を給与所得と損益通算して，いわば節税効果を喧伝する見解も登場しています。個人の業務は，法人と異なり，容易に新規に参入し撤退ができる形態ですから，既存の例では判断しにくい，まさしくニュー・ビジネスにおいては，その都度，検討を要する場合が出てくるでしょう。

■ 10－3　給与所得の限界

　所得税法は，給与所得を，俸給，給料，賃金，歳費及び賞与並びにこれらの性質を有する給与に係る所得と規定しています（所法28①）。給与所得とは，給料，賃金，賞与等その名目の如何を問わず，雇用契約などに基づき，使用者の指揮命令に従い提供した労働の対価として使用者から受ける経済的利益をさします。通常，この労働の対価として使用者から受け取る給付を，税法の領域では，給与と称しています。

　給与所得としての認定基準においては，給与受給者は，給与支給者との関係において空間的・時間的な拘束を受け，継続的・断続的に労務又は役務の提供があり，その対価として給与が支払われるものであるかどうかが重視されます。そのため給与所得の特徴としては，事業所得との比較からも，給与支払者から受ける支配，監督などの独立性や業務に対するリスク負担の度合いなどが考慮すべきことになります。

給与所得は，源泉徴収制度を採用していることから，いわゆる所得の捕捉率が100％に近いといわれます。このことが，俗にいうクロヨン（9・6・4）とかトーゴーサンピン（10・5・3・1）と揶揄され，そのため補足率の低い事業所得や農業所得に比べて，給与所得は不公平であるという批判が根強いことも事実です。

　これについて最高裁昭和60年3月27日判決は，いわゆるサラリーマン大島訴訟において，所得の把握（捕捉）の不均衡の問題は，本来，法律制度上の問題ではなく，税務行政執行上の事実上の問題であると解するのが相当であると説示しています。

参考判例（10－1）【給与所得の意義】

> 最判昭和60年3月27日・昭和55年（行ツ）第15号
> （『最高裁民事判例集』39巻2号247頁・最高裁HP）
> 【概　　要】
> 　給与所得の性格と計算方法の特質について判示した事例（大島訴訟）
> 【判決要旨】
> 　①　給与所得者は，事業所得者等と異なり，自己の計算と危険とにおいて業務を遂行するものではなく，使用者の定めるところに従って役務を提供し，提供した役務の対価として使用者から受ける給付をもってその収入とするものであるところ，右の給付の額はあらかじめ定めるところによりおおむね一定額に確定しており，職場における勤務上必要な施設，器具，備品等に係る費用のたぐいは使用者において負担するのが通例であり，給与所得者が勤務に関連して費用の支出をする場合であっても，各自の性格その他の主観的事情を反映して支出形態，金額を異にし，収入金額との関連性が間接的かつ不明確とならざるを得ず，必要経費と家事上の経費又はこれに関連する経費との明瞭な区分が困難であるのが一般である。
> 　②　給与所得者はその数が膨大であるため，各自の申告に基づき必要経費の額を個別的に認定して実額控除を行うこと，あるいは概算控除と選択

的に右の実額控除を行うことは，技術的及び量的に相当の困難を招来し，ひいて租税徴収費用の増加を免れず，税務執行上少なからざる混乱を生ずることが懸念される。また，各自の主観的事情や立証技術の巧拙によってかえって租税負担の不公平をもたらすおそれもなしとしない。

③ 旧所得税法が給与所得に係る必要経費につき実額控除を排し，代わりに概算控除の制度を設けた目的は，給与所得者と事業所得者等との租税負担の均衡に配意しつつ，右のような弊害を防止することにあることが明らかであるところ，租税負担を国民の間に公平に配分するとともに，租税の徴収を確実・的確かつ効率的に実現することは，租税法の基本原則であるから，右の目的は正当性を有するものというべきである。

従来から，収受した収入に対する所得の分類において，給与所得が争点となった判例では，給与所得の意義を他の所得との差異を比較・検討した判例が集積してきました。それらは，納税者の所得が，給与所得であることを否定するために，あるいは給与所得であることを強調するための，課税庁主導の議論が結論となったといえます。

例えば，この問題のリーディング・ケースとされる最高裁昭和56年4月24日判決は，事業所得と給与所得を比較して，弁護士報酬に対する納税者の主張を否定しました。事業所得の特徴を独立性，営利性，有償性，継続性と位置付け，一方，給与所得を雇傭契約等に基づき使用者の指揮命令に服して提供した労務の対価としています。

参考判例（10−2）【事業所得と給与所得の差異】

最判昭和56年4月24日・昭和52年（行ツ）第12号
（『最高裁民事判例集』35巻3号672頁・最高裁HP）
【概　　要】
事業所得と給与所得の判別基準を示した事例

【判決要旨】

およそ業務の遂行ないし労務の提供から生ずる所得が所得税法上の事業所得（同法27条1項，同法施行令63条12号）と給与所得（同法28条1項）のいずれに該当するかを判断するにあたっては，租税負担の公平を図るため，所得を事業所得，給与所得等に分類し，その種類に応じた課税を定めている所得税法の趣旨，目的に照らし，当該業務ないし労務及び所得の態様等を考察しなければならない。したがって，弁護士の顧問料についても，これを一般的抽象的に事業所得又は給与所得のいずれかに分類すべきものではなく，その顧問業務の具体的態様に応じて，その法的性格を判断しなければならないが，その場合，判断の一応の基準として，両者を次のように区別するのが相当である。すなわち，事業所得とは，自己の計算と危険において独立して営まれ，営利性，有償性を有し，かつ反覆継続して遂行する意志と社会的地位とが客観的に認められる業務から生ずる所得をいい，これに対し，給与所得とは雇傭契約又はこれに類する原因に基づき使用者の指揮命令に服して提供した労務の対価として使用者から受ける給付をいう。なお，給与所得については，とりわけ，給与支給者との関係において何らかの空間的，時間的な拘束を受け，継続的ないし断続的に労務又は役務の提供があり，その対価として支給されるものであるかどうかが重視されなければならない

この最高裁昭和56年判決について，納税者は，「過度の租税回避目的が明白であったことから，それを否定する価値判断が先行」し，「労働者性の認定基準として確立されてきた基準を法解釈の統一等の観点から準用したものにすぎない」と反論しています。弁護士報酬が，給与所得か事業所得かの所得区分により，租税回避が生じるかは，定額控除である給与所得控除額と業務関連性が問われ，かつ実額控除である必要経費との対立があり一概にはいえません。しかし，所得分類の論争の根底には，納税者の租税負担に関わる内容であることはいうまでもないことです。現在，給与所得控除額の上限が国会で審議される

ことになっていますので，給与所得者の租税負担が改めて問われるでしょう。

　この事業所得か給与所得かの論点は，請負契約か雇用契約かという議論につながりますが，その争点の根底には，源泉徴収の是非又は有無という課税側の論理，すなわち効果的な所得の捕捉方法の問題も否定できません。雇用契約における給与所得では，雇用者が給与を支払う際に所定の所得税を給与から差し引く源泉徴収制度を採用しています。他方，請負契約に基づく支払については，事業所得に該当する場合には確定申告により納税することになります。課税庁が給与等に固執するのは，源泉徴収による「課税の便宜」であることは強ち否定できないのです。この議論の背景には，満額が欲しいという受取側の要望があるといわざるを得ないのですが，やはり事業所得の捕捉率からすれば，「課税の便宜」という論議は避けることはできません。

■ 10－4　給与所得と一時所得

　所得税法は，一時所得について，利子所得，配当所得，不動産所得，事業所得，給与所得，退職所得，山林所得及び譲渡所得以外の所得のうち，営利を目的とする継続的行為から生じた所得以外の一時の所得で労務その他の役務又は資産の譲渡の対価としての性質を有しないものと定義しています（所法34）。

　一時所得としては，①懸賞や福引きの賞金品，競馬や競輪の払戻金，②生命保険の一時金，損害保険の満期返戻金，③遺失物拾得者や埋蔵物発見者の受ける報労金等が例示されます。所得の発生要因として，偶発性（非継続性），非営利性，恩恵性などが理由となり，一時所得の計算においては，50万円を上限とする特別控除額を控除し，その所得金額の2分の1に相当する金額を給与所得などの他の所得の金額と合計して総所得金額を求めた後，納める税額を計算することで租税負担の軽減が図られています。

　この一時所得と給与所得が争点となったストック・オプション訴訟を忘れることはできません。ストック・オプションは，会社の役員や従業員に対して，「一定の価額で一定期間内に自社株を購入する権利」を与える制度です。この

一定価額とは権利を付与されたときに決められものであるため、権利を行使して自社株を購入する際には、市場の取引価格より低額であることが多いのです。つまり、株式公開後に公開前に付与された権利を行使することで高額な株式を購入することができることになります。

　課税上、争点となったのは、権利を行使した時点で享受する、経済的利益に対する所得区分です。その背景には、国税当局が従来は一時所得であるとしてきたものを平成10年の確定申告期から取り扱いを給与所得に統一したことにあります。国税当局の見解の変更がもたらした混乱は大きく、多くの訴訟が提起されました。当局の見解の変化については当然、議論がありますが、最高裁平成17年1月25日判決は、親会社子会社の関係における給与性という特殊事例ですが、一つの結論がでました。すなわち、最高裁は、「本件ストックオプション制度に基づき納税者との間で本件付与契約を締結して納税者に対して本件ストックオプションを付与したものであって、本件権利行使益が納税者が上記のとおり職務を遂行したことに対する対価としての性質を有する経済的利益であることは明らかというべきである。そうであるとすれば、本件権利行使益は、雇用契約又はこれに類する原因に基づき提供された非独立的な労務の対価として給付されたものとして、所得税法28条1項所定の給与所得に当たる」と判示しています。

参考判例（10－3）【給与所得の意義】

最判平成17年1月25日・平成16年（行ヒ）第141号
（『最高裁民事判例集』59巻1号64頁・最高裁HP）

【概　　要】
　ストック・オプションが給与所得と判定された事例（アプライド事件）

【判決要旨】
　①　本件ストック・オプション制度に基づき付与されたストック・オプションについては、被付与者の生存中は、その者のみがこれを行使することができ、その権利を譲渡し、又は移転することはできないものとされて

いうというのであり，被付与者は，これを行使することによって，初めて経済的な利益を受けることができるものとされているということができる。

②　B社は，納税者に対し，本件付与契約により本件ストック・オプションを付与し，その約定に従って所定の権利行使価格で株式を取得させたことによって，本件権利行使益を得させたものであるということができるから，本件権利行使益は，B社から納税者に与えられた給付に当たるものというべきである。

③　本件権利行使益の発生及びその金額がB社の株価の動向と権利行使時期に関する納税者の判断に左右されたものであるとしても，そのことを理由として，本件権利行使益がB社から納税者に与えられた給付に当たることを否定することはできない。本件権利行使益は，納税者が代表取締役であったA社からではなく，B社から与えられたものである。しかしながら，B社は，A社の発行済み株式の100％を有している親会社であるというのであるから，B社は，A社の役員の人事権等の実権を握ってこれを支配しているものとみることができるのであって，納税者は，B社の統括の下にA社の代表取締役としての職務を遂行していたものということができる。そして本件ストック・オプション制度は，B社グループの一定の執行役員及び主要な従業員に対する精勤の動機付けとすることなどを企図して設けられているものであり，B社は，納税者が上記のとおり職務を遂行しているからこそ，本件ストック・オプション制度に基づき納税者との間で本件付与契約を締結して納税者に対して本件ストック・オプションを付与したものであって，本件権利行使益が納税者が上記のとおり職務を遂行したことに対する対価としての性質を有する経済的利益であることは明らかというべきである。そうであるとすれば，本件権利行使益は，雇用契約又はこれに類する原因に基づき提供された非独立的な労務の対価として給付されたものとして，所得税法28条1項所定の給与所得に当たるというべきである。

■ 10—5　不動産所得と一時所得

　不動産所得は,「不動産等の貸付けに基づいて」得る所得,あるいは「不動産等の貸付けを原因として」得る所得です。つまり,不動産所得は,自己の所有する資産の活用に伴う収入に起因します。同様に,反復・継続しているが,製造,販売,サービスなどの事業所得における業態と比べ,「自己の計算と危険において独立して営む」度合いが低いといえるでしょう。

　土地の賃貸契約の合意解約において,本来,借主が同土地上に建設した建物を撤去して原状に回復すべき義務があるところ,建物を貸主に無償譲渡する旨を合意し,この合意に基づいて建物を取得した事例（名古屋高裁平成17年9月8日判決）では,貸主が建物を取得したのは,土地を使用又は収益させる対価としての性質を有し,若しくはこれに代わる性質を有するものでないことが明らかであって,これをもって不動産所得が生じたものと解することはできないとして,一時所得と認定しています。

　しかしながら,合意は賃貸借契約の終了を前提とする内容であり,当事者も賃貸借契約を継続しています。その結果,取得した建物は,不動産所得の継続,維持,増加に繋がる資産に貢献することはいうまでもないことです。裁判所の結論は,一時所得に該当するという納税者の主張を容認していますが,従来から,一時所得を,一時・偶発的に発生する所得と認識し理解したことを踏まえると,この事例における建物の取得を,従前の賃貸借契約とは別個の取引と位置付けることは難しいと考えます。

参考判例（10－4）【不動産所得の範囲】

> **名古屋高判平成17年9月8日・平成17年（行コ）第22号**
> （『税務訴訟資料』255号順号10120）
> 【概　　要】
> 不動産賃貸借契約の解約に際して地主が賃借人から無償で取得した建物

に係る利益が不動産所得ではなく一時所得された事例

【判決要旨】

① 課税庁は，不動産所得の「貸付けによる所得」とは，「不動産等の貸付けに基づいて」得る所得，あるいは「不動産等の貸付けを原因として」得る所得であり，不動産等の貸付けの開始から終了までの間に，不動産等の貸付けを原因として借主から貸主に移転される経済的利益の全てを含むものと解するのが相当であり，建物等の無償譲受けが，解除契約の一内容として行われたもので，不動産等の貸付けに直接の因果関係のある所得に該当し，不動産所得に当たると主張する。

② 建物利益は，土地の賃貸契約の合意解約において，本来，借主が同土地上に建設した建物を撤去して原状に回復すべき義務があるところ，建物を貸主に無償譲渡する旨を合意し，この合意に基づいて納税者が本件建物を取得したものである。そうすると，貸主である納税者が建物を取得したのは，土地を使用又は収益させる対価としての性質を有し，若しくはこれに代わる性質を有するものでないことが明らかであって，これをもって不動産所得が生じたものと解することはできない。

③ 所得税法施行令94条1項2号に，不動産所得を生ずべき業務に関し，「当該業務の全部又は一部の休止，転換又は廃止その他の事由により当該業務の収益の補償として取得する補償金その他これに類するもの」について，「その業務の遂行により生ずべきこれらの所得に係る収入金額に代わる性質を有するものは，これらの所得に係る収入金額とする」と定めており，補償金等のほか，共益費や実費弁償金，賃貸借契約解除に伴う明渡しが遅滞した場合に受ける損害賠償金等も不動産所得に当たるとされるが，これらも，不動産等の貸付けの業務の遂行により生ずべき収入金額に代わる性質を有するものであって，建物利益のように，賃貸借契約の終了する際の借地上の借主の所有建物の無償譲受けとは性質を異にするものであって，これを上記付随収入に含めることはできない。

■ 10－6　一時所得と雑所得

　いわゆる競馬払戻金事件は，最近，話題となった事例です。競馬の払戻金が一時所得となるのか，雑所得となるのか，が争点となりました。その背景には，国税庁長官が発遣した所得税基本通達34－1によって競馬の払戻金は一時所得とされてきた経緯があります。一時所得は，いわば経費というべき控除項目が限定されることから，議論を呼びました。雑所得であるなら，外れ馬券の購入費用も必要経費と計上されることになります。

　本事案の納税者は，競馬予想ソフトを用いて過去約10年分の競馬データを分析し，日本中央競馬会が提供する馬券購入システムを利用して，平成19年から21年までの3年間で約28億7千万円分の馬券を購入し，約30億1千万円の払い戻しを受け，差引約1億4千万円の黒字となっていました。納税者はこの利益を申告してなかったところ，馬券の払戻金に係る所得は一時所得であり，「その収入を得るために支出した金額」として控除すべき金額は，的中した馬券（当たり馬券）の購入金額のみであるから，平成19年から21年の3年間で払い戻しを受けた額から当たり馬券の購入費のみを控除した約28億円8千万円が所得であり，約5億7千万円を脱税したとして検察から起訴されました。

　最高裁平成27年3月10日判決は，納税者の馬券の購入は娯楽の域にとどまるものではなく，一連の行為としてとらえるべきであり，営利を目的とする継続的行為から生じた所得として，一時所得ではなく雑所得と解するのが相当であると判示しました。営利性の判断は，いわば当事者の内心の問題です。きっかけが趣味でも道楽であっても，損を覚悟で馬券を購入するはずもなく，一攫千金を夢見ることは，商売における金儲けと差はないと考えます。

　ただし，留意すべきことは，裁判所は払戻金を直ちに雑所得と認定したのではなく，その継続性，恒常性に注目して本事案の払戻金は雑所得と認定したのであり，通常の払戻金は一時所得であるとしている点には注意が必要です。

参考判例（10—5）【雑所得の意義】

最判平成27年3月10日・平成26年（あ）第948号
（『最高裁刑事判例集』69巻2号434頁・最高裁HP）

【概　　要】
雑所得における営利性・継続性の判断基準を示した事例（競馬場払戻金事件）

【判決要旨】
① 所得税法上，営利を目的とする継続的行為から生じた所得は，一時所得ではなく雑所得に区分されるところ，営利を目的とする継続的行為から生じた所得であるか否かは，文理に照らし，行為の期間，回数，頻度その他の態様，利益，発生の規模，期間その他の状況等の事情を総合考慮して判断するのが相当である。

② 検察官は，営利を目的とする継続的行為から生じた所得であるか否かは，所得や行為の本来の性質を本質的な考慮要素として判断すべきであり，当たり馬券の払戻金が本来は一時的，偶発的な所得であるという性質を有することや，馬券の購入行為が本来は社会通念上一定の所得をもたらすものとはいえない賭博の性質を有することからすると，購入の態様に関する事情にかかわらず，当たり馬券の払戻金は一時所得である，また，購入の態様に関する事情を考慮して判断しなければならないとすると課税事務に困難が生じる旨主張する。しかしながら，所得税法の沿革を見ても，およそ営利を目的とする継続的行為から生じた所得に関し，所得や行為の本来の性質を本質的な考慮要素として判断すべきであるという解釈がされていたとは認められない上，いずれの所得区分に該当するかを判断するに当たっては，所得の種類に応じた課税を定めている所得税法の趣旨，目的に照らし，所得及びそれを生じた行為の具体的な態様も考察すべきであるから，当たり馬券の払戻金の本来的な性質が一時的，偶発的な所得であるとの一事から営利を目的とする継続的行為から生じた所得には当たらない

と解釈すべきではない。また，画一的な課税事務の便宜等をもって一時所得に当たるか雑所得に当たるかを決するのは相当でない。

③　被告人が馬券を自動的に購入するソフトを使用して独自の条件設定と算式に基づいてインターネットを介して長期間にわたり多数回かつ頻繁に個々の馬券の的中に着目しない網羅的な購入をして当たり馬券の払戻金を得ることにより多額の利益を恒常的に上げ，一連の馬券の購入が一体の経済活動の実態を有するといえるなどの本件事実関係の下では，払戻金は営利を目的とする継続的行為から生じた所得として所得税法上の一時所得ではなく雑所得に当たる。

④　所得については，所得税法37条1項の必要経費に当たる費用は同法35条2項2号により収入金額から控除される。本件においては，外れ馬券を含む一連の馬券の購入が一体の経済活動の実態を有するのであるから，当たり馬券の購入代金の費用だけでなく，外れ馬券を含む全ての馬券の購入代金の費用が当たり馬券の払戻金という収入に対応するということができ，本件外れ馬券の購入代金は同法37条1項の必要経費に当たると解するのが相当である。

⑤　察官は，当たり馬券の払戻金に対応する費用は当たり馬券の購入代金のみであると主張するが，被告人の購入の実態は，上記のとおりの大量的かつ網羅的な購入であって個々の馬券の購入に分解して観察するのは相当でない。また，検察官は，外れ馬券の購入代金は，同法45条1項1号により必要経費に算入されない家事費又は家事関連費に当たると主張するが，本件の購入態様からすれば，当たり馬券の払戻金とは関係のない娯楽費等の消費生活上の費用であるとはいえないから，家事費等には当たらない。

第11講

所得税の課税時期

●●●●●●●●●●●●●●●●●●●●●●●●●●●●●●

　本講では，所得税の課税時期について考えます。課税時期とは，通常は収入金額の計上時期と考えます。原則的には，発生主義あるいは権利確定主義の見地から計算されますが，不動産所得や譲渡所得では，税務上，特別な方法が示されています。

■ 11－1　収入金額の計上時期

　所得税法は，「その年分の各種所得の金額の計算上収入金額とすべき金額又は総収入金額に算入すべき金額は，別段の定めがあるものを除き，その年において収入すべき金額とする」（所法36①）と規定しています。言うまでもなく，この年とは，1月1日から12月31日までのカレンダー通りの1年（暦年課税）を指します。

　これに対して，法人税が対象とする課税期間は，その法人の事業年度となっています。法人の事業年度は，確かに4月1日から3月31日という国や地方自治体の会計年度と同様の期間を選択している法人が多いのですが，法人は事業年度を12か月なら任意に決めることができます。そのため，法人の場合は，利益を先送りするなどの利益調整の方法として，事業年度を変更することがあります。これに比べて，所得税の場合は，対象期間が定められていますので，期間的な対策は難しくなっています。

　収入金額の計上に関する基準は，一般に発生主義と現金主義とに大別されま

すが，所得税法に規定される「収入金額とすべき金額」は，「広義の発生主義における権利確定主義」によるものとされています。つまり，現実の収入がなくても，その収入の原因となる権利が確定した場合には，その時点で所得の実現があったものとして権利確定の時期の属する年分の課税所得を計算するという考え方です。そのため，実際に取得した現金の額を基準とする現金主義は，青色申告者で一定の条件に当てはまる小規模事業者の場合のみに適用されます。

11-2　一括収受した公的年金の計上時期

　発生主義あるいは権利確定主義の見地は，本来，企業会計の領域で展開してきました。そのため，企業会計といわば表裏一体の関係にある法人税法における所得計算はいうまでもなく，所得税法の分野でも，個人企業を対象にする事業所得における収入金額の計算方法を念頭に置くことできます。しかしながら，留意すべきことは，この計上時期に関する原則は，所得税の対象となる10種類に区分されたすべての所得計算に共通しています。

　最近の興味深い事例として，一括収受した公的年金の計上時期が争点となった事案を検討してみます。

　争点は，一括で収受した老齢厚生年金の収入の計上時期で，納税者の主張は，おおむね次のとおりです。

① 平成14年10月10日，社会保険事務所長から，老齢厚生年金について社会保険庁長官により裁定が行われた旨の「厚生年金保険裁定通知書」の送付を受け，同通知書には平成9年10月に受給権を取得した旨記載されていた。

② 平成14年11月15日付け年金支払通知書を受け，同日郵便貯金口座に社会保険庁から年金26万766円が振り込まれたことにより，老齢厚生年金の金額を知ることができた。

③ 自己の郵便貯金口座に本件年金が振り込まれた時点で，これを自らの

認識と判断により管理ないし処分することが可能となったのであり，それ以前にはその金銭を所得として管理又は使用することができなかった。よって平成14年10月10日以前には，老齢厚生年金の受給権の存在を知らず，同年11月15日になって老齢厚生年金を受給したのであり，本件年金は平成14年分の所得である。

　この納税者は，現金主義の考え方を主張しているわけですが，この納税者に対して，山形地裁平成18年12月5日判決は，権利確定主義に基づき，公的年金においては，一般に一定期間（支給事由が生じた日）の到来によって収入すべき権利が確定することから，支給日基準を採用していると判示しています。収入金額を支給日基準にすれば，納税者が恣意的に所得の計上時期を操作する余地を排して課税の公平を図ることができますが，納税者の主張する裁定日基準の場合には，裁定の請求を遅らせることによって所得の計上時期を人為的に操作する余地が生じるなど，納税者の恣意を許し，課税の公平を害することになります。

参考判例（11－1）【年金収入の計上時期】

山形地判平成18年12月5日・平成17年（行ウ）第1号
（『訟務月報』54巻4号993頁）

【概　　要】
　社会保険庁の裁定により一括収受した公的年金の収入の計上時期は，支給日基準によると判示された事例

【判決要旨】
　① 所得税法は，現実の収入がなくても，その収入の原因となる権利が確定した場合には，その時点で所得の実現があったものとして権利確定の時期に属する年分の課税所得を計算するという建前（いわゆる権利確定主義）を採用しているものと解される。そして，収入の原因となる権利が確定する時期はそれぞれの権利の特質を考慮して決定されるべきである。

②　社会保険庁長官が行う裁定は，基本権たる受給権の存在を公権的に確認する行為であるにすぎず，裁定を受けることによって具体的に請求できるとされているのも，画一公平な処理により無用な紛争を防止し，給付の法的確実性を担保するためであって，厚生年金法の定める年金給付に係る受給権は，同法の定める受給要件を満たした時点で基本権が発生し，その後支給期日が到来することにより支分権が発生し，受給権者が裁定の請求さえすればいつでも年金の支給を受けることができる状態にあるから，その支給期日が到来した時点で年金の支給を受ける権利が確定したものと解される。

　③　老齢厚生年金については，厚生年金法36条に規定された支払期月が到来した時にその支給を受ける権利が確定すると解されるのであるから，裁定により前年分以前の老齢厚生年金が一時に支払われることとなった場合には，厚年法36条が定める支払期月の属する年分の収入金額として課税所得を計算すべきである。

　④　公的年金の支払者に源泉徴収義務が成立するのは年金の支払のときであり（国税通則法15条2項2号），他方，源泉徴収票は，当該年中に支払の確定した公的年金につき作成されるものであるから（所得税法施行規則94条の2第1項3号），社会保険庁が，平成14年に，平成9年分ないし平成13年分の年金を一括して遡って支払うにつき，各年分の源泉徴収票をそれぞれ作成して交付した手続に何ら誤りはなく，これをもって虚偽の源泉徴収票ということはできない。

　所得税は累進課税ですから，所得を分散したほうが租税負担は軽減されますが，本事案では，納税者の妻が，公的年金をさかのぼって受給したため，納税者が受けていた過年度分の配偶者控除及び配偶者特別控除の適用が否認されということが背景にあります。社会保険庁長官の裁定を受けるまでの経緯は不明です。ただ，当事者である妻は，昭和35年7月に厚生年金保険の被保険者の資格を取得しましたが，その後，約20年間にわたってブラジルに居住し，帰国後，

厚生年金及び国家公務員共済に加入したのち，平成10年6月から国家公務員共済から退職共済年金を受給していました。そのため，この未払年金は，世情を騒がした年金漏れとは異なりますが，課税の本質それ自体は変わらないと思います。

　年金時効特例法により，35年分の未払年金3,492万円が96歳の男性に支給されたという報道がありました（『朝日新聞』平成21年4月18日）。その記事では，課税については触れていませんが，一般常識ならば，未払年金をまとまって受給することで，当然，累進課税により高額な税負担が想起されるでしょう。しかし，所得税の規定では，言うまでもなく権利確定主義の見地から高額な税負担は免れることになります。

■ 11−3　事業所得における収入の計上時期

　事業所得の一つである弁護士報酬の計上について検討された事例があります。個人事業主として弁護士業はある意味特殊な業種ですが，権利確定主義の原則についての理解として，東京地裁平成20年1月31日判決は，事業所得にかかる弁護士報酬のうち多重債務者からの委任事務処理の着手金の計上時期について，委任契約締結日が属する年に計上すべきと判断しています。特に着手金が分割で支払われた場合には支払われた時点で，収入として計上されるべきという（現金主義）納税者の主張が排斥されています。

　すでに述べように，会計処理上は，発生主義と現金主義があり，税法では発生主義を厳格に捉えた権利確定主義が採用されているとされていますが，一方，企業会計上の実現主義との差異についても議論があることも事実です。ともかく，権利確定主義は，所得計算上の収益の認識基準の一つであり，法律上の権利が確定したときに，所得計算の基礎となる収益に計上するという考え方といえます。

　この事例では，裁判所は，着手金が他の種類の弁護士報酬と異なり，事件等の結果に関わらず委任事務処理が開始される前に受け取る性質のものであるか

ら，弁護士が依頼者から事件等を受任した時点で収入の原因となる権利が確定する旨を判示しています。確かに，弁護士は，委任契約の締結時により，依頼者に対して委任契約に基づく着手金の全額を請求する権利を確定的に取得するということができます。しかし，この事例では，多重債務者の法律事務について弁護士が受任したものであり，確定的に契約効力は発生していますが，契約締結後の分割払いの申込，遅滞，不払い，回収不能になる可能性がある場合には，結論がでるまで長期に渡ることも想定でき，現金主語の考え方も考慮すべき事態が出来することもありえます。

参考判例（11−2）【事業所得の計上時期】

> 東京地判平成20年1月31日・平成17年（行ウ）第395号
> （『税務訴訟資料』258号順号10880・最高裁HP）
>
> 【概　　要】
> 弁護士報酬の着手金の計上時期が争点となった事例
>
> 【判決要旨】
> ①　所得税法は，一暦年を単位としてその期間ごとに課税所得を計算し，課税を行うこととしており，同法36条1項が，右期間中の総収入金額又は収入金額の計算について，「収入すべき金額による」と定め，「収入した金額による」としていないことからすると，同法は，現実の収入がなくても，その収入の原因たる権利が確定的に発生した場合には，その時点で所得の実現があったものとして，同権利発生の時期の属する年度の課税を計算するという建前（いわゆる権利確定主義）を採用しているものと解される。これは，所得税が，経済的な利得を対象とするものであるから，究極的には実現された収支によってもたらされる所得について課税するのが基本原則であり，ただ，その課税に当たって常に現実収入の時まで課税できないとしたのでは，納税者の恣意を許し，課税の公平を期し難いので，徴税政策上の技術的見地から，収入すべき権利の確定したときをとらえて課税することとしたものであり（最高裁判所昭和49年3月8日第二小法廷判決民

集28巻2号186頁参照)，ここにいう収入の原因となる権利が確定する時期はそれぞれの権利の特質を考慮し決定されるべきものである（最高裁判所昭和53年2月24日第二小法廷判決民集32巻1号43頁）。

②　国税通則法15条2項7号は，消費税は，課税資産の譲渡等をした時に納税義務が成立する旨定めており，消費税法2条1項8号によれば，事業として対価を得て行われる役務の提供もここにいう課税資産の譲渡等に含まれるところ，この課税資産の譲渡等が行われた具体的な時期の判断についても，同様に，上記の考え方を踏まえ，課税資産の譲渡による対価や役務の提供による報酬を収受する権利が確定した時点で課税資産の譲渡等があったとすることを原則としつつ，取引の実態に応じて個別的に検討するのが相当である。

■ 11-4　不動産所得における収入の計上時期

　土地・建物の賃貸の際に，権利金・保証金という名目の一時金の授受が行われる場合があります。この種の金員は，本来は，賃借人の負担すべき賃料等を担保する目的とされ，賃借人にとっては預り金的性格ですが，地域によってその取扱いが異なる場合が少なくありません。

　通常は，当事者間の賃貸借契約において，当初から，あるいは一定の契約期間が経過した後にその全部又は一部が賃貸人に帰属する旨の契約を締結していることが多いと思われます。

　税務の取扱いに沿ったものといえます（所得税基本通達36-6・36-7）。

（頭金，権利金等の収入すべき時期）
36-6　不動産等の貸付け（貸付契約の更新及び地上権等の設定その他他人に不動産等を使用させる行為を含む。以下36-7までにおいて同じ。）をしたことに伴い一時に収受する頭金，権利金，名義書換料，更新料等

に係る不動産所得の総収入金額の収入すべき時期は，当該貸付けに係る契約に伴い当該貸付けに係る資産の引渡しを要するものについては当該引渡しのあった日，引渡しを要しないものについては当該貸付けに係る契約の効力発生の日によるものとする。ただし，引渡しを要するものについて契約の効力発生の日により総収入金額に算入して申告があったときは，これを認める。

（返還を要しなくなった敷金等の収入すべき時期）

36－7 不動産等の貸付けをしたことに伴い敷金，保証金等の名目により収受する金銭等（以下この項において「敷金等」という。）の額のうち，次に掲げる金額は，それぞれ次に掲げる日の属する年分の不動産所得の金額の計算上総収入金額に算入するものとする。

(1) 敷金等のうちに不動産等の貸付期間の経過に関係なく返還を要しないこととなっている部分の金額がある場合における当該返還を要しないこととなっている部分の金額　36－6に定める日

(2) 敷金等のうちに不動産等の貸付期間の経過に応じて返還を要しないこととなる部分の金額がある場合における当該返還を要しないこととなる部分の金額　当該貸付けに係る契約に定められたところにより当該返還を要しないこととなった日

(3) 敷金等のうちに不動産等の貸付期間が終了しなければ返還を要しないことが確定しない部分の金額がある場合において，その終了により返還を要しないことが確定した金額　当該不動産等の貸付けが終了した日

　裁判所の基本的な見解は，例えば大阪地裁平成5年1月26日判決のように，税務の取扱いと同様の趣旨の判断が示されています。

参考判例（11-3）【不動産所得の計上時期】

> 大阪地判平成5年1月26日・平成3年（行ウ）第22号
> （『税務訴訟資料』194号50頁）
> 【概　　要】
> 　頭金，権利金，名義書換料，更新料等に係る不動産所得の総収入金額の計上時期が示された事例
> 【判決要旨】
> 　頭金，権利金，名義書換料，更新料等に係る不動産所得の総収入金額の収入すべき時期は，当該貸付に係る契約に伴い当該貸付に係る資産の引渡しを要するものについては当該引渡しのあった日，引渡しを要させないものについては当該貸付にかかる契約の効力発生の日と解すべきであり，敷金，保証金等の名目により収受する金銭等に係る不動産所得の総収入金額の収入すべき時期は，右金銭等のうち，㈹貸付期間の経過に関係なく返還を要しないこととなっている部分の金額がある場合における当該返還を要しないこととなっている部分の金額は契約の効力の発生の日，㈺貸付期間の経過に応じて返還を要しないこととなる部分の金額がある場合における当該返還を要しないこととなる部分の金額は，当該貸付に係る契約に定められたところにより当該返還を要しなくなった日，㈻貸付期間が終了しなければ返還を要しないことが確定しない部分の金額がある場合において，その終了により返還を要しないことが確定した金額は当該貸付が終了した日と解すべきである。

■ 11-5　譲渡所得の引渡基準

　不動産所得と同じように，税務の取扱いでは，山林所得及び譲渡所得の収入金額の収入とすべき時期は，その所得の基因となる資産の引渡しのあった日と譲渡契約の効力発生の日のいずれかを納税者が選択できることになっています

（所基通36－12）。そして，この資産の引渡しのあった日は，例えば土地譲渡に伴う所有権移転登記に必要な書類の交付のように売買当事者間で行われる支配の移転の事実に基づいて判定した日であり，原則として収入すべき時期は譲渡代金の決済が終わった日よりも後にはならないとされています（所基通36－12注記）。

参考判例（11－4）【譲渡所得の計上時期】

> ### 東京高判平成1年1月30日・昭和62年（行コ）第52号
> （『訟務月報』35巻6号1129頁）
>
> 【概　　要】
>
> 譲渡所得の計上時期は引渡基準であることを示した事例
>
> 【判決要旨】
>
> 　資産の引渡しのあった日の具体的判断としては，裁判所の基本的な考え方では，「本件土地売買契約は，昭和49年7月31日に成立したものであるが，右の契約時においては，本件土地売買契約の請求権保全の仮登記及び1,000万円の手付金の支払が行われたのみで，土地の引渡，所有権移転登記手続，代金支払はすべて後日に持ち越され，しかも代金不払いの場合には契約解除されることも特約された上，納税者もそれによる所得を当該年の譲渡所得として申告もしなかったのであるから，右契約において本件土地の所有権が移転するのは，右の契約時ではなく，その履行行為である土地の引渡，所有権移転登記手続，代金支払のいずれかがされた時とする黙示の特約がされたものと認めるのが相当である。しかして……本件土地の売買代金は昭和51年7月17日ころに完済され，そのころ本件土地の引渡がされたものと認められる（この点は後に被控訴人らのこの点についての主張に対する判断で述べる。）から，そのころ本件土地の所有権が移転し，その譲渡による所得の実現があったものというべきであり，したがって，右の所得は，昭和51年分の所得に計上すべきものである。

第12講

所得税法と住所課税

●●●●●●●●●●●●●●●●●●●●●●●●●●●●●●●

　所得税は，個人の所得について課税されます。本講では，この所得税法が規定する納税義務者としての個人について検討します。個人といっても，わが国における生活の実態と活動の状況に応じて課税所得の範囲が異なります。そのため，納税義務者の確定に関する論議が生じてきますが，そのためには住所の存在は重要です。

■ 12−1　所得税の納税義務者

　所得税の納税義務者は，原則として個人ですが，法人や人格のない社団等も預金の利子や株式の配当など源泉徴収の対象となる所得については，源泉所得税を納める義務があります（所法5）。

　所得税法では，個人の納税義務者については，居住の態様に応じて，居住者と非居住者に区分し，法人の納税義務者については，内国法人と外国法人に区分し，それぞれ納税義務を定めています。

納税義務者の区分

納税義務者			定　　　義
個人	居住者	非永住者以外の居住者	日本国内に住所を有し又は現在まで引き続いて1年以上居所を有する個人のうち非永住者以外の者
		非永住者	居住者のうち日本国籍がなく，かつ過去10年以内の間に日本国内に住所又は居所を有する期間の合計が5年以下である個人
	非居住者		居住者以外の個人
法人	内国法人		国内に本店又は主たる事務所を有する法人
	外国法人		内国法人以外の法人
	人格のない社団等		法人でない社団又は財団で，代表者又は管理人の定めがあるもの

個人の納税義務者の課税所得の範囲は，次のようになります。

個人の納税義務者の課税所得の範囲

納税義務者			課税所得の範囲
個人	居住者	非永住者以外の居住者	国内外を問わず，原則としてすべての所得
		非永住者	日本国内で生ずる所得（国内源泉所得）と国外で生ずる所得（国外源泉所得）のうち日本国内で支払われ，又は国外から送金されたもの
	非居住者		日本国内で生ずる所得（国内源泉所得）のみ

■ 12-2　納税者としての人格ない社団等

　所得税法では，人格のない社団等について，法人ではない社団又は財団で代表者又は管理者の定めがあるものと定義しています（所法2八）。税務の取扱いでは，人格のない社団とは，多数の者が結合した団体であって法人格を有し

ないものであり（所基通2－5），人格のない財団とは，一定の目的を達成するために出捐された財産の集合体のうち法人格を有しないものであって（所基通2－6），それぞれ定款，寄付行為，規則，規約等によって代表者又は管理者が定めらることが必要とされます（所基通2－7）。町内会，自治会，同窓会，PTA，親睦団体，社交団体などの組織・団体が，人格のない社団等として例示できるでしょう。

税法上，人格のない社団等は法人とみなすことになります（所法4，法法4）。したがって，法人とみなされるため，その団体・組織が営む収益事業に対しては法人税の対象となるとともに，個人から独立した存在として所得税は課税されませんが，法人と同様に源泉徴収義務を負うことになります。

例えば，宗教活動の一環として受け取った金銭を，宗教の指導者個人の収入と考えれば所得税の対象となりますが，指導者と信者の集合体である団体・組織の収入と考えれば，宗教法人に準じて法人税，所得税ともに課税対象にならないことになります。そのため本来，個人の収入と思える場合であっても，人格のない社団等に該当する団体・組織の収入と主張して，租税を回避する意図することも可能になることがあります。

参考判例（12－1）【法人格】

> **福岡高判平成2年7月18日・昭和59年（行コ）第4号**
> （『判例時報』1395号34頁）
>
> **【概　要】**
> 「ネズミ講団体」が人格なき社団（任意団体）ではないと判示された事例
>
> **【判決要旨】**
> ①　人格なき社団として課税の客体となり得るか否かも実体法上の問題ではあるが，その社団性が肯認されることが前提であり，その判断においては，法的安定性の点からも社団性の概念は民事実体法と一義的に解釈されるのが相当である。

②　資産，経理面からＴ会の社団性，独立性を考慮するに，まず，その出発点たる本件総会前後において，納税者個人の資産との峻別がなされず，その後もこれを行った形跡はないうえ，会計処理も同総会即ち社団が成立したと主張する時点をもって峻別処理されていないこと，形骸的な理事会の存在と納税者の重要事項の独断的処理及び納税者及びその家族らのみによる経理関係の専断的処理と相まって，納税者個人とＴ会との資産や経理の著しい混同の事実ないし資産，経理関係において，納税者個人と峻別された独自の資産を有し，経理処理されるなど，社団としての基本的実態を有していたものとは到底考え難い。

　③　Ｔ会の創設は，納税者において違法性，反社会性の高い鼠講事業を進めるうえで，その本質を糊塗し，多額に及ぶ課税対策を主目的とし，人格なき社団の形態を利用する意図のもとに検討のうえされたのであるから，Ｔ会は，一応，定款等団体の基本的組織を定める規約や，財産管理等の規約等を有し，これにより団体意思の決定機関とその機能，業務執行や対外的代表機関等を明確に定めており，その団体意思形成方法をも一応多数決原則によることとするなど，社団としての一応の外形を有し，その着衣をまとっていることは否定し難い。しかしながら，個人を離れて社団が実在するものとして法律的，社会的，経済的に認識されるには，個人の意思と離れた別個独立の団体意思の存在が客観的に認識され，その事業活動等に要する団体固有の資産が個人と峻別されて存在することが，最低限不可欠のことであると思われる。

　④　Ｔ会は，納税者において，社会的非難を回避してその事業を将来も維持し，継続し，かつ，自己の課税対策等の意図のもとに，実態は個人事業であるのにこれを仮装し，人格なき社団という形式に名を借りた同体異名のものであると断ずるのが相当である。

■ 12-3　住所の概念

　所得税の納税義務者である個人は，上記のように，わが国における居住の実態に応じて，居住者と非居住者に区分されます。居住者は，わが国に住所を有する者又は現在まで引き続いて１年以上居所を有している者であり，非居住者とは居住者以外の個人を指すことになります。いわば，わが国における住所の有無が納税義務の成立の第一条件といえます。

　住所といえば，地方行政の実務感覚からは住民基本台帳法上の住民登録の場所が発想されますが，所得税法では，民法に規定する「各人の生活の本拠」（民法22）を住所と考えています。

> 第22条　各人の生活の本拠をその者の住所とする。
> 第23条　住所が知れない場合には，居所を住所とみなす。
> ２　日本に住所を有しない者は，その者が日本人又は外国人のいずれであるかを問わず，日本における居所をその者の住所とみなす。ただし，準拠法を定める法律に従いその者の住所地法によるべき場合は，この限りでない。

　実を言えば，住所を民法の規定に依拠しているのは，税法の領域だけではありません。例えば，公職選挙法に関わる事案として当時の田中康夫長野県知事の住所が争点となった事例があります（長野地裁平成16年６月24日判決）。なお，この事件の背景には，田中知事の「住民税は好きな自治体に払いたい」という発言が契機とされます（『毎日新聞』平成16年11月20日）。田中知事は，知事として長野市内に居住し，都内にも居宅がありましたが，老人福祉に積極的に取り組んでいた長野県泰阜村に住民票を移したことから，選挙権を行使できる住所はどこにあるかが話題となった事案ですが，判決では泰阜村は住所として認定されませんでした。田中知事は，住所の複数説に言及していましたが（『読売新聞』平成16年５月27日），当時としては，不可解な見解と受け止めら

れたかもしれません。

　また，国民健康保険の加入申請に係る事案ですが，市立公園内に設置したテントに居住していると主張したホームレスの男性の住民基本台帳法上の住所が争点となった事例は，裁判所の判断が分かれたことからも関心が持たれました（大阪地裁平成18年1月27日判決，大阪高裁平成19年1月23日判決，最高裁平成20年10月3日判決）。

　第一審は，テント所在地を客観的にみて，生活に最も関係の深い一般的生活，全生活の中心として，生活の本拠たる実体を具備していると判示しました。一方，控訴審は，単に一定の場所において日常生活が営まれているだけでは足りず，その形態が健全な社会通念に基礎付けられた住所としての定型性を具備することを要するとして，テント所在地を住所ではないという判断であり，最高裁もそれを容認しました。

　この最高裁の判断は，後述するように，住所の判断基準に，新たに健全性という要素が加わったことになります。いずれにしても，ホームレスのように職業，家族，住居設備がない者は住所がないことになりますが，住所がなければ地方自治体による行政サービスを享受する権利も地方自治体への納税の義務もない，といい切れないという疑問も残しました。

■ 12－4　所得税法における住所の定義

　住所と課税の関わりが議論されるのは，いうまでもなく所得税の分野ということになります。したがって，①国内に住所を有する者，②現在まで引き続いて国内に1年以上居所を有する者，と定義する居住者の判定において住所の持つ意味は大きい，ということになります。そして，民法22条が規定する各人の生活の本拠が，その者の住所となるわけです。

　生活の本拠の確認については，本人の主観に基づく意思主義と客観的事実に基づく客観主義の対立があります。税務の取扱いでは，客観主義を採っています（所基通2－1）。

> （住所の意義）
>
> 2－1　法に規定する住所とは各人の生活の本拠をいい，生活の本拠であるかどうかは客観的事実によって判定する。
>
> （注）　国の内外にわたって居住地が異動する者の住所が国内にあるかどうかの判定に当たっては，令第14条《国内に住所を有する者と推定する場合》及び第15条《国内に住所を有しない者と推定する場合》の規定があることに留意する。

　もっとも，本人の意思は外部からは判然としない場合もあり，住所の有無により課税所得の範囲も異なるわけですから，課税公平の見地から選択するといわれています。しかし，国内外を頻繁に移動している個人の場合で，上述の通達注記にあるように，住所の存在が判定し難いときには，推定規定が設けられています（所令14，15）。次のような者は，国内に住所を有する者，すなわち居住者と推定されることになります。

> （国内に住所を有する者と推定する場合）
>
> 第14条　国内に居住することとなった個人が次の各号のいずれかに該当する場合には，その者は，国内に住所を有する者と推定する。
>
> 　一　その者が国内において，継続して１年以上居住することを通常必要とする職業を有すること。
>
> 　二　その者が日本の国籍を有し，かつ，その者が国内において生計を一にする配偶者その他の親族を有することその他国内におけるその者の職業及び資産の有無等の状況に照らし，その者が国内において継続して１年以上居住するものと推測するに足りる事実があること。
>
> ２　前項の規定により国内に住所を有する者と推定される個人と生計を一にする配偶者その他その者の扶養する親族が国内に居住する場合には，これらの者も国内に住所を有する者と推定する。
>
> （国内に住所を有しない者と推定する場合）
>
> 第15条　国外に居住することとなった個人が次の各号のいずれかに該当す

> る場合には，その者は，国内に住所を有しない者と推定する。
> 一　その者が国外において，継続して1年以上居住することを通常必要とする職業を有すること。
> 二　その者が外国の国籍を有し又は外国の法令によりその外国に永住する許可を受けており，かつ，その者が国内において生計を一にする配偶者その他の親族を有しないことその他国内におけるその者の職業及び資産の有無等の状況に照らし，その者が再び国内に帰り，主として国内に居住するものと推測するに足りる事実がないこと。
> 2　前項の規定により国内に住所を有しない者と推定される個人と生計を一にする配偶者その他その者の扶養する親族が国外に居住する場合には，これらの者も国内に住所を有しない者と推定する。

　つまり，前者を職業推定と後者を家族推定とそれぞれ名付けることができる規定といえるでしょう。しかしながら，この規定は，あくまでも推定です。当事者からその推定に反する事実を示し，課税庁の判定と異なる意思を表明した場合には，当然，改めて住所の有無を判定することになります。

■ 12-5　住所と課税

　国内外を頻繁に移動している個人で，住所の存在が判定し難いときには，職業，家族，財産，滞在日数及び社会通念などが判断基準となります。すでに述べたように，住所は客観主義に基づき住所は単一です。

　住所と課税との関わりや国内における通常の納税者であっても，住所の在り方によって租税負担の増減が異なる場合もあります。例えば，土地建物の取得，譲渡及び相続など所有権の移転に際して課税が生じますが，この場合に，この土地建物が居住用に供しているものなら租税負担が軽減されることがあります。生活の本拠が住所ですから，住所にある家屋が居住用となるという考え方です。

　本来，生活の本拠の確認は，本人の意思を重視すべきものといえます。それ

を課税の公平性と便宜性の観点からとはいえ，個人の意思と個人的事情を制約し，職業，家族，財産などという形式的な事実に基づいて推定する場合には，それに反する意思を示した納税者に説得力のある説明がなされなければなりません。

　結局，住所に関する論議は，実質的な利害が伴う税法の領域で終始されることが多いのですが，確認するまでもなく，住所は生活の本拠であり，住民票記載の場所とは限りません（住所地を偽る住民票の提出が仮装行為に当たるとして重加算税が賦課された事例もあります：仙台地判平成5年8月10日（平成2年（行ウ）第10号）『税務訴訟資料』198号482頁））。生活の本拠とは，住民登録，職業，家族，住居設備，居住状況，水道光熱費など形式的・実質的に考慮し，総合的な判断が行われるべきと考えます。

　例えば，平日は官舎で生活し，毎週末，200キロ離れた自宅に往復・帰宅する公務員の住宅取得控除の適用を容認した事例において，札幌地裁平成14年6月28日判決は，滞在日数ではなく，自宅設備と生活内容の充実度を考慮した判断を示しましたが，このようなケースは，生活の本拠は2か所であり，住所は二つあると判定すべき内容であったと考えます。

参考判例（12-2）【「居住の用」の意義】

> 札幌地判平成14年6月28日・平成12年（行ウ）第21号
>
> （『税務訴訟資料』252号順号9149）
>
> 【概　　要】
>
> 「居住の用」に供する家屋と住民票との関係が争点となった事例
>
> 【判決要旨】
>
> ①　措置法41条1項にいう「居住の用に供した」とは，その者が真に居住の意思をもって客観的にもある程度の斯間継続して生活の拠点としてその家屋を利用したことをいうと解するのが相当であり，この判断は，その者及び社会通念上その者と同居することが通常であると認められる配偶者等の日常生活の状況，その家屋への入居目的，その家屋の構造及び設備の

状況，その他の事情を総合的に考慮し，社会通念に照らして行うべきであって，専ら本件控除の適用を受ける目的で入居したと認められる家屋，その居住の用に供する家屋の新築，改築期間中だけの仮住まいである家屋その他一時的な目的で入居したと認められる家屋，主として趣味，娯楽又は保養の用に供する目的で所有する家屋等は，「居住の用に供した」家屋には該当しないというべきである。

② 措置法41条8項，措置法施行規則18条の21第12項1号ハによれば，新築家屋について本件控除（筆者注：住宅ローン控除）を受ける場合に添付すべき資料として，その者の住民票が掲げられている。これは，住民基本台帳法22条，51条において，転入をした者は，その届出をすべきことが罰則をもって定められ，また，各種申請や届出の際の添付資料として住民票が広く用いられていることもあって，その記載の正確性は相当程度に高いものと認識されていることから，住所及びこれを移転した場合の証明として住民票の記載をもって行うことが一般的であり，かつ，容易にこれを行うことができるものとして，本件控除を受けようとする者の居住の事実の証明資料として住民票の添付を求めたものと解される（ただし，やむを得ない事情のある場合にはその添付を要しないこととされていることにつき，措置法41条9項参照。）。

この事例は，取得資産が，住宅ローン控除の対象となる居住用資産に該当するか否かが争点となりましたが，対象となる家屋が生活の拠点であると容認できるかが鍵となりました。裁判所は，事実認定を総合的に考慮したうえで，「本件宿舎の貸与を受けてその使用を開始した後も，従前に引き続いて，なお本件家屋を居住の用に供していたと認めるべき特別の事情があると判断」し，生活の拠点の判定について，いわば量より質の観点から検討しています。居住の状況を総合的に判断する材料としては，住民票の移動，電気，ガス，水道の開栓及び使用，電気・ガス等の名義の変更などを根拠に，実質的な生活の本拠として使用していたか否かを認定することになりますから，安易な工作は危険

であることにも留意すべきでしょう。

　最後に，相続税法における小規模宅地評価が争点となった事例において，ライフスタイルにより複数の住所を有することを容認した佐賀地裁平成20年5月1日判決は，住所の本質について一石を投じたものといえます。

　この小規模宅地評価の特例は，被相続人が居住の用に供していた，すなわち被相続人の住所の有無が争点となりますから，今後，住所の有無又は存在が争点となる事案においては，既存の民法概念を超えた住所の単一・複数論が検討されてもいいと感じます。

参考判例（12−3）【居住の用の評価】

> **佐賀地判平成20年5月1日・平成18年（行ウ）第10号**
>
> （『税務訴訟資料』258号順号10956）
>
> 【概　　要】
>
> 　居住の用に供されていた宅地評価についての事例
>
> 【判決要旨】
>
> 　①　「居住の用に供されていた」宅地にあたるかどうかについては，相続人らが生活の拠点を置いていたかどうかにより判断すべきであり，具体的には，その者の日常生活の状況，その建物への入居の目的，その建物の構造及び設備の状況，生活の拠点となるべき他の建物の有無その他の事実を総合勘案して判定されるべきであると解するのが相当である。
>
> 　②　これを本件についてみるに，小城市家屋では，自動車を運転できない被相続人にとって，福岡へ仕入れに行ったり，佐賀市内に営業や買い物に行くのに不便であったため，これを改善する目的で，本件マンションを購入したこと，現に，被相続人は，手術後の平成13年11月ころ以降，再手術のために入院した平成14年3月ころまでの間，少なくとも週に1回程度は，本件マンションに立ち寄り，時折は宿泊もしていたこと，本件マンションには，水道設備の他，日常生活に必要な電化製品も備えられており，ｃは，本件マンションにおいて，これらを利用していたことが認められ，

これらによれば，被相続人による本件マンションの利用は，単に娯楽や一時的な目的に出たものではなく，生活の改善を目的に，小城市家屋及び本件マンション双方において生活することを選択した一つの生活スタイルに基づくものと認めることができる。以上によれば，本件マンションは，cにとって，生活の拠点として使用されている実態にあったというべきである。

　③　課税庁は，被相続人が，本件マンションをごくわずかの日数しか利用していないこと，被相続人の周囲の者からは，その生活の拠点が本件マンションであるとは全く理解されていなかったこと，本件マンションの水道光熱費，ガスの使用状況は，単身居住者すら生活しているとはおよそ認められないほどにごく少量であることなどを指摘するが，上記事実は，本件マンションが，小城市家屋との比較において，主として居住の用に供されてはいなかったことを窺わせる事情とはいえるものの，本件においては，生活の拠点が複数存在することも妨げられないのであるから，このような比較検討は不要であるし，認定事実からして，被相続人が本件マンションの利用状況を仮装していたとは到底認められない以上，病気等の事情から，結果的に利用が極端に少なかったとしても，上記の事情のみをもって，本件マンションが生活の拠点ではないということはできない。

　なお，相続税法に関する税務の取扱いは，相続税基本通達で以下のように定めています。

> （「住所」の意義）
> 1の3・1の4共－5　法に規定する「住所」とは，各人の生活の本拠をいうのであるが，その生活の本拠であるかどうかは，客観的事実によって判定するものとする。この場合において，同一人について同時に法施行地に2箇所以上の住所はないものとする。

第13講

所得税の課税範囲

●●●●●●●●●●●●●●●●●●●●●●●●●●●●●●

　第12講では，納税義務者の判定において住所の重要性を検討しましたが，本講では，住所が国内にあるのか国外にあるかによって課税所得の範囲が異なる問題について考えます。

■ 13－1　課税範囲の実際

　第12講でも説明しましたが，個人の納税義務者の課税所得の範囲は，次のようになります。

個人の納税義務者の課税所得の範囲

納税義務者			課税所得の範囲
個人	居住者	非永住者以外の居住者	国内外を問わず，原則としてすべての所得
		非永住者	日本国内で生ずる所得（国内源泉所得）と国外で生ずる所得（国外源泉所得）のうち日本国内で支払われ，又は国外から送金されたもの
	非居住者		日本国内で生ずる所得（国内源泉所得）のみ

　つまり，非居住者は，国内で発生した所得のみが対象となります。例えば，海外で活躍するプロ・スポーツ選手の多くは，その所属するチームが存在する国の居住者であり，わが国では非居住者となっているはずですから，わが国で

出演するCMや取材の報酬が課税所得となることになります。

　一方，わが国に来ている外国人選手はどうなっているのでしょうか。少々古い話ですが（『朝日新聞』平成14年5月16日夕刊），「契約は1年未満」とするのが，大リーグから選手を招くときの日本球団の暗黙のルールという報道がありました。これは，わが国での居住が1年を超えればわが国の居住者と認定されますから，これを避ける手法であることはいうまでもありません。当然，税率，いわば税負担を考慮した契約といえるでしょう。

　これに対して，居住者は，いうなれば世界中，どこで稼いでもわが国の所得税の課税対象となります。俗な言い方をすれば，バレなければ課税されないと考える人も多いかもしれません。

　かつてノーベル化学賞を受賞した野依良治・名古屋大学教授（当時）が，海外での講演料や海外で受賞した賞金として，7年間で約3,200万円の申告を怠り，重加算税を含めて約1,500万円追徴課税されたという報道がありました（『朝日新聞』平成14年4月23日）。また最近でも，バイオリニストの諏訪内晶子さんが，海外公演の報酬などを意図的に申告しなかったとして，5年間で約7,000万円の所得隠しをしていたと報道されました（『読売新聞』平成23年7月12日）。野依氏は，当時，国立大学の教授ですし，諏訪内さんは1年の半分以上を海外で過ごしているといわれていますが，ともにわが国の居住者ですから，国の内外を問わず全ての所得が課税対象となります。

■ 13-2　非居住者の認定

　これも第12講で説明しましたが，国内外を頻繁に移動している個人の場合で，住所の存在が判定し難いときには，職業推定，家族推定及び財産推定ということができる推定規定が設けられています（所令14，15）。またこれらに加えて，ホームレスの男性の住所認定について最高裁が判示した社会通念上の判断も加味されることも，第12講で触れました。

　最近，これらの推定規定を総合的に判断した最高裁平成23年2月18日判決が

話題となりました。この判決は，贈与税事案ですが，住所の判断から居住者，非居住者を認定する論理は，所得税と同じであることはいうまでもありません。

当時の相続税法では，海外に居住する日本人が，国外にある資産を贈与されたときには贈与税は非課税となっていました。この場合の居住の有無は，住所すなわち生活の本拠の判定であり，所得税における論理と同じです。

本事案では，納税者の住所が香港にあるか国内にあるかが争点となりました。最高裁の判断は，納税者は，贈与を受けた当時，香港駐在役員及び各現地法人の役員として香港に赴任しつつ国内にも相応の日数滞在していたところ，贈与を受けたのは上記赴任の開始から約2年半後のことであり，香港に出国するにあたり住民登録につき香港への転出の届出をするなどしたうえ，通算約3年半にわたる赴任期間である期間中，その約3分の2の日数を2年単位（合計4年）で賃借した香港居宅に滞在して過ごし，その間に現地において会社又は各現地法人の業務として関係者との面談等の業務に従事しており，これが贈与税回避の目的で仮装された実体のないものとはうかがわれないのに対して，国内においては，期間中の約4分の1の日数を杉並居宅に滞在して過ごし，その間に本件会社の業務に従事していたにとどまるというのであるから，贈与を受けた時において，香港居宅は生活の本拠たる実体を有していたものというべきであり，杉並居宅が生活の本拠たる実体を有していたということはできないとして，贈与を受けた時において，国内における住所を有していたということはできないという内容でした。

前述のように，当時の相続税法の規定には，国内に住所がない非居住者に対する国外資産の贈与に関する非課税措置がありました。そこで，贈与者が所有する財産を国外へ移転し，更に受贈者の住所を国外に移転させた後に贈与を実行することによって，わが国の贈与税の負担を回避する方法が，いわゆる節税方法として一般に紹介されていた時代でした。本事案には，この租税回避行為の有無も焦点とされました。

いうまでもなく住所の判定は，民法の規定する「生活の本拠」により判断されます。具体的には職業，家族，財産などが判定要素となりますが，客観性も

重視されることは当然です。本事案の場合では，国内と香港の滞在期間なども視野に入れています。事実認定により解釈は異なり，本事案の地裁判決は，納税者を非居住者と認定し，高裁判決は，その居住意思をふまえて判断し，居住者と認定していました。

最高裁は，本事案の争点が住所概念の解釈適用の問題であることを確認し，その解釈は客観的な実体を具備していれば住所と認め，そこに居住者の意思は必要ではないとしました。仮に租税回避の意図があっても構わないということでしょう。

最高裁が，租税法律主義を重んじ，租税回避行為を否認するのであれば立法により対処すべきとし，高裁判決を破棄した点に，この判決の大きな意義があるといえます。確かに最高裁も指摘するように，多額の租税回避行為は一般論としては納得できないことは否定しません。しかし，租税法律主義の厳格な適用は，法令遵守による租税負担の公平を期待する見地からすれば，この最高裁判決は，至極当然の結論というべきでしょう。

参考判例（13－1）【住所の意義】

最判平成23年2月18日・平成20年（行ヒ）第139号
（『判例時報』2111号3頁・最高裁HP）

【概　　要】
香港在住の納税者の住所が認定されて事例（武富士事件）

【判決要旨】
①　住所とは，反対の解釈をすべき特段の事由はない以上，生活の本拠，すなわち，その者の生活に最も関係の深い一般的生活，全生活の中心を指しているか否かにより決すべきものと解するのが相当である。

②　原審は，納税者が贈与税回避を可能にする状況を整えるために香港に出国するものであることを認識し，本件期間を通じて国内での滞在日数が多くなりすぎないよう滞在日数を調整していたことをもって，住所の判断に当たって香港と国内における各滞在日数の多寡を主要な要素として考

慮することを否定する理由として説示するが，一定の場所が住所に当たるか否かは，客観的に生活の本拠たる実体を具備しているか否かによって決すべきものであり，主観的に贈与税回避の目的があったとしても，客観的な生活の実体が消滅するものではないから，上記の目的の下に各滞在日数を調整していたことをもって，現に香港での滞在日数が本件期間中の約3分の2（国内での滞在日数の約2.5倍）に及んでいる上告人について前記事実関係等の下で本件香港居宅に生活の本拠たる実体があることを否定する理由とすることはできない。

③　このことは，法が民法上の概念である「住所」を用いて課税要件を定めているため，本件の争点が上記「住所」概念の解釈適用の問題となることから導かれる帰結であるといわざるを得ず，他方，贈与税回避を可能にする状況を整えるためにあえて国外に長期の滞在をするという行為が課税実務上想定されていなかった事態であり，このような方法による贈与税回避を容認することが適当でないというのであれば，法の解釈では限界があるので，そのような事態に対応できるような立法によって対処すべきものである。

■ 13-3　居住者の範囲拡大

　結局，住所は，単一・客観主義により生活の本拠を判定しますが，その判定基準は，職業，家族，財産，滞在日数及び社会通念などを総合的に勘案するという方法が採られます。

　ユニークな事例では，遠洋まぐろ漁船の乗組員の住所が争点となった東京地裁平成21年1月27日判決においても，この考えは踏襲されていました。

　本事案の争点は，まぐろ漁で1年の大半を海上で過ごす遠洋漁業船に乗り込む船員の住所はどこにあるのか，という点でした。裁判所の結論は，納税者らは，いずれも所得税法上の居住者に該当し，納税者らは，国外で稼働した対価

として外国法人から得た給与についても，わが国で納税義務を負うというものでした。本事案の場合は，納税者らにはいずれも国内に生計を一にする家族があり，土地家屋を保有し，国内にいる間はそこで家族と共に過ごしていました。したがって，納税者らが居住者と判定されたのは，当然といえます。

ただ，国内に家族や家財を有しない単身者の場合や国外の漁港を基地として漁業に従事する場合には，客観的事実に基づく判定も必要とされるでしょう。極論かもしれませんが，仮に各国の主権が及ばない公海上での操業に従事することから，納税義務が発生しないという主張を納税者がしたならば，従前の諸判定基準との比較検討がどうなったか興味深いといえます。

しかし，この事案では，納税者らは台湾法人に雇用されていることから，台湾での課税を主張していました。裁判所は，事件当時は台湾との租税条約が未締結であることから，居住者の判定に影響を及ぼさないとしています。

ところで，現在，上場企業の役員報酬額が公開されるようになりました。週刊誌の報道ですが（『週刊現代』平成22年7月31日号），高額の報酬を得ている外国人役員が非居住者であることから，20％の所得税のみの税負担であることへの批判があります。家族が海外居住であるとか，在日期間が短いというのが根拠とされているようです。役員の住所の判定には，常勤性の論議も必要であり，内国法人の責任ある地位の役員をわが国の居住者と規定することは，その対象を上場企業の役員に限るなら，容易な措置といえなくもないと思います。そうなるとこの事案で，納税者の主張した，いわゆる雇用法人帰属説も強ち空論ではないような気がします。

参考判例（13－2）【住所の判定】

東京地判平成21年1月27日・平成20年（行ウ）第419号他
（『税務訴訟資料』259号順号11126）

【概　　要】

遠洋まぐろ漁船の乗組員が「居住者」に該当するとされた事例

【判決要旨】

① 法令で人の住所について法律上の効果を規定している場合，反対の解釈をすべき特段の事由のない限り，その住所とは，各人の生活の本拠（民法22条）をいい，ある場所がその者の住所であるか否かは，社会通念に照らし，その場所が客観的に生活の本拠たる実体を具備しているか否かによって判断されるべきである。

② 所得税法上の「住所」の意義について民法22条の「住所」と異なる解釈をすべき特段の事由があるとは認め難いことからすれば，所得税法の「住所」の意義は，社会通念に照らし，その場所が客観的に生活の本拠たる実体を具備しているか否かによって判断されるべきである。この点につき，所得税基本通達2－1は，「法に規定する住所とは各人の生活の本拠をいい，生活の本拠であるかどうかは客観的事実によって判定する。」と規定しているのは，これと同趣旨であると解され，その取扱いには合理性があると認められる。

③ 納税者らは，所得税法上の「住所」は，課税根拠である所得の発生源泉がどこに存在するかを重視して判断すべきであると主張するが，所得税法に規定する「住所」であるからといってそのように解すべき理由に乏しく，採用することはできない。

④ 遠洋漁業船など長期間国外で運航する船舶の乗組員は，通常その船舶内で起居し，その生活の相当部分を海上や外国において過ごすことが多いと考えられるところ，その者の生活の本拠が国内にあるかどうかの判断に当たっても，国内の一定の場所がその乗組員の生活の本拠の実体を具備しているか否かを，その者に関する客観的な事実を総合考慮し，社会通念に照らして判断するべきである。具体的には，その乗組員が生計を一にする配偶者や家族の居住地がどこにあるか，その乗組員が，船舶で勤務している期間以外の時期に通常滞在して生活をする場所がどこにあるかなどの客観的な事実を総合して判断することが相当であると解される。所得税基

本通達3-1が,「船舶又は航空機の乗組員の住所が国内にあるかどうかは,その者の配偶者その他生計を一にする親族の居住している地又はその者の勤務外の期間中通常滞在する地が国内にあるかどうかにより判定するものとする。」と規定しているのは,上記と同趣旨をいうものと解され,その取扱いには合理性があると認められる。

⑤　納税者らは,台湾の法人に雇用されて給与の支払を受けていることから,台湾で給与所得に課税されている可能性もある。しかし仮に,納税者らが台湾で居住者として取り扱われていたとしても,我が国と台湾は租税条約を締結していないから,租税条約の実施に伴う所得税法,法人税法及び地方税法の特例等に関する法律6条の規定が適用されて原告が我が国で非居住者とみなされることはなく,納税者らが我が国の居住者であるか否かの判定に影響を及ぼすものではない。

⑥　納税者らは,それぞれ住民登録をしている地に土地建物又は建物を所有し,そこに生計を同一にする家族が居住し,納税者らは,まぐろ漁船から降りて我が国に滞在するときは,相当期間,そこで家族と一緒に生活をしており,また,近隣の銀行の支店に,給与の振込みや各種支出のために利用する銀行口座を有しているなど,上記で認定した各客観的事実を総合考慮して,社会通念に照らして判断するならば,まぐろ漁船は納税者らにとって勤務場所であり,生活の本拠は生計を同一にする家族が居住するそれぞれの住宅の所在地であると解するのが相当である。

⑦　納税者らは,納税者らには,前掲の所得税法施行令15条1項1号の規定,すなわち,国外に居住することとなった個人が,国外において継続して1年以上居住することを通常必要とする職業を有する場合には,その者は,国内に住所を有しない者と推定するとする規定が適用されると主張する。

しかしながら,上記規定は,国外に居住することになった個人について,いかなる場合に国内に住所を有しない者と推定するかについて規定したも

> のであり，そもそも上記のとおり我が国に住所を有する居住者であると認められる納税者らについて，上記の推定規定が適用される余地はない。

■ 13－4 居住者と租税条約

　租税条約の目的の一つは，二重課税の防止です。わが国の居住者は，海外で得た所得も課税対象となりますが，その所得を得た国において課税されることも当然，あり得ます。わが国で得た所得とこの海外での所得を合算して，わが国で納税申告する場合に，海外で納税した納税額が二重課税となってしまいます。これを避けるために，わが国の税制には，外国税額控除の制度があります。ただ，いうまでもないことですが，租税条約が締結されていることが前提となります。

　この問題を提起した事例として，台湾に延べ約110人の社員が出張した日本IBM社の例がありました（『読売新聞』平成16年4月8日）。台湾とは租税条約を締結していないことから，台湾政府に納税した約1億円が外国税額控除の対象とならないという話でした。海外で一度にこれほど多くの日本人が納税を迫られたケースは，極めて異例と報道されていました。

　わが国と台湾の経済，文化の緊密な交流，そして東日本大震災の折にもたらされた大きな支援を考えれば，台湾と租税条約を結んでいないことは，憂慮すべき事実でした。すでに紹介した，遠洋まぐろ漁船の乗組員の住所が争点となった事例における裁判所の判断でも台湾との租税条約未締結は言及されていました。ところが，今般，台湾との租税協定が締結され（『日経新聞』平成27年11月18日），それに伴い平成28年度税制改正で国内法の整備がされることになりました。

　なお，住所が争点となり，その解決が租税条約をもとに政府間で交渉された事例として，世界的なベストセラー「ハリー・ポッター」の翻訳者，松岡祐子さんの35億円申告漏れ騒動があります（『朝日新聞』平成18年7月26日）。申告

漏れという見出しは誤解を招きますが，争点は，松岡さんがわが国の居住者か，スイスの居住者かということですから，松岡さんが脱税したという話ではありません。報道は，スイスでの納税はわが国に納税すべきではないかということで，わが国とスイスの国税当局が協議中という内容です。これは，わが国とスイスと租税条約を締結しているため政府間協議が行われたわけですが，結果として，スイスでの納税は認められなかったとされています（『日経新聞』平成19年6月12日）。

■ 13－5 租税条約と留学生

　学術・文化・芸術の交流促進も租税条約の目的の一つですが，具体的にいえば留学生等についても免税の措置を取っています。

　ただ，留学生に対する課税についての議論が少ないことが気になります。いわゆる留学生とは，学校教育法に規定される大学，短期大学などに入学するために留学ビザで在留している外国人学生をさします。留学生の場合は，締結している相手国により対応が様々ですが，租税条約により所得税や住民税の免除規定が適用されることがあります。

　一例を挙げるならば，日中租税条約では，留学生の租税を免除するとしていますから，法定労働時間との兼ね合いもありますが，俗な言い方をすればいくら稼いでも課税されません。

　ただし，実際は給与所得を前提としていますから，所得税を源泉徴収しないことで免除は実施されます。手続上は，中国人留学生を雇用する源泉徴収義務者が，所轄税務署に「租税条約に関する届出書」を提出しなければなりません。

　住民税は，さらに混乱します。源泉徴収の場合は，まったく痛税感がありませんが，住民税の納付書が届いたところで，免税になることに気が付く留学生も出てきます。地方自治体は，機械的に給与支払報告書をもとに税額を算出しているだけですから，解決はできません。源泉徴収義務者による過誤納の手続

に頼るしか途はないのです。

　もっとも，租税条約の趣旨に鑑み，独自に住民税を免除している地方自治体はあります。例えば，極めて古い自治省税務局長通知（昭和40年6月10日自治府第62号・市町村税条例研究会編集「コンメンタール市町村税条例（例）」㈱ぎょうせい，265頁）は，租税条約の免除対象税目に住民税が含まれていない場合でも，住民税も非課税とする内容です。この通知などは，免除の根拠として相応しいかもしれません。これは，租税条約の持つ学術・文化・芸術の交流促進の理念にそった施策といえるでしょう。

第14講

所得計算と所得控除

●●●●●●●●●●●●●●●●●●●●●●●●●●●●●●●●●●●●●●●

　所得税の計算は，所得の種類に応じて，①総合課税制度，②申告分離課税制度，③源泉分離課税制度による課税方法がありますが，原則として総合課税の方式を採用しています。所得税の税率は，課税所得金額に応じて5％から45％の7段階に区分されています。これを累進税率といいます。本講では，所得計算の概要について説明します。

■ 14－1　所得の種類と課税方法

　所得税の計算は，1年単位（暦年）で算定しますが，具体的な方法としては，所得の種類に応じて，①総合課税制度，②申告分離課税制度，③源泉分離課税制度による課税方法があります。

①　総合課税制度

　総合課税制度とは，確定申告により，他の所得と合算して所得税を計算する制度です。所得税は，原則として総合課税の方式を採用しています。

②　申告分離課税制度

　申告分離課税制度とは，確定申告により，他の所得と分離して所得税を計算する制度です。例えば，山林所得，土地建物等の譲渡による譲渡所得，株式を譲渡したことによる所得，一定の先物取引に係る所得等が申告分離課税となっています。

③ 源泉分離課税制度

　源泉分離課税制度とは，他の所得とは関係なく，所得を受け取るときに一定の税額が源泉徴収され，それですべての納税が完結する制度です。利子，配当給与の各所得が該当しますが，給与所得の場合は，12月に支給される1年の最後の給与支払時に所得税の過不足の精算が行われます。これを年末調整といいますが，年末調整ができなかったときは，確定申告で精算することになります。

■ 14－2　所得税の計算方法

所得税の基本的な計算の流れは，次のようになります。

① 各種所得の収入金額
② 各種所得の計算
　各種所得の収入金額から必要経費等を差し引き，各種所得の区分ごとに所得金額を算出します。
③ 課税所得金額の計算
　各種所得の金額の合計額から，損益通算，純損失と雑損失の繰越控除を行って課税標準を計算し，その金額から所得控除額を差し引いて課税所得金額を計算します。
　所得税法では，所得控除の制度を設けています。
　これは，所得税額を計算するときに各納税者の個人的事情を加味しようとするためです。
　それぞれの所得控除の要件に当てはまる場合には，各種所得の金額の合計額から各種所得控除の額の合計額を差し引きます。所得税額は，その残りの金額を基礎として計算されます。
　所得控除の種類は，次のとおりです。
　雑損控除，医療費控除，社会保険料控除，小規模企業共済等掛金控除，

生命保険料控除，地震保険料控除，寄附金控除，障害者控除，寡婦（寡夫）控除，勤労学生控除，配偶者控除，配偶者特別控除，扶養控除，基礎控除

なお，非居住者の場合の所得控除は，雑損控除，寄附金控除，基礎控除の3種です。

④ 所得税額の計算

課税所得金額に税率を乗じて所得税額を算出します。

⑤ 申告納税額の計算

算出した所得税額から各種税額控除，源泉徴収税額，予定納税額を差し引いて，納付（還付）税額が確定します。

⑥ 所得税の税率

所得税額の計算は，課税所得金額に税率を乗じて所得税額を算出しますが，所得税の税率は，課税所得金額に応じて5％から45％の7段階に区分されています（分離課税に対するものなどを除く）。これを累進税率といいます。

累進税率は，課税の公平を実現するために考えられたもので，高所得者の税負担をより重くし，低所得者層の税負担をより軽くし，全体として所得を再分配するために用いられています。

⑦ 確定申告

確定申告とは，所得税の納税義務を確定させる手続であり，通常，納税義務者の自主的な申告によって確定することを原則とする方法です。納税義務者は，法定期限までに申告書を提出し，租税を納付することになりますが，全て自主的に行われるため，講学的には民主的な制度とされています。原則というのは，納税義務者が申告をしなかった場合や申告内容に誤りがある場合などには，課税庁の更正・決定という処分によって申告の補正が行われることがあるからです。

申告納税制度は，太平洋戦争後に導入された制度です。納税者の立場からすれば，自主申告といっても複雑多岐に渡る租税法規を駆使することは素人では難しいことは明らかですから，矛盾する事柄も少なくありません。

■ 14－3　配偶者の意義

いわゆる103万円の壁といわれ，女性の社会進出の妨げの一つに挙げられていた配偶者控除の改革は，消費税の軽減税率論議で平成28年度税制改正では先延ばしになりました。その配偶者控除の根幹となる配偶者の意義については，いわゆる事実婚や夫婦別姓議論の進展により，所得税法に配偶者の定義規定がないことから，改めて審議されたことがありました。

名古屋地裁平成7年9月27日判決は，所得税法上の配偶者の意義について，民法の規定に基づく婚姻届を提出した，いわゆる法律婚をした者を配偶者と判示しています。

裁判所は，配偶者については，民法と同じ意義を採用したことになります。民法においては，届出をすることにより婚姻の効力が生ずると規定していますが，所得税法では，これと別意に解することについて明文の規定はありません。私法と別意に解すべきことが租税法規に明文化されている場合，又はその趣旨から明らかな場合を除いては，私法と同じ意義に解すべきことはあります。いわゆる借用概念の解釈ですが，借用概念の解釈から離れて，いわゆる事実婚と税制の視点から考えてみると，興味深いことも事実です。結局，制度の枠として事実婚と称しているわけであり，その結果，税制上も枠外におかれることは当然ということになるでしょう。

配偶者控除の趣旨から考えると，事実婚とはいえ，実際の扶養にかかる担税力の減少を考慮することができない点で問題があるという指摘もあります。

今後，法改正により夫婦別姓制が法定化されるならば，税制上の変更を待つことになりますが，すでに配偶者控除の廃止の方向で議論されて進んでいます。配偶者控除が廃止になれば，所得税法上で配偶者の意義を検討する余地はなく

なるかもしれません。

名古屋地判平成7年9月27日・平成7年（行ウ）第12号
（『訟務月報』44巻6号1015頁）

【概　　要】
配偶者の意義と婚姻制度の合憲性が争点となった事例

【判決要旨】
① 所得税法は，ここでいう「配偶者」について定義規定を置いていないが，身分関係の基本法たる民法は，婚姻の届出をすることによって婚姻の効力が生ずる旨を規定し（739条1項），そのような法律上の婚姻をした者を配偶者としている（725条，751条等）から，所得税法上の「配偶者」についても，婚姻の届出をした者を意味すると解すべきことになる。

② 憲法24条1項は，婚姻は両性の合意のみに基づいて成立すると規定するが，婚姻の方式として届出を要するとすることは，要件の欠けた婚姻の発生を防止するとともに婚姻の成立を公示するための制度として，十分に合理性を有しているということができるから，憲法24条1項は，法律が婚姻の方式として届出を要するものとすることを妨げるものではない。

③ 憲法14条は，不合理な差別を禁止する旨の規定であるところ，法律が婚姻の方式として届出を要するとすることには，右のとおり十分な合理性があり，婚姻の届出をした配偶者やその者との間の子を有する者について配偶者や子に関する所得控除が認められ，婚姻の届出をしていない事実上の配偶者やその者との間の子を有する者に右所得控除が認められないとしても，そのことは，右のような婚姻の方式に届出を要する制度をとった以上やむを得ないことであるということができるから，それをもって不合理な差別ということはできない。

④ 婚姻の届出をしていない事実上の配偶者やその者との間の子を有する者に，配偶者や子に関する所得控除を認めなくとも，直ちに健康で文化的な最低限度の生活を営むことができるなるわけではない上，婚姻の届

出をしていない事実上の配偶者やその者との間の子を有する者に配偶者や子に関する控除が認められないことは，右のとおり合理性を欠くものではない。したがって，憲法25条に違反することはない。

参考判例（14−1）【配偶者の意義】

同様な見地から，寡婦控除の対象となる寡婦の意義が問題になりました。

寡婦控除は，そもそも，太平洋戦争によって夫を失った未亡人が，所得を得て残された子供などを養っていくためには，亡夫の家族との関係など様々な場面においてその他の者と比較して追加的な負担を要するであろうことから，税制上優遇すべきであるという理由で，昭和26年に設けられた制度です。

納税者が，「戸籍法上，婚姻はしていないが，事実婚をして離婚もしている」と主張した事例で，国税不服審判所は，平成19年2月26日裁決で納税者の主張を否定しています。

確かに，「戸籍に記録されている事項の全部を証明した書面及び住民票によれば，納税者は，戸籍法上の夫の記載がなく，また婚姻及び離婚の届出があったとの記載はない」ということでした。同居又は同棲は，今日的な表現では事実婚であり，その解消を離婚というかはともかく，所得税法が前提とする婚姻又は離婚とは，社会通念上，婚姻届及び離婚届という法的手続きを経た場合に限定した定義といえるでしょう。

参考事例（14−2）【寡婦控除の意義】

> **国税不服審判所平成19年2月26日裁決**
> （『裁決事例集』73集226頁）
>
> 【概　　要】
> 　いわゆる事実婚であった場合には，寡婦控除が認めらなかった事例
>
> 【裁決要旨】
> 　① 「夫と死別し若しくは夫と離婚した後婚姻をしていない者又は夫の生死の明らかでない者」，あるいは「夫と死別した後婚姻をしていない者

又は夫の生死の明らかでない者」に該当することが「寡婦」たる要件の一つとされているところ，ここにいう「夫」の意義については，所得税法及び租税特別措置法において格別の定義規定が設けられていないことからすれば，身分法の基本法たる民法が定める婚姻関係（以下「法律婚」という。）にある男子を意味するものと解するのが相当である。

② 納税者は，母子法及び生活保護法には事実婚を認める規定もあるから，納税者の各年分の寡婦控除は認められるべきである旨主張し，母子及び寡婦福祉法6条《定義》1項及び生活保護法による保護の実施要領には，事実婚の配偶者を法律婚の配偶者と同様に取り扱うものとする旨が定められているが，これらは，事実婚と法律婚とを同様に取り扱うこととする特別の定めであるから，それらの定めが存在することをもって，納税者が主張するように解することはできない。

③ 納税者が，戸籍上，婚姻をしていた事実はなく，法律婚にあったことはなかったと認められるため，その余の要件について判断するまでもなく，納税者は寡婦に該当しないことになるため，寡婦控除を適用することはできない。

■ 14－4　雑損控除の趣旨

　所得控除のなかに，居住者等の有する資産について災害又は盗難若しくは横領による損失が生じた場合に，その一定額を所得から控除する雑損控除の制度があります（所法72）。この雑損控除の趣旨は，災害，盗難，横領という納税義務者の意思に基づかない災難による損失が発生した場合に，租税負担の公平の見地から，その損失により減少した担税力に即応させ，課税するものです。そのため，一定の範囲で，納税者の負うべき責任の範囲も考慮され，いわば自己責任が求められるような行為や結果は，雑損の対象とならないとされています。

災害については，震災，風水害，火災のほか（所法2①二七），自然現象の異変による災害，人為による異常な災害，生物により異常な災害などが挙げられています（所令9）。いわば人間の力では対抗できない現象を指していますが，当然，納税者の責任も問われません。

　納税者が，自宅建物の取壊しに伴い支払ったアスベスト除去工事費用及びアスベスト分析検査試験費を，雑損控除の対象として，確定申告をしたのに対し，課税庁が，除去費用等は雑損控除の対象とはならないとした事例があります。

　納税者は，建物に吹き付けアスベストが使用されていたことを納税者が認識したのは，建物が解体されたときであり，通常の生活をしている限り，およそ一般人であれば発見・認識できない状態にて吹き付けアスベストが使用されており，なお，実際に，納税者も建物の解体時までアスベストを含有しているとは知らなかったということです。つまり，納税者は，アスベストに対する世間一般の危険性の認識の変化，吹き付けアスベストの使用が建物の建築当時何ら禁止されていなかったにも関わらず，数十年もの年月が経過した後に撤去義務まで課されるようになったこと等の経緯を捉えて通常あり得ないと主張しました。

　大阪地裁平成23年5月27日判決は，雑損控除の適用を否定しています。裁判所は，納税者が主張する「災害」に該当するかどうかは，所得計算上考慮しないことが不合理であるかどうかという妥当性の判断に大きく左右されることとなり，課税行政の明確性，公平性の観点を著しく損なうと指摘しています。

　ただ，アスベストの弊害が表面化し，危険視されることになったのは最近のことです。アスベストの使用が建物の建築当時何ら禁止されていなかったにも関わらず，数十年もの年月が経過した後に撤去義務まで課され，それを履行するための経済的負担が救済されないとなると，解体工事に係る経済的負担を回避する思惑が納税者に涌くことも否定できません。

参考判例（14－3）【雑損控除の意義】

大阪地判平成23年5月27日・平成21年（行ウ）第134号
（『訟務月報』58巻10号3639頁）

【概　　要】
　納税者が自宅建物の取壊しに伴い支払ったアスベスト除去工事費用は，雑損控除の対象とはならないとされた事例

【判決要旨】
　①　建物は，昭和50年5月頃に建築が開始され，昭和51年に竣工したものであること，建物には，建築部材の一部にクリソタイル（白石綿）が0.6パーセント含まれていたことの事実が認められる。これらの事実及びアスベスト（石綿等）に関する規制に照らせば，本件において納税者の損失（除去費用等の支出又はこれに相当する建物価値の下落）の原因としては，〔1〕建物の建築施工業者が建築部材を使用して建物を建築したこと及び〔2〕建物の建築後アスベスト（石綿等）に関する規制が行われたことを考えることができる。

　②　建築施工業者が本件建築部材を使用して建物を建築したことに関しては，建築部材は，昭和50年又は昭和51年当時，労働安全衛生法等の各法令において規制の対象とはされておらず，これを建築部材として使用することは何ら違法ではなかったことが認められる。この点に加え，納税者が，建築施工業者に対し，建築部材又はアスベストを含有する建材の使用を拒否したといったような特段の事情もうかがわれないことからすると，建物の建築工事において本件建築部材を使用することは，建築請負契約の内容に含まれていたか，少なくとも，包括的に建築施工業者の選択に委ねられていたと解するのが相当である。そうすると，建築施工業者が建築部材を使用して建物を建築したこと（その結果建物にアスベストが含まれていたこと）は，建築請負契約又は納税者の包括的委託（承諾）に基づくものであって，納税者の意思に基づかないことが客観的に明らかな，納税者の関

与しない外部的要因を原因とするものということはできない。

③　建物が建築された当時，アスベストを含む建築部材の使用は法的に何ら問題はなかったのであるから，予測及び回避の可能性，被害の規模及び程度，突発性偶発性（劇的な経過）の有無などを詳細に検討するまでもなく，建築施工業者が本件建築部材を使用して本件建物を建築したことが社会通念上通常ないということはできず，上記原因に異常性を認めることもできない。

建物の建築後アスベスト（石綿等）に関する規制が行われたことに関しては，建築部材など一般に用いられていたアスベスト（石綿等）について，人体に与える有害性が判明したことに伴い，解体建物周辺への飛散や解体労働者の曝露を防止するべく，公共の福祉の観点から法的な規制が行われたものであり，そのような公共のために必要な規制がされたことについては，建物の建築後に規制が行われた経緯等を考慮しても，社会通念上通常ないことには該当せず，これを異常な災害であると認めることはできない。

④　納税者は，「建物にアスベストが含まれていたこと」が災害である旨主張するが，「建物にアスベストが含まれていたこと」は納税者の損失を構成する結果の一部であって原因ではなく，これを前提に原因としての人為による異常な災害の該当性を判断することはできない。仮に「建物にアスベストが含まれていたこと」が納税者の損失の原因であると考えれば，上記原因は単なる現象であって人の行為ではなく人為性を有するものではないし，また，アスベストを含む建築部材は一般に広く用いられていたのであり，社会通念上通常ないし異常な災害といえるようなものでもない。

⑤　建物にアスベストが含まれていたこと（建物の建築施工業者が建築部材を使用して建物を建築したこと及び建物の建築後アスベスト（石綿等）に関する規制が行われたこと）が，所得税法施行令9条にいう「人為による異常な災害」に該当するということはできず，本件における納税者の損失が「人為による異常な災害」により生じたものということができな

い以上，雑損控除の適用に関する原告の主張は採用することができない。

■ 14-5　医療費控除の範囲

　医療費控除は，還付税額は決して高額とはいえませんが，所得税還付申告における中心的な存在として位置することはいうまでもありません。所得税法は，医療費について，73条2項で「医師又は歯科医師による診療又は治療，治療又は療養に必要な医薬品の購入その他医療又はこれに関連する人的役務の提供の対価のうち通常必要であると認められるものとして政令で定めるものをいう」と定義しています。これを受け，所得税法施行令207条は，医療費控除の対象費用を例示していますが，税務の取扱いでは，介護費用を中心に対象となる医療費の適用範囲が緩和され，拡大される傾向にあります（所基通73-1以下）。

　昭和25年に創設された医療費控除は，病気治療に対して経済的負担が大きかった時代にできた制度であり，生活に大きく影響を及ぼす医療費の負担を改善すべく設けられたものでした。しかし現在では，高齢化社会に係る老人医療費とは別に，介護という制定当初に想定していなかった問題に直面しています。

　確かに，介護費用として施設等に支払った費用については，医療費控除の対象となる部分は，領収証の中で区分して表示されるようになっています。そうはいっても，介護のように医療の周辺サービスに関する費用について，医療費控除の対象となるかどうかの判断は難しいものがあります。

　もっとも，疲労回復，健康増進，生活改善などに効果があるとされるマッサージ（リラクゼーション），サプリメント，健康補助食品，眼鏡や補聴器などの器具に係る費用や通院費用について，控除対象となる医療費に該当するかどうかの解釈も相変わらず誤解されています。これらの拡大解釈は，納税者自身の意図的なものも少なくありませんが，同時に医療関係者の誤解や事業者の販売対策も見え隠れすることも否定できません。そのため税務相談等で混乱することが多いのですが，制度の趣旨を法令及び通達に基づいて説明することは

重要であると考えます。

参考判例（14－4）【医療費控除の対象費用】

> 横浜地判平成16年10月20日・平成15年（行ウ）第49号
>
> （『税務訴訟資料』254号順号9785）
>
> 【概　　要】
>
> 　屈折異常の矯正を目的とする眼鏡等の購入費用が医療費控除の対象にならないとされた事例
>
> 【判決要旨】
>
> 　①　医療費控除制度は治癒可能な心身の機能の低下を回復させるために必要となる医療上の経済的支出に対する措置である。近視，乱視等の屈折異常の矯正を目的とする眼鏡・コンタクトレンズの装用は，眼の本来の機能の回復を図る治療としてするものではなく，日常生活に支障がないようにその低下した機能を補正するためのものということができる。よって，その購入費用は医療費には該当しない。
>
> 　②　屈折異常の矯正を目的とする眼鏡・コンタクトレンズの装用のためにされる医師による眼の検査は，基本的には健康診断に類似する性質のものというべきであって，眼の機能の低下を回復させるために行われる治療行為，ないし診察行為に該当するものではないから，その対価である検査費は医療費には該当しない。納税者は，眼科医の検査，眼鏡・コンタクトレンズの購入費用は基本通達73－3（1）に規定する「医師等による診療等を受けるための医療用器具当の購入」の費用に該当する旨主張するが，屈折異常の矯正を目的とする眼鏡等の装用のための検査や処方は医師等による診療等には該当しないものであるから，当該購入費用は上記規定の対象ではないというべきである。

　近視・乱視等の屈折異常の矯正を目的とする眼鏡等を，医療費控除の対象とすると明文化した規定はありません。平成元年に，厚生省及び国税庁の通達により，治療用の眼鏡の購入費用が医療費控除の対象とされ，疫病名が明記され

て，該当する場合は医師による処方箋を確定申告書に添付することとされました。これにより，治療用でない眼鏡は医療費控除の対象外となったと考えられるようになりました。

　医療費控除の趣旨は，多額で臨時的な支出が納税者の担税力を減殺するため，その調整を目的とするものです。確かに眼鏡等の購入自体は治療行為ではなく，現状の医療費控除の対象には含まれないと考えられます。しかし，眼鏡の価格は，カメラなどのレンズ製品と比べて高額な製品であることを考えると，治療用眼鏡以外にも，一定以下の視力の人には眼鏡も医療費控除の対象とすべきではないとも感じます。

■ 14－6　住宅ローン控除

　住宅ローンを利用してマイホームの新築，取得，増改築等をした場合で，一定の要件を満たすときは，その住宅ローン等の年末残高の合計額に応じて所得税額から控除する「住宅借入金等特別控除」又は「特定増改築等住宅借入金等特別控除」の適用を受けることができます。いわゆる住宅ローン控除といわれる制度です。正確には所得控除ではなく税額控除に該当しますが，この住宅ローン控除は，庶民感覚からすれば最も身近な節税対策であり，住まいを購入する際の誘因として重要な位置を占めています。住宅ローンによる減税政策は，年度により適用要件に変遷がありますが，適用範囲も拡大傾向にあります。

　東京地裁平成10年2月26日判決は，マンションのような区分所有建物について住宅ローン控除を適用するにあたり，床面積の算定を，不動産登記法上の内法計算法によって行うべきか，建築基準法上の壁心計算方法によって行うべきかが争点となった珍しい事例があります。納税者の主張は排斥されてしまいましたが，マイホーム購入という人生最大ともいえるの買い物をする際に，住宅ローン控除の適用を前提として資金計画を立てているのならば，慎重かつ細心な検討が必要であることを教訓的に示しています。

参考判例（14-5）【住宅ローン控除】

東京地判平成10年2月26日・平成9年（行ウ）第72号
（『判例タイムズ』1000号275頁，最高裁HP）

【概　要】
住宅ローン控除の対象となる家屋の床面積基準の面積算定方法が争点となった事例

【判決要旨】
納税者らは，建築基準法上，区分所有建物の床面積は壁心計算法により計算されており，床面積を表す場合には1棟の建物，区分所有建物を問わず壁心計算法によるのが一般の慣行である旨主張する。しかしながら，建築基準法及びその関係法規は，建築物の敷地，構造，設備及び用途に関して守られるべき最低の基準を定めるための法規であり，境界壁その他の境界部分の所有関係など区分所有権の範囲を規律することを念頭においたものではないから，建築基準法施行令2条1項3号が床面積の算定方法として壁心計算法をとっているからといって，区分所有建物の専有部分の床面積の算定を壁心計算法により行うべきであるということはできない。また，前示のとおり，不動産登記上は，内法計算法により区分所有建物の床面積の算定が行われているのであって，この事実をみただけでも，建物の取引全般を通じて，床面積を表す場合に一棟の建物，区分所有建物を問わず壁心計算法によるのが一般の慣行になっているとは認め難い。

納税者らは，内法計算法による床面積は，建物が完成後に初めて計算できるものであり，新築マンションの分譲が建物完成前に行われることから，床面積の計算を内法計算法により行うものとすると，購入時に当該区分所有建物が住宅取得控除の適用対象となるか否かが確定的に判断できないという不都合が生じる旨主張するが，マンションの完成前であっても，その設計図面等から内法計算法によるおおよその床面積を知ることは可能と認められるのであって，原告らの指摘する不都合は，法施行令26条1項2号

の解釈，運用を考える上で特段の配慮を要すべきものとは認められない。
　内法計算法は，区分所有建物の専有部分の床面積の算定方法として合理的なものであり，不動産登記においても区分所有建物の床面積の算定方法として内法計算法が採用されていることにかんがみれば，課税実務において，法施行令26条1項2号の区分所有建物の床面積を内法計算法によって算定することとしているのは，右規定の解釈，運用として妥当なものというべきである。

第15講

源泉徴収制度

●●●●●●●●●●●●●●●●●●●●●●●●●●●●●●●●

　本講では，源泉徴収制度について検討します。源泉徴収は，支払金額を対象とすることから課税標準の把握が的確に行われ，徴税が確実であり，徴税コストが軽減されますが，源泉徴収義務者の負担も大きい制度といえます。

■ 15－1　源泉徴収制度の意義

　所得税法は，利子所得，配当所得，給与所得及び退職所得について，それぞれ源泉徴収義務を規定しています。源泉徴収の対象となる所得の支払をした者は，法令の定めに従って所得税を徴収してこれを国に納付すべき義務を負うことになりますが，前提としてその納税義務は，申告納税方式による国税の場合における納税者の申告，それを補正するための税務署長等による更正・決定，賦課課税方式による国税の場合の税務署長等の賦課決定のような行為を経ることなく，法令に従いその所得の支払の時に成立するものとされています。同時に特別の手続を要しないで，納付すべき税額が確定することになります。

　源泉徴収は，支払金額を対象とすることから課税標準の把握が的確に行われ，徴税が確実であり，徴税コストが軽減されるなど，源泉徴収義務者の負担と比較考量した場合に，課税庁にとって都合のいい制度といえるかもしれません。

　所得税が申告納税制度を採用するという原則から考慮するならば，給与所得においては，いわば租税の前払い的徴収である源泉徴収が，他の所得と比べて不公平感をあおるという批判がある一方，いわゆる痛税感が薄れるという見解

もあります。

　この痛税感がないため，特に給与所得者の場合は，納税者の意識が希薄となり，例えば租税の使途に対しても無関心となる弊害を生むという指摘もあることを忘れてはいけません。

■ 15－2　源泉徴収と法律関係

　源泉徴収制度の下では，課税権者（国），源泉徴収義務者（支払者）及び源泉納税義務者（納税者・受給者・受取人）の三者が関係者として構成されます。この三者の関係については，国と直接の関係に立つものは支払者であって，本来の所得税納税義務者である受給者は，制度上も法律上も国と直接の関係に立つものではないと理解されています。したがって，納税義務者は，国に対して直接納税義務を負わず，いわば第三者である源泉徴収義務者が徴収及び納付の義務を有することになるわけです。そのため，納税義務者ではない第三者を徴収義務者として負担を課すという源泉徴収制度に対して，様々な憲法論議もなされてきました。

　最高裁昭和37年2月28日判決は，その嚆矢とされる判例ですが，源泉徴収制度の合憲性を容認しています。憲法14条法の下の平等，18条奴隷的拘束及び苦役からの自由，29条財産権等，様々な角度から源泉徴収制度の合憲性を否定する主張を続けた源泉徴収義務者に対し，最高裁は源泉徴収制度が能率的である点，所得の種類や態様の差異に応じた差別の合理性などを理由に，源泉徴収制度は合憲であると判示したのです。

参考判例（15－1）【源泉徴収制度の合憲性】

> 最判昭和37年2月28日・昭和31年（あ）第1071号
> （『最高裁刑事判例集』16巻2号212頁・最高裁HP）
> 【概　　要】
> 源泉徴収制度が憲法に違反しないと判断された事例

【判決要旨】

① 源泉徴収制度は，給与所得者に対する所得税の徴収方法として能率的であり，合理的であって，公共の福祉の要請にこたえるものといわなければならない。これすなわち諸国においてこの制度が採用されているゆえんである。かように源泉徴収義務者の徴税義務は憲法の条項に由来し，公共の福祉によって要請されるものであるから，この制度は所論のように憲法29条1項に反するものではなく，また，この制度のために，徴税義務者において，所論のような負担を負うものであるとしても，右負担は同条3項にいう公共のために私有財産を用いる場合には該当せず，同条項の補償を要するものでもない。

② 所得税法中源泉徴収に関する規定は，憲法14条に違反し無効であると主張する。そして論旨は先ず勤労所得者が事業所得者に比して徴収上差別的取扱を受けることを非難するが，租税はすべて最も能率的合理的な方法によって徴収せらるべきものであるから，同じ所得税であっても，所得の種類や態様の異なるに応じてそれぞれにふさわしいような徴税の方法，納付の時期等が別様に定められることはむしろ当然であって，それ等が一律でないことをもって憲法14条に違反するということはできない。

③ 所得税法は，給与の支払をなす者が給与を受ける者と特に密接な関係にあって，徴税上特別の便宜を有し，能率を挙げ得る点を考慮して，これを徴税義務者としているのである。この義務が，憲法の条項に由来し，公共の福祉の要請にかなうものであることは，すでに論旨第一について上述したとおりである。かような合理的理由がある以上これに基いて担税者と特別な関係を有する徴税義務者に一般国民と異る特別の義務を負担させたからとて，これをもって憲法14条に違反するものということはできない。

④ 論旨第三は，所得税法中源泉徴収に関する規定は憲法18条に違反し無効であると主張する。しかし源泉徴収義務者の徴税事務に伴う負担をもって，所論のように，苦役であり奴隷的拘束であると主張するのは明ら

> かに誇張であって，あたらないこと論をまたない。

　確かに，徴税方法として源泉徴収制度は効率的ですが，中小零細企業にとっては，負担が大きいことも事実です。最高裁同様，課税庁勝利となった控訴審判決においても，事務分量の増加や金銭上の損失といった徴税義務者の負担は，堪えられない程のものとはいえないと判示していますが，この判断がすべての徴税義務者の実情に即しているかについては疑問が残ります。

　裁判所のいうように，「徴収義務者にしても，給与の支払をなす際所得税を天引しその翌月10日までにこれを国に納付すればよいのであるから，利するところは全くなしとはいえない」ことは，大企業における源泉徴収税額の巨大さを考慮すればうなずけます。しかも，給与の支払を受ける者が常時10人未満の源泉徴収義務者には，年２回まとめて納付できる源泉所得税の納期の特例制度が設けられています。この裁判所の論理からすれば，この制度の適用を受けている中小零細企業においては，半年間の資金運用という利点が生かされることも事実でしょう。

　しかし，国税滞納において，預り金である源泉所得税に滞納が目立つことも最近の傾向です。徴税の効率化が最大の目的である源泉徴収も経済事情の悪化には勝てないということでしょうが，このことは納税意識や意欲の変化であることも留意しなければなりません。

　納税意識といえば，給与所得者への確定申告導入の論議も興味ある問題といえます。従来の課税公平論とは異なり，源泉徴収が納税意識の低下や無関心をもたらしていることからの反省としての確定申告導入論があります。給与所得者に痛税感を持たせるという発想と痛税感のない効果を標榜してきた源泉徴収との相克が，今後の展開でどうなるか注目したいと考えます。

　ところで，源泉徴収義務者は，いわば国がすべき徴税事務を肩代わりしているにも関わらず，国と受給者の間に存在するに給与支払者は，両者に対して重い責任が課せられます。同時に国は，源泉徴収に誤りがあった場合に，直接，納税義務者である受給者に対して是正責任がありません。

まさしく源泉徴収は，本来の受益者である国にとって，効率的な徴税制度といっても過言ではありません。中小零細企業では，社会保険料とともに源泉所得税の滞納も増加傾向にあることは事実ですが，支払者に資力がない場合であっても，受給者は，債権者代位（民法423）の方法により，支払者に代位して国に対し過大に徴収・納付された源泉所得税の返還を請求しうると解されるため，受給者の権利救済の途は，十分とはいえないが一応存在します。

納税者（給与受給者）が退職した後に支給を受けた金員等について，会社側は給与所得として源泉徴収を行い，これを国に納付したが，納税者は，本件金員等を確定申告において一時所得として申告し，源泉徴収額を記載してその一部の還付を求めた事例があります。争点は，納税者（給与受給者）が会社に源泉徴収された金額を，確定申告手続によって，国に対し直接還付を求めることができるか否かですが，最高裁平成4年2月18日判決は，源泉所得税の納税に関して，給与受給者が確定申告の際に源泉所得税の徴収・納付に係る過不足額の清算を行うことを否定しています。

参考判例（15－2）【源泉徴収義務者と受給者】

> 最判平成4年2月18日・平成2年（行ツ）第155号
> （『最高裁民事判例集』46巻2号77頁・最高裁HP）
> 【概　　要】
> 源泉徴収制度における給与支払者と受給者の法律関係を明示した事例
> 【判決要旨】
> ①　所得税法120条1項5号にいう「源泉徴収をされた又はされるべき所得税の額」とは，所得税法の源泉徴収の規定に基づき正当に徴収をされた又はされるべき所得税の額を意味するものであり，給与その他の所得についてその支払者がした所得税の源泉徴収に誤りがある場合に，その受給者が，右確定申告の手続において，支払者が誤って徴収した金額を算出所得税額から控除し又は右誤徴収額の全部若しくは一部の還付を受けることはできないものと解するのが相当である。

②　源泉所得税の徴収・納付に不足がある場合には，不足分について，税務署長は源泉徴収義務者たる支払者から徴収し，支払者は源泉納税義務者たる受給者に対して求償すべきものとされており，また，源泉所得税の徴収・納付に誤りがある場合には，支払者は国に対し当該誤納金の還付を請求することができ，他方，受給者は，何ら特別の手続を経ることを要せず直ちに支払者に対し，本来の債務の一部不履行を理由として，誤って徴収された金額の支払を直接に請求することができるのである。

　③　源泉所得税と申告所得税との各租税債務の間には同一性がなく，源泉所得税の納税に関しては，国と法律関係を有するのは支払者のみで，受給者との間には直接の法律関係を生じないものとされていることからすれば，前記源泉徴収税額の控除の規定は，申告により納付すべき税額の計算に当たり，算出所得税額から右源泉徴収の規定に基づき徴収すべきものとされている所得税の額を控除することとし，これにより源泉徴収制度との調整を図る趣旨のものと解されるのであり，右税額の計算に当たり，源泉所得税の徴収・納付における過不足の清算を行うことは，所得税法の予定するところではない。

　④　給与等の支払を受けるに当たり誤って源泉徴収をされた（給与等を不当に一部天引控除された）受給者は，その不足分を即時かつ直接に支払者に請求して追加支払を受ければ足りるのであるから，右のように解しても，その者の権利救済上支障は生じないものといわなければならない。

■ 15－3　源泉徴収義務者の責任

　源泉徴収制度では，源泉徴収義務者に居住者・非居住者という課税についての根本的な判断に関する責任を課しています。確かに，外国人等を雇用する場合には，この居住者・非居住者の判断は，源泉徴収税額に差が生じることから，慎重な対応が必要となります。もっとも，通常は，給与支払者である源泉徴収

義務者は，受給者から提出された，「扶養控除等申告書」に基づき扶養親族等の人数を確認して，源泉徴収税額を算出する。この手続きを履行していれば，源泉徴収義務者として責任は全うされることになります。

これについて判示された事例があります。納税義務者は輸出貿易業を営む法人ですが，受給者は代表取締役であり，その事業の性質上，ヨーロッパ，アメリカ及びアジア等国外の多くの都市に短期間滞在していました。納税義務者の提出した申告書にある香港についても，年間で5日間しか滞在しておらず，代表取締役は，国内外の滞在日数を総合して見れば，その生活の本拠は国内であったわけですが，そのことを当然，源泉徴収義務者は熟知していたはずです。

大阪高裁平成3年9月26日判決は，源泉徴収義務者である法人は，その義務を通じてこれらの事実を当然に把握しているため，納税義務者が居住者か非居住者かの実質的な判断を行えると示しています。ただ，会社の規模，従業員の人数，その事業の性質の如何によっては，必ずしも容易に判断できるとはいえない場合もあるような気がします。

参考判例（15－3）【源泉徴収義務者の責任】

大阪高判平成3年9月26日・平成2年（行コ）第33号

（『税務訴訟資料』186号635頁）

【概　　要】

扶養控除等申告書の記載内容について，源泉徴収義務者の責任が指摘された事例

【判決要旨】

①　所得税法は，給与所得について源泉徴収すべき所得税額の算出の基礎とされる居住者の扶養控除等について，「支払者は，扶養控除等申告書に規定する控除対象配偶者……の有無及びその数に応ずる税額」を源泉徴収すべき旨を規定し（同法第185条1項1号），また，右申告書は，受給者が所轄税務署長に対して提出するところ（同法194条），「支払者がこれを受理した日に当該税務署長に提出されたものとみなされる。」と規定して

いる（同法198条）から，源泉徴収義務者たる支払者は，受給者が提出した申告書について形式的審査義務は負うが実質的審査義務までは負わず，右要件の充足について実質的に調査する権限を全く有しておらず，受給者から提出された扶養申告書に記載された内容に応じて計算した金額を源泉徴収すべきものとされている。

② 支払者は，受給者の申告に従って扶養親族等に該当するものとして扶養控除等をして納付している限り，後に税務署長の調査等により扶養親族等に該当しないことが判明したため，納税告知を受けたとしても，この告知にかかる税額を法定納期限までに納付しなかったことについて正当な理由があると解される。

③ 所得税法上，納税義務者が居住者か非居住者によって課税の方法が異なっているが，居住者か非居住者の区別については，右のような規定がないうえ，支払者は，通常，義務を通じて受給者の国内外の滞在状況，勤務形態，国内外における住所等について把握しているから，実質的な判断をなすことが可能であって，これをさせたとしても不合理とはいえないから，受給者が居住者か非居住者かは，源泉徴収義務者として支払者において判断すべきものであり，支払者の右判断にあたって，受給者の申告が有力な参考資料となるとしても，これに従っていたことのみをもって，不納付につき正当な理由があるとはいえないものというべきである。

15-4　源泉徴収義務違反の実際

　源泉徴収義務に対する責任の所在について，例えば，組織なのか個人なのかという議論があります。地方自治体の担当者の源泉徴収義務が問われた事例は，組織における管理者の管理責任が，税務の領域で検討された珍しい内容でした。

　当時，静岡県では，県の出納長が受け入れた退職教員の退職手当に係る源泉徴収税を，法定納期限日までに納付できるように払出通知する業務を専決処理

していた財務課長が，その払出票の起案を補助職員に任せていました。ところが，当該補助職員が法定納期限日を過ぎても払出票を起案しなかったため，納付が遅れ，県が延滞税及び不納付加算税を納付する結果となりました。これについて，この損害を賠償する責任が財務課長にあるとして，県の住民が財務課長を被告として訴訟を提起したのがこの事例です。

訴えの根拠となる地方自治法243条の2第1項は，支出や支払の権限を有する職員又はその権限に属する事務を直接補助する職員が，故意又は重大な過失により法令の規定に違反して当該行為をしたこと又は怠ったことにより地方公共団体に損害を与えた時には，その損害を賠償する責任があるとする規定です。

最高裁平成20年11月27日判決は，源泉所得税の納付に係る払出通知が遅滞したことについて，財務課長に重大な過失があったとまでは認められないとして，賠償責任を否定しました。課長の過失を認定し，約2,900万円を命じた東京高裁平成19年4月19日判決を破棄しました。

裁判所が指摘するように，確かに退職手当に係る源泉徴収は，給与等と異なり月例的な業務ではないため，過失が生じやすいことは否定できません。この事例は，自治体管理職の責任については，その責任の度合いが不明瞭であることが多いことから，曖昧にされてきましたが，巨額な加算税の賦課がその重さを如実に表しているといえます。

参考判例（15－4）【源泉徴収義務違反】

> 最判平成平成20年11月27日・平成19年（行ヒ）第215号
> （『判例時報』2028号26頁・最高裁HP）
> 【概　　要】
> 　県教育委員会事務局財務課長に対する退職教員の退職手当に係る源泉所得税の納付遅延に対する加算税の相当額の賠償責任を否定した事例
> 【判決要旨】
> 　①　地方自治法243条の2第1項後段の規定する予算執行職員等の損害賠償責任は，故意又は重大な過失により違法に「当該行為をしたこと又は

怠ったこと」に基づく責任であるから，その責任が生ずるためには，予算執行職員等自身が故意又は重大な過失により違法な行為をし又は違法に職務を怠ったと認められることが必要であり，予算執行職員等は，これに該当しない職員の補助を受けてその職務の執行をする場合においても，その補助職員が違法な行為をしたこと又は違法に職務を怠ったことにつき，当然に自らの行為と同視されてその責任を問われるものではない。

② 財務課の所掌事務は，約2万7,000人の教職員の人件費全般に関する事務を始め，県教育委員会事務局及び教育機関の予算の執行に関する事務に広く及ぶもので，財務課長が指揮監督すべき職員は26名であったというのであるから，その事務内容，事務量や課の規模からして，財務課長が通常の業務について個々の文書の起案の時期等をその都度部下に指示することまではせず，その処理を各担当の部下に任せていたことは，特に非難されるべきことではない。

③ 源泉所得税の納付に係る払出通知に関する事務は財務課の通常の業務に属するところ，それまで，財務課においては，払出通知が遅滞したために源泉所得税の納付が法定納期限後となる事態に至ったことはなかった上，この通知の事務にかかわる部下は3名がいたというのであるから，そのいずれもが同年4月1日に着任したばかりであったことを考慮しても，上記3名全員がこれを怠り法定納期限を徒過する事態が発生することは，財務課長において容易には想定し難いことであったというべきである。そうすると，財務課長がわずかに注意さえすれば上記事態を予測し，これを未然に防止するための措置を講ずることができたものということは困難である。

■ 15-5　源泉徴収税額の計算方法

　通常は，給与所得における源泉徴収が一般的ですが，弁護士や税理士の報酬支払いや，ホステス報酬，原稿料においても，所得税法は，報酬や原稿料の支払者に源泉徴収義務を課しています。このホステス報酬に対する源泉徴収税額の計算方法が争点となった事例があります。

　クラブを経営する納税者は，毎月1日から15日まで及び毎月16日から月末までをそれぞれ1集計期間と定め，各集計期間ごとに各ホステスの報酬の額を計算し，毎月1日から15日までの報酬を原則としてその月の25日に，16日から月末までの報酬を原則として翌月の10日に，各ホステスに対してそれぞれ支払っていました。納税者は，ホステスに対して半月ごとに支払う報酬に係る源泉所得税を納付するに際し，当該報酬の額から，所得税法205条2号，所得税法施行令322条所定の控除額として，5,000円に上記半月間の全日数を乗じて計算した金額を控除するなどして源泉所得税額を計算し，その金額に近似する額を各法定納期限までに納付していました。

　本事案の争点は，同法施行令322条にいう「当該支払金額の計算期間の日数」とは，各集計期間のうち各ホステスの出勤日数か，それとも各集計期間の全日数かということです。通常，ホステス報酬に対する源泉徴収額は，(支払額－控除額)×10％で算出しますが，1日から15日までの15日間のうち10日勤務したホステスに報酬を支払う場合の控除額は，出勤日数なら5千円×10日，全日数なら5千円×15日となります。課税庁は，ホステスの本件各集計期間中の実際の出勤日数が同法施行令322条の「当該支払金額の計算期間の日数」に該当すると主張していました。

　最高裁平成22年3月2日判決は，「期間」とは，ある時点から他の時点までの時間的隔たりといった時的連続性を持った概念と認識することで，「当該支払金額の計算期間」も，当該支払金額の計算の基礎となった期間の初日から末日までという時的連続性を持つと考え，各集計期間の全日数が，「当該支払金

額の計算期間の日数」に該当すると判示しています。

 ホステス報酬の計算根拠は，いわゆる体験入店のように日払い計算をする場合はともかく，通常は時給・日給を基礎に一定期間における勤務日数を掛けて報酬額を算出しています。この事案では，この一定期間は，1日から15日，16日から末日に区分していますが，月単位で計算するほうが一般的とも考えらます。しかし常勤というより，アルバイト感覚の勤務者も多いことから，税務の慣習的な発想では，控除の基礎となる集計期間を出勤日数とすることはありがちでした。その意味で本事案は画期的な判断といえます。ただ，気になることは，最高裁判決後もしばらくの間，国税庁ホームページにあるタックス・アンサーの記載内容が変更されていなかったことです。

参考判例（15-5）【源泉徴収税額の計算方法】

最判平成22年3月2日・平成19年（行ヒ）第105号
（『判例時報』2078号8頁・最高裁HP）

【概　　要】
 所得税法施行令322条にいう「当該支払金額の計算期間の日数」は，ホステスの実際の稼働日数ではなく，当該期間に含まれるすべての日数を指すとした事例

【判決要旨】
 ①　一般に，「期間」とは，ある時点から他の時点までの時間的隔たりといった，時的連続性を持った概念であると解されているから，施行令322条にいう「当該支払金額の計算期間」も，当該支払金額の計算の基礎となった期間の初日から末日までという時的連続性を持った概念であると解するのが自然であり，これと異なる解釈を採るべき根拠となる規定は見当たらない。
 ②　租税法規はみだりに規定の文言を離れて解釈すべきものではなく，控訴審のような解釈（筆者注：後述・経費性控除）を採ることは，文言上困難であるのみならず，ホステス報酬に係る源泉徴収制度において基礎控

除方式が採られた趣旨は，できる限り源泉所得税額に係る還付の手数を省くことにあったことが，立法担当者の説明等からうかがわれるところである。

　③　ホステス報酬の額が一定の期間ごとに計算されて支払われている場合においては，同法施行令322条にいう「当該支払金額の計算期間の日数」は，ホステスの実際の稼働日数ではなく，当該期間に含まれるすべての日数を指すものと解するのが相当である。

　④　納税者は，本件各集計期間ごとに，各ホステスに対して１回に支払う報酬の額を計算してこれを支払っているというのであるから，本件においては，上記の「当該支払金額の計算期間の日数」は，本件各集計期間の全日数となるものというべきである。

第16講

事業概念と事業所得

●●

　事業の概念は，日常的な用語として漠然としながらも理解されていますが，所得税法の領域でも，事業の概念について，その目的に応じた範囲が示され，課税が行われています。本講では，所得税における事業の概念とその対象について検討し，あわせて事業所得の算出方法について考えます。

■ 16－1　事業所得における事業概念

　すでに第10講で説明しましたが，事業及び事業所得について，概略を再掲してみます。
　所得税法は，事業所得については，事業から生じる所得と定義し（所法27①，所令63），具体的には，農業，林業及び狩猟業，漁業及び水産養殖業，鉱業（土石採取業を含む），建設業，製造業，卸売業及び小売業（飲食店業及び料理店業を含む），金融業及び保険業，不動産業，運輸通信業（倉庫業を含），医療保健業，著述業その他のサービス業と例示的に示したうえで，最後にその他「対価を得て継続的に行う事業」と例示しています。
　同時に所得税法は，「居住者の営む不動産取得，事業所得又は山林所得を生ずべき事業の用に供される……」（所法51①）と規定していることから，所得税法の下における事業は，事業所得の対象を超えた広義の概念で考えています。
　一般的には，対価を得て継続的に行う事業とは，自己の計算と危険において営利を目的として継続的に行われる経済的活動であって，同時に事業としての

社会性・客観性を持ち，必ずしも特定の設備・施設や組織体であることを有する必要はありませんが，社会通念に照らして事業と認められるものであると考えられています。さらに事業の概念については，納税者にとって本来の職業として，生計維持の唯一もしくは最大の手段であることを必要としない，つまり副業であっても構わないという見解がある一方で，事業では，相当程度の期間継続して安定した収益を得られる可能性が必要という指摘もあります。

　事業所得における事業概念を考える場合に，他の所得との比較検討をすることは，当然行われます。事業の主体性から考慮するならば，事業所得は，「使用者の指揮命令に服して提供した労働の対価として使用者から受け取る給付」といわれる給与所得と異なる，という見解は一般的な比較です。

　例えば，株式売買益が事業所得に該当するか否かについて千葉地裁平成3年6月19日判決は，「一般社会通念に照らし，営利性，有償性の有無，継続性・反復性の有無のほかに事業としての社会的客観性の有無が問われなければならず，この観点からは，その取引の種類，取引におけるその者の役割，取引のための人的・物的設備の有無，資金の調達方法，取引に費やした精神的，肉体的労力の程度，その者の職業，社会的地位などの諸点が検討されなければならない」と判示しています。

参考判例（16－1）【事業所得の意義】

> 千葉地判平成3年6月19日・平成1年（わ）第1455号
>
> （『税務訴訟資料』203号1667頁）
>
> 【概　　要】
>
> 　株式売買益が事業所得ではなく雑所得と判断された事例
>
> 【判決要旨】
>
> 　①　株式売買益が事業所得に該当するか否かは，一般社会通念に照らし，営利性，有償性の有無，継続性・反復性の有無のほかに事業としての社会的客観性の有無が問われなければならず，この観点からは，その取引の種類，取引におけるその者の役割，取引のための人的・物的設備の有無，資

> 金の調達方法，取引に費やした精神的，肉体的労力の程度，その者の職業，社会的地位などの諸点が検討されなければならない。
> ②　各証拠によれば，(1)納税者は特殊鋼材等の販売等を目的とする，株式会社及び損害保険等の代理業務等を目的とする株式会社の代表取締役として，日々両社の職務を遂行していたこと，(2)納税者及び株式会社の取締役である納税者の妻の両名が同社から受け取る収入により，納税者及びその家族は生活していたこと，(3)納税者は，株式売買益の大部分を再び株式を購入するための資金として証券会社に留保し，一部は当時交際していた女性への手当て等に費消したこと，(4)被告人は，原則的に自己資金で株式取引を行っており，信用取引で購入した株式を現引きするときには，自己名義で銀行から借入れた金員を用いていたこと，(5)右株式会社及び株式会社も代表者たる被告人の注文により株式取引を行っていたが，その資金繰り，株券の保管及び預り証の受け渡しは，納税者以外の役員や従業員が行っており，納税者の資金と会社の資金とが混同することはなく，納税者は個人の株式取引に関し，会社の資金を用いていないことが認められ，また全証拠からしても，納税者が個人として右株式取引を反復継続して行うための人的物的設備が存在するとは認められないことなどを考慮すれば，本件株式売買益は事業所得ではなく雑所得であると解するのが相当である。

結局，社会通念という見地は，いわゆる税務の感覚からは，職業や商売として世間に認知される経済的活動・行為を事業と理解することになると思われ，また，「継続性」の判断については，世間に受け入れられるまでのある程度の期間を要することと想像ができます。

最近の支払側の経理処理が，雇用か請負かが争点となった事例において，東京地裁平成19年11月15日判決は，受領した従業員自身が給与所得者か事業所得者かの判断で，裁判所は，「各支払先が各自に割り当てられた作業をさらに下請させたこと，各支払先がさらに労働者等を使用していたこと，Ａ社における作業のほかに兼業をしていたこと，店舗，事務所又は営業所等を有していたこ

と，会計帳簿等を作成していたこと，ペンチ，ナイフ及びドライバー等のほかに営業用の資産を有していたこと，いわゆる屋号を有していたことなどの事情が存在したことをうかがわせる主張立証はない」から雇用関係にあると指摘しています。つまり，言い換えるならば，これらの事業用施設，屋号，備品・器具などを事業所得者は具備しているという認識です。

ただ，時代の変化が敏速に流れる現代社会のこの認知と期間の判断については，社会通念でいう社会をどの階層・年代に設定するかで差異が生じることは明らかです。また法人と異なり，個人という立場で，容易に新規に参入し撤退ができる形態ですから，既存の例では判断しにくい，まさしくニュー・ビジネスも日々，出てくると思われます。

参考事例（16－2）【外注費の性格】

東京地判平成19年11月16日・平成18年（行ウ）第213号

（『税務訴訟資料』257号順号10825）

【概　　要】

給与所得と事業所得の差異と態様が争点となった事例

【判決要旨】

①　業務の遂行ないし労務の提供から生ずる所得が所得税法上の事業所得（同法27条1項，同法施行令63条12号）と給与所得（同法28条1項）のいずれに該当するかを判断するに当たっては，租税負担の公平を図るため，所得を事業所得，給与所得等に分類し，その種類に応じた課税を定めている所得税法の趣旨及び目的に照らし，当該業務ないし労務及び所得の態様等を考察しなければならず，当該業務の具体的態様に応じて，その法的性格を判断しなければならない。

②　判断の一応の基準として，事業所得とは，自己の計算と危険において独立して営まれ，営利性及び有償性を有し，かつ反覆継続して遂行する意思と社会的地位とが客観的に認められる業務から生ずる所得をいい，これに対し，給与所得とは，雇用契約又はこれに類する原因に基づき使用者

の指揮命令に服して提供した労務の対価として使用者から受ける給付をいうものと区別することが相当であり、給与所得については、とりわけ、給与支給者との関係において何らかの空間的又は時間的な拘束を受け、継続的ないし断続的に労務又は役務の提供があり、その対価として支給されるものであるかどうかが重視されなければならない。

■ 16－2　事業所得における収入の範囲

　いうまでもなく事業所得の収入の範囲は、営んでいる事業において収受する金銭ということになります。事業とは何であるかは、納税者自身が認識しているはずですから、通常ならば計上漏れがない限り、解釈で混乱することはないでしょう。

　ところが、この事業所得を構成する収入の範囲が話題になったことがありました。当事者が芸能人であったことから、テレビのワイドショーでも大きく取り上げられていましたから記憶に新しいのですが、落語の9代目「林家正蔵」（平成19年4月）と歌舞伎18代目「中村勘三郎」（平成19年5月）の名跡襲名披露の際に受け取った祝儀の計上漏れです。この二人は、それぞれ歌舞伎俳優と落語家という個人事業主ということになります。その仕事に必要な名称、いわば企業名を取得したお祝いですから、当然、その収入は事業上の収入金となります。テレビのワイドショーでは、コメンテーターと称する人たちが、「お祝い金も税金がかかる」と述べていました。一方、祝儀を支払った側は、交際費として経費に計上できるかは、ケース・バイ・ケースといえるでしょう。

■ 16－3　不動産所得における事業と業務

　例えば、資産損失の必要経費算入（所法51①）、貸倒損失の必要経費算入（所法51②）、青色事業専従者給与の必要経費算入（所法57①②）、青色申告特

別控除の計上（措法25の2）に関する規定には，「不動産所得を生ずべき事業……」，「不動産所得を生ずべき業務……」，「当該事業に係る不動産所得の金額を……」などの表現がみられます。すなわち，不動産所得の計算においては，事業の概念とは別に業務という概念が存在します。結論からいえば，支出する費用を必要経費として計上できる範囲を限定するために事業と業務という区分が設けられているといえるでしょう。

この業務に関する定義は明確ではありませんが，「事業に準ずるもの……は，事業と称するに至らない不動産又は船舶の貸付けその他これに類する行為で相当の対価を得て継続的に行うものとする」（措令25②）という規定から，この事業に準ずるものが業務の概念に該当するものと思われます。

したがって，不動産所得では，収入の対象となる不動産等の規模に応じて事業と業務に区分しているわけですが，その判定の際にはいわゆる5棟10室基準が用いられることは知られています。

つまり，税務の取扱いでは（所基通26－9），建物の貸付が不動産所得を生ずべき事業として行われているかどうかは，社会通念上事業と称するに至る程度の規模で建物の貸付けを行っているかどうかにより判定すべきですが，次に掲げる事実のいずれか一つに該当する場合又は賃貸料の収入の状況，貸付資産の管理の状況等からみてこれらの場合に準ずる事情があると認められる場合には，特に反証がない限り，事業として行われているものとされます。

① 貸間，アパート等については，貸与することができる独立した室数がおおむね10以上であること。
② 独立家屋の貸付については，おおむね五棟以上であること。

社会通念として判断という前提を残していますが，この5棟10室基準という形式基準を充たしていればほぼ無条件で，事業的規模と判定されることになります。

そのため，賃借料の収入の状況や貸付資産の管理状況等からみて5棟10室に準ずる場合にも事業的規模と判定される余地があるにも関わらず，ほとんど形式基準で機械的に処理されることに，長年，論議が行われてきました。特に，

青色申告特別控除の制度が導入されて以来，この事業規模の判定は，例年行われる通常の所得計算にも影響を及ぼすこととなります。

　もっとも，東京地裁平成7年6月30日判決は，この5棟10室程度の規模に至らない不動産貸付けが直ちに社会通念上事業に当たらないということもできないというべきである，と判示していますが，これは当然の見解だと思います。

参考判例（16－3）【不動産所得における事業性】

> **東京地判平成7年6月30日・平成5年（行ウ）第157号**
> （『行政事件裁判例集』46巻6・7号659頁・最高裁HP）
> 【概　　要】
> 5棟10室基準の形式性について言及した事例
> 【判決要旨】
> 　①　不動産所得を生ずべき事業といえるか否かは，営利性・有償性の有無，継続性・反復性の有無，自己の危険と計算における企業遂行性の有無，その取引に費やした精神的・肉体的労力の程度，人的・物的設備の有無，その取引の目的，その者の職歴，社会的地位・生活状況などの諸点を総合して，社会通念上事業といい得るか否かによって判断されるべきものと解さざるを得ない。
> 　②　課税庁は，不動産貸付けの規模を中心としてその事業性が判断されるべきであるとも主張するかのようであり，特例通達も，社会通念上事業と称するに至る程度の規模で貸付けを行っているかどうかにより事業性の有無を判定すべきものとしているところである。しかしながら，貸付けの規模は，その貸付けを反復継続して遂行する社会的地位やこれに費やす労力の程度を左右する一つの要素ではあり，その限りで，貸付け規模の大小自体を基準とする本件通達の一応の合理性を肯認することができるというべきであるが，社会通念上事業に当たるか否かは，前記のとおりの諸要素を総合考慮して判断されるべきものであり，専らその規模の大小によってのみ，事業性の判断がされるべきものとは解し得ないというべきである。

③ 特例通達がいわゆる５棟10室という形式基準を満たすとき等には，その貸付けが事業として行われていたものとする旨規定するのも，課税実務上比較的容易に認定し得る貸付けの規模という要素をもって，一定以上の規模を有することを形式的な基準として，これを満たせば，事業として行われていたものとするという十分条件を定めたものにすぎないというべきであり（そのこと自体は，課税庁も自認するところである。），これをもって，専ら貸付け規模の大小をもって，社会通念上の事業といえるか否かを判断しなければならないものというべきではなく，また，５棟10室程度の規模に至らない不動産貸付けが直ちに社会通念上事業に当たらないということもできないというべきである。

■ 16－4　必要経費の概念

　必要経費という言葉は，税法の領域以外でも日常的に使用されますが，所得税法で示される必要経費の概念と範囲は，極めて限定されたものといえるかもしれません。所得税法では，「その年分の不動産所得の金額，事業所得の金額又は雑所得の金額の計算上必要経費に算入すべき金額は，別段の定めがあるものを除き，これらの所得の総収入金額に係る売上原価その他当該総収入金額を得るため直接に要した費用の額及びその年における販売費，一般管理費その他これらの所得を生ずべき業務について生じた費用（償却費以外の費用でその年において債務の確定しないものを除く。）の額とする」と規定しています（所法37①）。

　なかでも事業所得の必要経費は，法人税法の規定と本質的には差異はないものと考えられ，個々の費目も法人所得計算上の損金と，ほぼ一致するといっていいでしょう。もっとも，法人が専ら営利を追求し事業を遂行するのに比べ，個人の場合は，事業による所得の追求と同時に消費経済の担い手として家庭生活を営んでいるので，個人が支出する費用を，事業所得の計算上，必要経費と

して認定する際には，収益の対応がかなり厳しく解釈される傾向にあります。この場合に，事業所得における必要経費に関する基本的な考え方は，事業について生じた費用，すなわち業務との関連性が要求されるとともに，同時に，業務の遂行上必要であるという必要性が要件となるものと考えられます。

したがって，東京地裁平成6年6月24日判決が示すように，「必要経費に算入されるのは，それが事業活動と直接の関連を有し，当該業務の遂行上必要なものに限られるべきであり，それ以外の費用は，家事費に該当し，必要経費には算入されないというべきである」ことになります。

参考判例（16－4）【必要経費の論理】

> 東京地判平成6年6月24日・平成4年（行ウ）第169号
> （『税務訴訟資料』201号542頁）
> 【概　　要】
> 　所得税法上の必要経費の範囲について明示された事例
> 【判決要旨】
> 　所得税法37条1項は，その年分の事業所得の計算上必要経費に算入すべき金額は，右所得の総収入金額に係る売上原価その他当該総収入金額を得るため直接要した費用の額及びその年における販売費，一般管理費その他これらの所得を生ずべき業務について生じた費用の額とする旨規定している。右規定に照らせば，業務を営む者が支出した費用のうち，必要経費に算入されるのは，それが事業活動と直接の関連を有し，当該業務の遂行上必要なものに限られるべきであり，それ以外の費用は，家事費（同法45条1項）に該当し，必要経費には算入されないというべきである。

所得税法の規定する必要経費は，「業務について生じた費用」であり，業務との関連性が問われます。この業務関連性を文字どおり解釈すれば，業務に関連して支出されたもののすべてですが，かなり広範な概念となってしまいます。

一方，業務関連の範囲を業務遂行上に不可欠な支出と厳密に定義づけるとするならば，当然，狭義なものとなります。この解釈の範囲については，いうま

でもないことですが，所得税法37条１項の解釈であり，個人という法人とは異なる特殊性からその判断基準はケース・バイ・ケースとならざるを得ないでしょう。

と同時に，この業務関連性についての立証責任は，申告納税制度の下では，当然，納税者に帰することになります。この場合に，もっとも身近な立証方法は領収書の保存と提示でしょう。少なくともわが国では，取引の証として，領収書のない取引は考えられません。企業間の取引では，見積書・契約書・注文書・納品書・領収書と一連の書面が整理されることが望ましいでしょうが，最終的に領収書があれば，期日・金額・支払先が明確になり，また納税者にとっても備忘的な資料としての意義も出てきます。いずれにしても，領収書がないということは，もちろん紛失もあり得ますが，取引自体が存在しないと疑われても仕方がないといえるでしょう。

橋下徹・前大阪市長の申告漏れ騒動は，記憶に新しいのですが，「芸能活動に伴う飲食代などの一部について，領収書がないまま経費に計上」（『毎日新聞』平成18年５月23日夕刊）と報道されています。

■ 16－5　必要経費と家事関連費

事業活動が明確に分離できる法人と異なり，事業を営む個人には，日常の生活にともなう支出，いわゆる家事費もあります。そのため同一の支出の中に，必要経費と家事費が混在する家事関連費の存在を忘れてはなりません。

すでに述べたように，所得税法の規定する必要経費は，「業務について生じた費用」であり，業務との関連性が問われます。もっとも，「業務について生じた費用」といっても，これだけではいかにも不十分な表現であり，その解釈にあたってはいかようにも考えられます。そして所得税法では，家事費及び家事関連費の必要経費への算入を認めていません（所法45④）。

家事費について法は定義していませんが，その意義は，家計費，生活費と称されるような日常生活における衣食住に関わる支出をはじめとして，その社会

的，精神的，文化的生活を営む上で必要とされる費用と理解すればいいでしょう。ただし，政令では，家事費であっても，「業務の遂行上必要であり，かつ，その必要である部分を明らかに区分することができる場合」や，青色申告者で，「取引の記録等に基づいて」，「業務の遂行上直接必要であったことが明らかにされる部分」は，それぞれ必要経費に算入できるとしています（所令96）。これが，家事関連費といわれるものです。

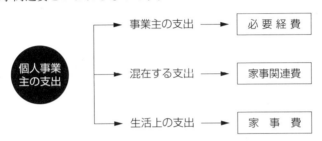

そうはいっても，家事関連費は，支出の中に，必要経費的支出と家事費的支出が交錯・混在しその区分が明確ではないため，政令が求めるような境界線を容易に引きにくい費用があることも事実です。

この点について税務の取扱いでは，「主たる部分」又は「業務の遂行上直接必要であったことが明らかにされる部分」は，業務の内容，経費の内容，家族及び使用人の構成，店舗併用の家屋その他の資産の利用状況等を総合勘案して判定するとしています（所基通45-1）。また，「主たる部分が事業所得などが生ずべき業務の遂行上必要」であるかどうかは，その支出する金額のうち当該業務の遂行上必要な部分が50％を超えるかどうかにより判定するものとしていますが，当該必要な金額が50％以下であっても，その必要である部分を明らかに区分することができる場合には，当該業務の遂行上必要であった金額に相当する金額を必要経費に算入して差し支えないとしています（所基通45-2）。

つまり，家事費のなかで，業務の遂行上必要な部分の金額でその部分の金額を明らかに区分できれば，その部分の金額は必要経費に算入できるということになります。しかしながら，区分の方法に関する法令の説明は不十分であるため，納税者の誤解を招くことは少なくありません。確かに，一律に判断できな

い問題であるため，全てを網羅・例示することができません。結局，具体的な事例で検討することになると思われます。

■ 16－6　家事費と必要経費の区分割合

　家事費と必要経費を区分する割合としては，客観的・合理的な区分を容易にする基準が必要ですが，その最たるものが面積按分といえます。個人事業は小規模ですから，多くの場合に事業主の居宅と事業用の店舗・工場・作業場が一つの家屋で併用されていることが多いのです。そのため，居宅部分と事業用部分の面積が明確に区分できる場合には，この面積を区分割合に用いることは有益でしょう。

参考判例（16－5）【家事費・家事関連費】

> 東京高判平成11年8月30日・平成11年（行コ）第47号
> （『税務訴訟資料』244号432頁）
>
> 【概　　要】
> 家事費・家事関連費の性格と境界が判断された事例
>
> 【判決要旨】
> 　①　納税者は，本件建物はその全体が質屋営業の設備であって，その支払賃料は原則的に質屋営業の収入を得るために直接必要な経費であって，家事関連費ではなく，また，仮に右支払賃料が家事関連費であるとしても，家事関連費として右支払賃料から控除すべきものは，本件建物の2階及び1階の台所，浴室，トイレとその前の廊下部分に対応する支払賃料に限られるべきであり，その割合は面積割合だけでなく，金銭的評価割合をも考慮すれば，右支払賃料の10パーセントを上回ることはない旨主張する。
> 　②　しかしながら，賃借している建物が事業用のみならず，家事用としても供されている場合，支払賃料の全額を事業所得の金額の計算上必要経費に算入することができないことは当然であり，そして，家事関連費とし

> ての支払賃料が事業所得の金額の計算上必要経費として認められるためには，当該費用が事業と何らかの関連があるというだけでは足りず，それが事業の遂行上必要なものであり，かつ，その必要な部分の金額が客観的に明らかでなければならず，そのためには，事業専用割合を求め，自宅兼事業所全体に占めるその面積割合によって支払賃料を按分して必要経費となる金額を算出すべきである。
> ③ 課税庁は，右の方法に従い，本件建物の面積比から事業専用割合（43.18パーセント）を求め，支払賃料に右割合を乗じて事業所得の金額の計算上必要経費となる支払賃料を算出したものであって，課税庁の行った右の措置は合理的なものとして是認されるべきである。

家事関連費の問題で話題になる支出に，交際費があります。法人税の分野では，所得の計算上，交際費等の計上を制限しています（措法61の4①）。この場合の交際費等とは，「交際費，接待費，機密費その他の費用で，法人が，その得意先，仕入先その他事業に関係のある者等に対する接待，供応，慰安，贈答その他これらに類する行為のために支出するものをいう」（措法61の4③）と定義しており，税法上の交際費等の範囲は，社会通念上の概念より幅広くなっています。

法人が支出した交際費等であっても，これを損金として認めないことにより，その支出を抑制して冗費・濫費の防止を図るという政策上の目的から，交際費等の損金不算入について規定しています。この趣旨は，多分に政策課税として，景気対策等にも活用されていることは知られています。

この交際費等の定義は，所得税の分野における交際費の概念と法人税法におけるそれとでは，本質的に差異はないと考えます。

和歌山地裁昭和50年6月23日判決は，個人事業の交際費については，租税特別措置法による規制もなく，要は，交際や接待の相手方，理由等からみて，専ら当該業務の遂行上の必要から支出されたものと認められるか否かを基準として判断すべきものであり，その支出のいかなる部分が直接取引の成立にかかわ

るものと認められるかという事実認定の問題である、と判示しています。

参考判例（16－6）【個人の交際費】

> 和歌山地判昭和50年6月23日・昭和43年（行ウ）第3号
> （『税務訴訟資料』82号45頁）
>
> 【概　　要】
>
> 個人の交際費の経費性について言及した事例
>
> 【判決要旨】
>
> ①　交際接待費について、課税庁はその支出の2分の1を必要経費と認定しているが、本件のような個人事業の交際費については、租税特別措置法による規制もなく、要は、交際や接待の相手方、理由等からみて、専ら当該業務の遂行上の必要から支出されたものと認められるか否かを基準として判断すべきものであり、その支出のいかなる部分が直接取引の成立にかかわるものと認められるかという事実認定の問題である。
>
> ②　本件の場合、事業とはいっても、特に営業組織があるわけではなく、また関係帳簿が整備されていた事情も窺われない状況であり、家事関連費用との混同の可能性も大きいのであって、このような事情よりすれば、その支出の2分の1の範囲において必要経費としての算入を認めた課税庁の措置は、他に特段の事情も認められない本件においては、妥当なものというべきである。

　個人事業における交際費の必要経費としての判定には、業務関連性という必要経費の論理が適用されることはいうまでもありません。ただ、法人は解散という手続きにより消滅しますが、個人の継続、いわば生存については予測がつきません。そのため個人の場合は、先行投資的な交際費については疑義が生じるかもしれません。

　個人事業では、事業主、家族、従業員が一体となって活動していることが多いものです。そこで、交際費の隣接費用である福利厚生費を家族従業員以外の他人の従業員を対象とする費用と狭義に考えた場合には、交際費の多くは、対

象が混在することから，家事費又は家事関連費と認定され，その経費性は否定されがちです。

　家事費と必要経費を区分する割合を決定するには，客観的・合理的な区分を容易にする基準が必要となります。納税者が2分の1に不満がある場合の経費性の立証責任は，納税者にあることはいうまでもないことです。

第17講

給与・退職金・年金と課税

●●

　給与，退職金，年金は，雇用関係に基づく労働の対価として共通する，いわば勤労所得として位置づけられます。本講では，この勤労所得の起因となる給与，退職金，年金の課税関係を検討します。

■ 17－1　給与の概念

　給与は，給料と賞与を合わせた用語といわれています。この場合に，給料は定期的なもの，賞与は臨時的なものと考えます。

　わが国では，給料は，月給，すなわち月単位の支給が原則です。時給，日給で計算する場合であっても月単位支給することが一般的ですし，年俸制を採用する企業でも年間12回に分割して支給することが多いといわれています。これらの慣行が，労働基準法が規定する賃金支給時期にも反映していることはいうまでもありません。

　一方，賞与は，本来，企業の達成した利益を役員や従業員に配分する制度のはずでした。しかし，公務員にも季節手当，期末手当として，夏季，冬季，年度末などに季節的に支給されますから，現在では季節的な給料と考えられています。もっとも企業では，業績悪化のため賞与が支給停止や減額されることは日常的なことであることも明らかです。

　所得税法は，給与所得を，俸給，給料，賃金，歳費及び賞与並びにこれらの性質を有する給与に係る所得と規定しています（所法28①）。

つまり給与所得は，給料，賃金，報酬，賞与などその名称に関わらず，雇用契約に基づき，労働者が使用者の指揮命令に従い提供する労務の対価として使用者から受け取る経済的利益をさします。したがって，正社員，臨時社員，契約社員，パート，アルバイトなど社内における身分などによる区分は，所得税法上は何ら影響しません。正社員もアルバイトも受け取る給料は，月給，時給など計算方法に関係なくすべて給与所得の範囲に含まれます。

　したがって，「勤労者が勤労者たる地位にもとづいて使用者から受ける給付は，すべて……給与所得を構成する収入と解すべく，通勤定期券またはその購入代金の支給をもって給与でないと解すべき根拠はない」という最高裁昭和37年８月10日判決の判例も，今日まで踏襲されていると思われます。

■ 17-2　現物給与

　所得税法には，金銭給付以外にも物や権利で給付される経済的利益の供与に関して，給与として課税する現物給与の考え方があります。

　所得税法は，収入金額については，「その年において収入すべき金額（金銭以外の物又は権利その他経済的な利益をもって収入する場合には，その金銭以外の物又は権利その他経済的な利益の価額）とする」（所法36①）と規定し，この経済的利益の評価は，「当該物若しくは権利を取得し，又は当該利益を享受する時における価額」（所法36②）と定めています。

　所得税の課税対象は，金銭以外の物的，権利的な利益であっても，およそ貨幣価額に換算できる利益，すなわち経済的利益という広範なものであるということです。最近では，この金銭給付による以外の経済的利益の供与を，フリンジ・ベネフィットと称することが多いようです。このフリンジ・ベネフィットは，必ずしも労働の対価である給与に関連して生じるわけではありませんが，通常は，従来からあった現物給与と同じ概念と理解されています。

　いうまでもなく，労働法上，労働の対価である給与は金銭給付でなければいけません（労働基準法24）。しかし，税法上は，経済的利益に対する課税する

という原則から，勤務先から勤務する立場・地位に基づいて供与される物，権利など，いわば現物で支給される場合であっても，現物給与として課税の対象とされます。通常の給与を直接支給と考えれば，現物給与は，間接支給ということでしょう。

　現物給与の例示としては，社宅，保養施設，出張旅費，交際費，見舞金，低利の金利貸付，レクリエーション費用，食事代，自社製品の割引販売などが挙げられます。

　税務の取扱いでは，現物給与は，下記のようになります（所基通36－15）。

---

(1) 物品その他の資産の譲渡を無償又は低い対価で受けた場合におけるその資産のその時における価額又はその価額とその対価の額との差額に相当する利益

(2) 土地，家屋その他の資産（金銭を除く。）の貸与を無償又は低い対価で受けた場合における通常支払うべき対価の額又はその通常支払うべき対価の額と実際に支払う対価の額との差額に相当する利益

(3) 金銭の貸付け又は提供を無利息又は通常の利率よりも低い利率で受けた場合における通常の利率により計算した利息の額又はその通常の利率により計算した利息の額と実際に支払う利息の額との差額に相当する利益

(4) (2)及び(3)以外の用役の提供を無償又は低い対価で受けた場合におけるその用役について通常支払うべき対価の額又はその通常支払うべき対価の額と実際に支払う対価の額との差額に相当する利益

(5) 買掛金その他の債務の免除を受けた場合におけるその免除を受けた金額又は自己の債務を他人が負担した場合における当該負担した金額に相当する利益

　話題になった事例では，大阪市が「制服」としてきたスーツが現物給与に当たるとされた報道がありました（『朝日新聞』平成17年4月15日）。大阪市が，2年から3年に一度，支給してきた「制服」は，単価約3万から3万5千円で，

胸ポケットのフタ部分に「Osaka City」の刺繍が入っていますが、ポケットの内側に隠せるようになっていました。国税当局は、このスーツは、勤務場所で着用する事務服・作業服に該当しないと判断したようです。いわゆる仕事上のユニフォームは、職場以外の場所では着ない、着られないもの、あるいは衛生上、安全上必要な服装を整えるものという観点から検討されるべきでしょう。

■ 17－3　退職金の範囲

　退職所得とは、退職手当、一時恩給その他の退職により一時に受ける給与及びこれらの性質を有する給与に係る所得をいいます（所法30①）。

　税務の取扱いでは、退職手当等とは、本来退職しなかったとしたならば支払われなかったもので、退職したことに基因して一時に支払われることとなった給与をさしますが（所基通30－1）、一般的には退職金といわれる支払です。

　ここでいう退職の概念は、いわゆる社会通念上の退職と同意義と考えますが、所得税法は、「これらの性質を有する給与」をも退職所得の範疇に含めていますから、実質的な退職でなくても、それに準じて同一視できる事実が発生した際の給付も、退職手当等に該当する場合が出てきます。

　この問題の代表的な事例として、10年定年制における退職金が争点となった訴訟があります。10年定年制は、就業規則及び退職金規程に基づいて、勤続満10年に達した従業員に支給した退職金が、退職所得に当たるか、給与所得（賞与）に当たるかが争点となりました。最高裁昭和58年12月6日判決は、納税者の主張を斥けています。

参考判例（17－1）【退職金の性格と課税の趣旨】

最判昭和58年12月6日・昭和54年（行ツ）第35号
（『判例時報』1106号61頁・最高裁HP）
【概　　要】
退職所得を給与所得と区別して優遇することの趣旨が示された事例

【判決要旨】

① 所得税法が，退職所得を「退職手当，一時恩給その他の退職により一時に受ける給与及びこれらの性質を有する給与」に係る所得をいうものとし，これにつき所得税の課税上他の給与所得と異なる優遇措置を講じているのは，一般に，退職手当等の名義で退職を原因として一時に支給される金員は，その内容において，退職者が長期間特定の事業所等において勤務してきたことに対する報償及び右期間中の就労に対する対価の一部分の累積たる性質をもつとともに，その機能において，受給者の退職後の生活を保障し，多くの場合いわゆる老後の生活の糧となるものであるため，他の一般の給与所得と同様に一律に累進税率による課税の対象とし，一時に高額の所得税を課することとしたのでは，公正を欠き，かつ，社会政策的にも妥当でない結果を生ずることになることから，かかる結果を避ける趣旨に出たものと解される。

② 従業員の退職に際し退職手当又は退職金その他種々の名称のもとに支給される金員が，所得税法にいう退職所得にあたるかどうかについては，その名称にかかわりなく，退職所得の意義について規定した同法30条1項の規定の文理及び右に述べた退職所得に対する優遇課税についての立法趣旨に照らし，これを決するのが相当である。

③ ある金員が，右規定にいう「退職手当，一時恩給その他の退職により一時に受ける給与」にあたるというためには，それが，(1)退職，すなわち勤務関係の終了という事実によって初めて給付されること，(2)従来の継続的な勤務に対する報償ないしその間の労務の対価の一部の後払いの性質を有すること，(3)一時金として支払われること，との要件を備えることが必要であり，また，右規定にいう「これらの性質を有する給与」にあたるというためには，それが，形式的には右の各要件のすべてを備えていなくても，実質的にみてこれらの要件の要求するところに適合し，課税上，右「退職により一時に受ける給与」と同一に取り扱うことを相当とするもの

であることを必要とすると解すべきである。

　退職所得の金額は，その年中の退職手当等の収入金額から退職所得控除額を控除した残額の２分の１に相当する金額とすることになっています（所法30②）。つまり，所得税の課税上，退職所得は他の給与所得と異なる優遇的措置を採っています。その理由は，①退職者に対する報償及び就労に対する対価の一部分の累積，②退職者の退職後の生活保障などが挙げられ，いわゆる老後の生活の糧となるため，給与所得と同様に一律に累進税率による課税は，公正を欠き，かつ社会政策的にも妥当でないと考えられるからです。

　所得概念からみれば，継続的・反復的に発生する所得に加え，臨時的・偶発的に発生する所得も課税対象とする所得概念からすれば，いわゆる退職金に対する課税は当然のことでしょう。もっとも時代の流れの中で，終身雇用の崩壊と共に勤続年数の短縮化がもたらす退職金の減額又は廃止などの傾向に伴って，退職所得に対する課税の方針が変わる時期が来ているかもしれません。

■ 17－4　年金に対する課税

　昭和62年の税制改正において，公的年金制度からの年金給付を給与等とみなしていた従来の制度を，公的年金等に対する課税の仕組みと源泉徴収制度について全面的に見直しました。現行では，公的年金等に係る所得は，雑所得となっています（所法35）。

　雑所得の計算方法は，原則として収入金額から必要経費を控除しますが，公的年金等については，高齢者が受給する年金制度の性格上，社会政策の一環から他の雑所得とは異なり，収入金額から公的年金控除額を控除する方法が採られています。

　この収入金額の収入すべき時期は，法令に定める支給日であり（所基達36－14）ですが，遡って未払年金がまとめて支給された場合でも，支給確定の期日が属する年において計上されるという，いわゆる権利確定主義の考え方は，す

でに第11講で解説しました。

■ 17－5　給与所得の性格

　所得税法は，給与所得を，俸給，給料，賃金，歳費及び賞与並びにこれらの性質を有する給与に係る所得と規定しています（所法28①）。

　給与所得は，源泉徴収制度を採用しているため，いわゆる所得の捕捉率が100％に近いといわれています。昔から俗にいうクロヨン（9・6・4）とかトーゴーサンピン（10・5・3・1）といわれてきましたが，これは給与所得者の収入の9割，10割が捕捉されるという揶揄です。もちろん収入が100％捕捉されるというのは当然なのですが，補足率の低い事業所得者や農業所得者に比べて不公平であるという批判が根強いのも事実です。

　これについては第10講でも説明しましたが，いわゆるサラリーマン大島訴訟おいて（参考判例10－1），「かような所得の把握（捕捉）の不均衡の問題は，本来，法律制度上の問題ではなく，税務行政執行上の事実上の問題であると解するのが相当であり，捕捉率の格差が法律所定の制度に基因し，それが恒常的，かつ，正義の観念に反するほど極めて著しい場合は格別……少なくとも……未だ法的評価に親しむ問題になっていると解することはできないものである」と説示しています。

　サラリーマン大島訴訟の本質は，給与所得における必要経費の存否に関する論議でした。確かに給与所得の計算は，収入から給与所得控除額を控除するという方法であり，必要経費自体は存在しません。サラリーマンのような多くの給与所得者には，必要経費がないという不満を聞きますが，捕捉率に関する論議はともかく，実利的な面から考えると現行制度は，他の所得と比べて決して給与所得者を不利益な立場にはおいていないと考えます。

■ 17－6　概算経費と給与所得控除

　本来，必要経費は実額控除です。かつて事業所得における必要経費の計算上，実額ではなく概算経費率の利用，俗にいう標準率表（商工庶業所得標準率表）に基づく概算経費が容認されていた時代がありました。その後も特定の業界では慣習として，経費率を利用した所得計算が暗黙の内に認められていたようです。

　例えば，自伝的小説で新日本文学賞を受賞した連続射殺事件の故永山則夫死刑囚が，推定印税約600万円の収入で平成2年分の確定申告をするという話題がマスコミに登場したことがありました。一般的に作家の場合は，日本文芸家協会と国税局の間の取り決めで，白色申告に限り総収入の10％が必要経費と決められていたようです。ところが，永山死刑囚は文芸家協会の会員でないためこの取り決めには当てはまらないし，本人は獄中にいるため必要経費はほとんど掛からないのではないかと紹介されていました（『サンデー毎日』平成2年1月27号）。

　また，平成9年1月27日新聞各紙によれば，日本中央競馬会所属の騎手が，35％の概算経費率が認められてきたと報道されました。

　これに対して，給与所得の計算に用いられる給与所得控除の額は，所得計算における概算経費といえます。給与所得の計算には必要経費が存在しないため，収入＝所得という誤解が生じて不公平税制として採り上げられることが多いわけです。確かに，実額である必要経費を控除する制度ではないため，必要経費がないといえばないのですが，概算経費である給与所得控除の額が経費としての意義を持つものであることは否定できません。

　この問題については，サラリーマン税金訴訟（大島訴訟）における最高裁判決が示すように「給与所得者の職務上必要な諸設備，備品等に係る経費は使用者が負担するのが通例であり，また，職務に関し必要な旅行や通勤の費用に充てるための金銭給付，職務の性質上欠くことのできない現物給付などがおおむ

ね非課税所得として扱われていることを考慮すれば，本件訴訟における全資料に徴しても，給与所得者において自ら負担する必要経費の額が一般に旧所得税法所定の前記給与所得控除の額を明らかに上回るものと認めることは困難であって，右給与所得控除の額は給与所得に係る必要経費の額との対比において相当性を欠くことが明らかであるということはできないものとせざるを得ない」とする判断は，実務的には妥当といえます。

一方，福岡地裁平成6年12月26日判決（参考判例4-2）は，「給与所得者に概算控除の制度である給与所得控除を認めた目的が，給与所得者と事業所得者等との租税負担の均衡に配意しつつ，給与所得者の必要経費と家事上の経費又はこれに関連する経費との明瞭な区分が一般的に困難であるうえ，給与所得者はその数が膨大であるため各自の申告に基づき必要経費の額を個別的に認定して実額控除を行うことは技術的及び量的に相当の困難を招来し，ひいては租税徴収費用の増加を免れず，税務執行上少なからざる混乱を招くというような弊害を防止するにあることは明らかである」という裁判所の判断もあります。この訴訟において，原告・納税者が「事業所得者が法律に基づいた記帳をして決算を行ったうえで確定申告をするとともに，税務調査も受けているのに対し，給与所得者は記帳をしないで経費の概算控除を受けているから，却って不公平である」と主張していたことは，誠に興味深いことといえます。

■ 17-7　給与所得者の特定支出控除

給与所得者は，通常，源泉徴収と年末調整で課税手続きが完了します。課税の仕組みを知る機会が少ないことから，すでに触れたように給与所得者が，収入＝課税所得と考えていることが多いことに驚かされます。やはり，給与所得者には，自営業者が事業所得の計算上，算入する必要経費に魅力を感じるのでしょう。自営業者が，家事費（生活費）も必要経費に計上しているという誤解が生じていることも否定できません。

ところで，給与所得者が必要経費として挙げる支出は，服飾費，クリーニン

グ代，新聞購読費，散髪代，冠婚葬祭費，同僚との飲食費などが一般的です。これらは，身だしなみ，情報収集，職場での親睦に関わる費用といえます。仮にこれらをすべて必要経費と容認したとしても，年収300万円で108万円，同500万円で154万円，同800万円で200万円とそれぞれ算出される給与所得控除額に及ばないはずです。

　もちろん，事業所得の計算上，厳密に業務関連性が要求される実額控除としての必要経費の論理を適用するならば，服飾費・クリーニング代は作業衣やユニフォーム，新聞購読費は業界紙，散髪代は飲食・医療関係者などが，それぞれ限界であり，同業者との交際費的支出は否認される場合も出てくることは，案外，知られていません。

　さらにいうならば，歩合制の給与ならともかく，通常は給与所得者が支出した経費の有無は，収入額の増減には全く貢献しないことも明らかです。事業所得の場合には，収入の額と必要経費の支出は相関関係にあります。収入の伴わない支出など，事業では成り立たないからです。

　それにも関わらず，昭和62年度税制改正により，①通勤費，②転任に伴う引っ越し費用，③研修費，④一身専属として独立開業ができる資格の取得費，⑤単身赴任者の帰宅旅費，を給与所得者の特定支出とする控除特例が導入されました。しかしながら，適用対象者が極めて少ないことから，費目の拡大などが叫ばれてきました。

　しかし，なぜ対象者が少ないかといえば，わが国では，給与以外にも福利厚生の一環として，あるいは業務命令を事由として，企業が負担する費用が少なくないからです。実は，脱サラをして起業をした中小企業の経営者から，独立してみて初めて様々な恩恵を会社から受けていたという実感を聞かされたことはよくあります。

　確かに年功序列型の給与体系では，身銭を切って自己研鑽に励んでも，必ずしも昇給に繋がらないのも実情です。また，家計を圧迫までして帰宅しなければならない家庭の事情がある者も，そう多くなかったのだろうと考えます。

■ 17－8　平成24年度給与所得課税の改正

平成24年度税制改正で給与所得課税の見直し（給与所得控除と特定支出控除の特例）が行われました。その理由について，税制改正大綱では，次のように指摘しています。

> 給与所得控除は，「勤務費用の概算控除」と「他の所得との負担調整のための特別控除」の二つの性格を有しているものとされているが，就業者に占める給与所得者の割合が約9割となっている現状で，「他の所得との負担調整」を認める必要性は薄れてきているのではないかと考えられる。
>
> また，現在の給与所得控除については，マクロ的に見ると，給与収入総額の3割程度が控除されている一方，給与所得者の必要経費ではないかと指摘される支出は給与収入の約6％であるとの試算もあり，主要国との比較においても全体的に高い水準となっている。
>
> 現在の給与所得控除は，給与収入に応じて逓増的に控除が増加していく仕組みとなっており，上限はない。しかし，給与所得者の必要経費が収入の増加に応じて必ずしも増加するとは考えられないこと，また，主要国においても定額又は上限があること等から上限を設けることとなっている。なお，役員給与等に係る給与所得控除については，税率構造を含む改革の方向性を踏まえ，引き続き検討する。

給与所得控除の改正は，その年中の給与等の収入金額が1,500万円を超える場合の給与所得控除額については，245万円の上限を設けることになりました（平成25年分以後の所得税及び平成26年分以後の個人住民税。なお，平成26年度税制改正では，平成28年分1,200万円控除額230万円，平成29年分以後は1,000万円控除額220万円とさらに引き下げられます）。

同時に，特定支出控除の特例を使いやすくする観点から，特定支出の範囲を拡大するとともに，特定支出控除の適用判定の基準の見直しが実施されました

（平成25年分以後の所得税及び平成26年分以後の個人住民税）。

具体的には，就労の多様化等を踏まえ，現在，特定支出の範囲から除外されている弁護士，公認会計士，税理士など，法令の規定に基づいてその資格を有する者に限って特定の業務を営むことができる資格の取得費が，特定支出の範囲に追加されました。また，職務と関連のある図書の購入費，職場で着用する衣服の衣服費及び職務に通常必要な交際費（勤務必要経費）も，特定支出の範囲に追加されました。ただし，その年中に支出した勤務必要経費の金額の合計額が65万円を超える場合には65万円を限度とするなど，この勤務必要経費については，高額なものを購入できる高額所得者を過度に優遇するといった不公平が生じないよう上限を設け，同時に特定支出控除の適用判定の基準となる控除額の計算方法も見直されました。

結局，税制改正により，特定支出の範囲に上限はありますが，①職務の遂行に直接必要な資格取得費，②職務必要経費として，職務と関連のある図書の購入費，職場で着用する衣服の衣服費及び職務に通常必要な交際費，が新たに追加されました。

資格取得に係る費用については「職務の遂行に直接必要な資格」という前提はありますが，これは法律事務所，監査法人，税理士事務所など，当該資格による職務を業とする企業に勤務する者に限定したものではないでしょう。そうなると，資格取得費の対象が受験専門学校の授業料等に該当すると想像できますが，通常の勤務体制において多額の支出に伴う通学時間が可能になるか疑問は残ります。

いずれにしても，この職務必要経費が，業務関連性に基づく必要経費との乖離を生じさせることは明らかです。このことは，事業所得者に不公平感をもたらすことに留意すべきと考えます。

上述の内容を，整理してみましょう。

現行の特定支出控除制度では，「特定支出控除額の適用判定の基準となる金額」（その年中の給与所得控除額×1／2）を超えるときは，確定申告によりその超える部分の金額を給与所得控除後の所得金額から差し引くことができま

す。

　この特定支出とは，給与所得者が支出する次に掲げる支出のうち一定のものです。
(1) 一般の通勤者として通常必要であると認められる通勤のための支出（通勤費）
(2) 転勤に伴う転居のために通常必要であると認められる支出（転居費）
(3) 職務に直接必要な技術や知識を得ることを目的として研修を受けるための支出（研修費）
(4) 職務に直接必要な資格を取得するための支出（資格取得費）
　　弁護士，公認会計士，税理士などの資格取得費も特定支出の対象となります。
(5) 単身赴任などの場合で，その者の勤務地又は居所と自宅の間の旅行のために通常必要な支出（帰宅旅費）
(6) 次に掲げる支出（その支出の額の合計額が65万円を超える場合には，65万円までの支出）で，その支出がその者の職務の遂行に直接必要なものとして給与等の支払者により証明がされたもの（勤務必要経費）
　　イ　書籍，定期刊行物その他の図書で職務に関連するものを購入するための費用（図書費）
　　ロ　制服，事務服，作業服その他の勤務場所において着用することが必要とされる衣服を購入するための費用（衣服費）
　　ハ　交際費，接待費その他の費用で，給与等の支払者の得意先，仕入先その他職務上関係のある者に対する接待，供応，贈答その他これらに類する行為のための支出（交際費等）

第18講

青色申告と青色事業専従者

●●

　本講では，青色申告制度と青色申告における中心的な特典と考えられている青色事業専従者について考えてみます。

■ 18－1　青色申告制度の概要

　申告納税制度の下にある所得税では，不動産所得，事業所得，山林所得のある納税者で，一定水準の記帳をし，その記帳に基づいて正しい申告をする場合には，青色申告の制度を選択できます。青色申告を選択した納税者には，申告に際して，いわば特典とされるものが付与されます。特典であるかはともかく，税務上は，この青色申告を当然と理解していますが，一般的には，開業当初はいわゆる白色申告で構わないという考える納税者も多いことは事実です。この青色申告には，50を超える特典がありますが，その主要なものは以下のとおりです。

① 青色申告特別控除

　　不動産所得又は事業所得を生ずべき事業を営んでいる青色申告者で，取引を正規の簿記の原則，いわゆる複式簿記により記帳し，作成した貸借対照表及び損益計算書を確定申告書に添付して確定申告期限内に提出している場合には，原則として最高65万円を控除することとされています。

② 青色事業専従者給与

　　青色申告者と生計を一にしている配偶者やその他の親族のうち，年齢が

15歳以上で，その青色申告者の事業に専ら従事している者に支払った給与は，事前に提出された届出書に記載された金額の範囲内で労働の対価として適正な金額であるならば，必要経費に算入することができます。

③　貸倒引当金

　　事業所得を生ずべき事業を営む青色申告者で，年末における貸金の帳簿価額の合計額の5.5％以下の金額は貸倒引当金勘定として，その金額は必要経費として認められます。

④　純損失の繰越しと繰戻し

　　事業所得などに損失（赤字）の金額がある場合で，損益通算の規定を適用してもなお控除しきれない部分の金額（純損失の金額）が生じたときには，その損失額を翌年以後3年間にわたって繰り越して，各年分の所得から控除できます。

　なお，青色申告者は，帳簿書類の作成とその保存義務が生じますが，青色申告の記帳は，年末に貸借対照表と損益計算書を作成することができるような正規の簿記によることが原則ですが，現金出納帳，売掛帳，買掛帳，経費帳，固定資産台帳のような簡易な記帳でも容認されます。これらの帳簿や資料などは，原則として7年間保存する必要があります。

■ 18－2　青色申告特別控除

　現行制度において，特典の一つである青色申告特別控除の額は最大65万円と高く，租税負担の減少に貢献することは間違いありません。本来，この制度は，青色申告の普及を図り，法定申告期限内の申告を奨励するものと解されています。この65万円の青色申告特別控除を受けるための要件は，次のようになっています。

①　不動産所得又は事業所得を生ずべき事業を営んでいること。

②　これらの所得に係る取引を正規の簿記の原則（一般的には複式簿記）により記帳していること。

③ ②の記帳に基づいて作成した貸借対照表及び損益計算書を確定申告書に添付し，この控除の適用を受ける金額を記載して，法定申告期限内に提出すること。

この要件に基づき広島地裁平成13年3月1日判決は，いわゆる期限後申告の場合には，青色申告特別控除の適用を否定しています。

参考判例（18－1）【青色申告特別控除】

> **広島地判平成13年3月1日・平成12年（行ウ）第22号**
>
> （『税務訴訟資料』250号順号8850）
>
> 【概　　要】
>
> 期限後申告には青色申告特別控除が適用されないとされた事例
>
> 【判決要旨】
>
> ① 納税者は，青色申告特別控除に関する租税特別措置法（2の2⑤）の規定に，ことさら「確定申告期限」という限定が付されていないことから，期限後申告における「提出期限」は，国税通則法18条1項の規定による，税務署長が同法25条の決定をするまでであると主張する（筆者注・期限後であっても，税務署長の決定があるまでは確定申告書を提出できる）。しかし通則法18条の期限後申告は，同法17条の申告（筆者注・期限内に提出された申告書）とは異なり，義務的でないことからすると，そもそも期限後申告において，申告書の提出期限なるものは観念できないのであって，納税者が主張するように，同法18条1項が，税務署長が同法25条の決定（筆者注・税務署長が調査に基づき課税標準及び税額等を決定する）をするまで期限後申告をできる旨を定めていることをもって，これを期限後申告における申告書の提出期限と解することはできないというべきである。
>
> ② ことさら「確定申告期限」という限定が付されていないのは，期限後申告に提出期限が観念できず，同条項の「確定申告書」に期限後申告書が含まれないことは自明の理であるからであり，したがって，同条項の「確定申告書」には期限後申告書は含まれず，「提出期限」とは所得税法

に規定する「確定申告期限」（所法2①四一）をいうものと解するのが相当である。

③　納税者の平成10年分の所得税の確定申告書の提出期限は，平成11年3月15日となるところ，納税者が本件確定申告書を提出したのは，提出期限を過ぎた平成11年3月24日であるから，措置法にいう「その提出期限までに提出」されたものという要件を満たしていないことになり，青色申告特別控除を受けることはできない。

この事例で納税者側は，「期限後申告」の場合の提出期限は，「税務署長より決定処分を受ける直前の時点である」と主張をしています。しかし，青色申告が承認された納税者の申告については，推計課税を行うことはできません。つまり，申告がなされないまま決定を行うことは，税務調査を経た後，提示された帳簿等を経て決定を行うか，あるいは帳簿等の提示がなされない場合には，青色申告の承認の取消をした上で推計課税により決定を行う必要があります。

このように一度，青色申告の承認を受けた場合に税務署長からの決定により課税を行うことは複数の段階を経る必要があり，提出期限を税務署長の決定の直前とすることには課税実務上大きな障害となります。その意味からも提出期限とは，確定申告期限のことと考えるのが，その制度趣旨に合致するという指摘は当然の判決と考えられます。

■ 18-3　青色事業専従者の趣旨

青色申告の特典の中で，いわゆる白色申告と比較して実務上，課税所得の計算に大きく影響を及ぼすといわれるのが，青色事業専従者の制度といえます。

原則として，事業所得等を生ずべき事業を営む事業主が，「生計を一にする」配偶者その他の親族に対して支払う対価，例えば給与や地代は，課税所得の計算上，必要経費に算入できませんし，また支払を受けた者も所得が発生しません（所法56）。いうまでもなく所得税は，累進税率を採用していますので，

所得の分散が税負担の軽減に繋がります。そこで，家族間で所得を分散し，税負担を軽減させる試みを防止する目的が，この規定にはあるといわれています。

　もっとも，法人企業における家族役員・使用人の給与が損金に算入できるという法人税との均衡を図るべきことや，個人事業における家族への給与であっても正当な労働の対価性が存在する場合もあるので，所得税法は下記のように一定の条件のもとで，事前に届け出をした金額の範囲内という制約はありますが，「生計を一にする」配偶者や親族に対する給与を必要経費に算入することが認められています（所法57）。

　白色事業専従者の場合では，年間の最高限度額が配偶者86万円その他の親族50万円ということから比べて，給与額が事業の規模，収益の状況，労務内容などによる判断と事前届け出の制約があるとしても，青色事業専従者給与は，課税所得の計算上，極めて有利な制度といえるでしょう。

　なお，青色事業専従者を選択した場合には，配偶者控除や扶養控除を受けることができなくなります。

■ 18－4 「生計を一にする」ことの意義

　「生計を一にする」という文言は，所得税法では，控除対象配偶者及び扶養親族に関する規定（所法2），事業から対価を受ける親族がある場合の必要経費の特例の規定（所法56），事業に専従する親族がある場合の必要経費の特例等の規定（所法57），医療費控除に関する規定（所法73）などに見いだすことができます。

　この「生計を一にする」については，法律には明確な定義がありません。通常は，「生計を一にする」とは，納税者の担税力を把握するための経済生活の単位であり，同一の生活共同体に属し，日常生活の資力を共通にしていることをいうものと理解されています。この場合に，一方が他方を扶養する関係は必要がないとされます。

　また，実際に同一の住居で生活を同じくする者の集団をとられた世帯という

単位があります。この世帯を「生計を一にする」親族の判定に利用されることはあります。確かに，親族が同一の住宅で起居している場合には，日常生活の資を共通していると考えてもおかしくはありません。世帯＝「生計を一にする」と理解することは，自然です。しかし，この「同じ屋根の下」が，同時に「同じ財布」と一致するとは限りません。したがって，世帯は外形的な事実として利用できますが，やはり実質的な判断が必要となるケースも出てきます。

「生計を一にする」ことに関する税務の取扱いでは，次のような例示があります（所基通2－47）。

---

(1) 勤務，修学，療養等の都合上他の親族とに日常の起居を共にしていない親族がいる場合であっても，次に掲げる場合に該当するときは，これらの親族は生計を一にするものとする。
　イ　当該他の親族と日常の起居を共にしていない親族が，勤務，修学等の余暇には当該他の親族のもとで起居を共にすることを常例としている場合
　ロ　これらの親族間において，常に生活費，学資金，療養費等の送金が行われている場合
(2) 親族が同一の家屋に起居している場合には，明らかに互いの独立した生活を営んでいる場合を除き，これらの親族は生計を一にするものとする。

税務の取扱いであっても事実関係に基づく実質的な判断が必要となることも少なくないのですが，まさしくケース・バイ・ケースによる判断に委ねることが多くなることは否定できません。

参考判例（18－2）【「生計を一にする」概念】

徳島地判平成9年2月28日・平成6年（行ウ）第7号
（『税務訴訟資料』222号701頁）

【概　要】
「生計を一にする」親族への事業経費の範囲が示された事例

【判決要旨】
① 現行所得税法56条は，納税者と生計を一にする配偶者その他の親族がその納税者の営む事業所得等を生ずべき事業に従事したことなどの理由によりその事業から給与等の対価の支払いを受けている場合であっても，この対価に相当する金額は，当該納税者の事業所得等の金額の計算上必要経費とは認めず，反面，当該親族その対価に係る所得金額の計算上必要経費に算入されるべき金額は，当該納税者の事業所得等の金額の計算上必要経費に算入することとしている。

② 同条にいう「生計を一にする」とは，日常生活の糧を共通にしていること，すなわち，消費段階において同一の財布のもとで生活していることと解され，これを社会通念に照らして判断すべきものであるが，現行所得税基本通達2－47が，「生計を一にする」の意義につき，親族が納税者と同一の家屋に起居している場合には，明らかに互いに独立した生活を営んでいると認められる場合を除き，これらの親族は納税者と生計を一にするものとすると規定しているのは，親族が納税者と同一の家屋に起居している場合，通常は日常生活の糧を共通にしているものと考えられることから，両者間で日常の生活費における金銭面の区別が不明確である場合は，事実上の推定が働くことを注意的に明らかにしたものと解することができる。

■ 18-5　青色事業専従者の要件

　所得税法の規定によれば（所法57①・②，所令164），青色申告書を提出することにつき税務署長の承認を受けている納税者と生計を一にする配偶者その他の親族（年齢15歳未満である者を除く）で専らその納税者の営む事業に従事する者，すなわち青色事業専従者が，その労務の対価として相当であると認められる給与は，納税者の所得金額の計算上必要経費に算入し，かつ，青色事業専従者の給与所得としての収入金額とすることになっています。

　この場合に，青色事業専従者の給与としての要件を整理すれば，おおむね次の項目となります。

① 青色申告者と「生計を一にする」配偶者その他の親族である15歳以上の者で，青色申告者が営む事業に従事する者（所法57①）

② 専従者の氏名，職務内容，給与の金額と支給時期の事前届け出（所法57②）

③ 専ら従事する期間は，1年を基準とした場合には6ヶ月を超えること（所令165①）

④ 労働の対価として相当と認められる給与の金額（所令164）

　つまり，青色事業専従者に対する給与の支給は，事前専従者の氏名，職務内容，給与の金額，支給時期等を届け出て，その届出書類に記載されている金額の範囲内である必要があります。しかも，その給与の金額は，その労務に従事した期間，労務の性質及びその提供の程度，その事業の種類及び規模，その事業と同種の事業でその規模が類似するものが支給する給与や他の使用人の給与等の状況に照らして，適正でなければなりません。

　また，青色事業専従者の従事期間は，その年を通じて6月を超える必要があるが，さらに学校教育法に規定される学校の学生又は生徒である者，他に職業を有する者，老衰その他心身の障害により事業に従事する能力が著しく阻害されている者でその者が従事する期間があるときは，その期間は事業に専ら従事

する期間に含まれないものとなっています。

　さらに，青色事業専従者の要件で重要な問題として，事業性があります。この事業概念についてもすでに第16講で検討しましたが，社会通念上事業と称するに至る程度のものでなければ，専従者給与を経費に算入することは否定されるでしょう。

　結局，青色事業専従者の給与には，徳島地裁平成元年10月27日判決が示すように，「正当な労働の対価」である必要があります。つまり，「その給与の金額で，その労務に従事した期間，労務の性質及びその提供の程度，その事業に従事する他の使用人が支払を受ける給与の状況及びその事業と同種の事業でその規模が類似するものに従事する者が支払を受ける給与の状況，その事業の種類及び規模並びに収益の状況に照らし，その労務の対価として相当であると認められる適正な給与の額となります。

　なお，青色事業専従者の手続要件として，青色事業専従者の給与に関しては，原則として，確定申告書に規定の適用を受ける旨及規定により必要経費とみなされる金額に関する事項の記載をしなければ適用されません（所法57⑤・⑥）。

　加えて，青色申告承認の取消しによって専従者給与等の経費算入の処理がさかのぼって否認された場合には，その結果生ずる所得の増加分が逋脱所得の対象となることに留意しなければならないのです。

参考判例（18-3）【青色専従者給与の支給額】

> **徳島地判平成1年10月27日・昭和62年（行ウ）第6号**
> （『税務訴訟資料』174号354頁）
> 【概　　要】
> 青色専従者給与の支給額が過大認定された事例
> 【判決要旨】
> ①　事業所得の金額の計算において必要経費に算入することのできる青色事業専従者の給与の金額については，所得税法57条1項，同法施行令164条は，その給与の金額で，その労務に従事した期間，労務の性質及び

その提供の程度，その事業に従事する他の使用人が支払を受ける給与の状況及びその事業と同種の事業でその規模が類似するものに従事する者が支払を受ける給与の状況，その事業の種類及び規模並びに収益の状況に照らし，その労務の対価として相当であると認められる金額とする旨を規定している。

②　納税者の医療業に係る診療科目は，特に限定されていないが，その業務の性質上，内科及び外科が主たる診療科目になっていた。徳島県内において医療業を営む個人（但し，主として内科の診療を行う者及び主として外科の診療を行う者に限る。）の妻で，その事業に専ら従事し，かつ，医師，看護婦等医療業務に関連する資格を有しない者が青色事業専従者として支給を受けている給与の額及びその平均額は，別表記載のとおり，その平均額は昭和55年において463万6,788円，同56年において491万1,046円，同57年において549万4,425円である。

③　納税者が昭和55年中に青色専従者に対して支払ったとされる2,160万円の青色事業専従者給与のうち，その労務の対価として相当であると認められる金額は別表記載の昭和55年における平均額である463万6,788円を超えるものではないとみるのが相当であるから，これを超える1,696万3,212円は必要経費から除外すべきものである。

第19講

譲渡所得の範囲

●●

　資産の譲渡に伴い発生する譲渡所得は，所得課税の中で取引金額や納税額が比較的多額であると認知されていますが，臨時的，一時的な所得であることから，誤解や勘違いも出てきます。本講では，この譲渡所得の本質について検討します。

■ 19－1　資産の概念

　譲渡所得とは，資産の譲渡による所得をさします（所法33①）。
　ここでいう資産は，法は明確な定義をしていません。結局，日常生活の中で，金銭に換算・評価することが可能なものといえますが，一般概念として，私たちが財産と考えているものといっていいでしょう。もっとも，譲渡所得の範囲から，たな卸資産の譲渡による所得，営利を目的として継続的に行われている資産の譲渡による所得，山林の伐採又は譲渡による所得は除かれています（所法33②）。
　この「営利を目的とする継続的行為」を検討するときは，土地譲渡に関する判断ですが，基本的な考えとして，「譲渡人の土地の取得及び保有の状況，造成の有無，譲渡人の土地譲渡の回数，数量，金額，相手方等を総合して判断すべきであるが，右判断をするについては，単に当該譲渡の目的とされた土地についてのみならず，譲渡人の保有する土地全般にわたり，かつ，当該譲渡の行われた時期の前後を通じて右の各事情を斟酌すべきである」（横浜地判昭和50

年5月6日・昭和44年（行ウ）第15号『訟務月報』21巻7号1507頁）ということになります。

そこで，不動産業者の所有する土地の譲渡による所得が，譲渡所得か事業所得かのいずれに該当するかの判断は，「その土地の形状，取得及び譲渡の経緯，利用及び管理の状況等を総合して右目的ないし意図を合理的に認定することが必要である。特に，土地取得後の所有目的の変更の有無が問題となる事案については，右変更があったと主張されている時期の前後において，当該土地に係る会計処理，税務申告等や，当該土地の管理，利用，広告宣伝等の状況に変更があったかどうか，最終的にどのような経緯で当該土地が譲渡されたのか，そのほか，所有目的の変更があったことを示すどのような事実が存在するか等の事情を総合勘案し，所有目的の変更が客観的に看取できるものであったかどうかという観点から判断することが相当である」（名古屋地判平成4年2月28日・昭和63年（行ウ）第42号『判例タイムズ』803号147頁）と，慎重な態度が要求されることになります。

つまり，譲渡所得は，いわゆるキャピタル・ゲイン課税として，資産の譲渡により実現した保有期間中における資産価値の増加益に課税するものですから，増加益を発生させる資産が，譲渡所得の基因となる資産と考えれば理解しやすいでしょう。

不祥事が続いた日本相撲協会の改革で，親方株（年寄名跡）の管理方法についての議論は進んでいないようです。この話題に接するたびに，先年，マスコミを賑わした大相撲二子山親方の「二子山」親方株の譲渡に関して約3億円の申告漏れ報道を思い出します（『読売新聞』平成8年11月25日）。従来から名跡の継承には金銭の授受はないと説明されてきた親方株が高額で取り引きされ，譲渡所得の対象となる資産に該当するという課税庁の指摘は，親方株はある種の営業権と考えられるというわけです。

また，昨今の金価格の上昇による金地金の売買が話題になっています。名古屋国税局管内の話ですが，平成23年6月までの1年間で，延べ184人総額約10億円の譲渡所得の申告漏れがあったと報道されました（『読売新聞』平成24年

8月20日)。金地金もりっぱな資産といえます。

■ 19－2　譲渡の概念と財産分与

　譲渡についても，法は定義を規定していませんが，一般的には，売買，交換，競売，公売，収用，物納，代物弁済，財産分与，法人に対する現物出資などが，その範疇に入るとされています。

　譲渡所得に対する課税の本質は，資産の値上りによりその資産の所有者に帰属する増加益を所得として，その資産が所有者の支配を離れて他に移転するのを機会に，これを清算して課税する趣旨というものです。所得税法33条1項にいう「資産の譲渡」は，有償無償を問わず資産を移転させるいっさいの行為をいうものですから，譲渡所得の発生には，必ずしも譲渡が有償であることを必要としません。

　そこで，財産分与が譲渡の概念に含まれることは，従来から論議のあるところでした。夫婦が離婚したときには，その一方は他方に財産分与を請求することができます（民法768，771）。税務の取扱いでは，この財産分与による資産の移転は，譲渡所得の対象とされています（所基通33－1の4）。

　この背景には，財産分与義務の消滅は，経済利益として課税対象になると判示した最高裁昭和50年5月27日判決の存在が大きいといえます。

参考判例（19－1）【譲渡の意義】

> 最判昭和50年5月27日・昭和47年（行ツ）第4号
> （『最高裁民事判例集』29巻5号641頁・最高裁HP）
> 【概　要】
> 　財産分与が譲渡になると判断された事例
> 【判決要旨】
> 　①　譲渡所得に対する課税は，資産の値上りによりその資産の所有者に帰属する増加益を所得として，その資産が所有者の支配を離れて他に移転

するのを機会に，これを清算して課税する趣旨のものであるから，その課税所得たる譲渡所得の発生には，必ずしも当該資産の譲渡が有償であることを要しない。

したがって，所得税法33条1項にいう「資産の譲渡」とは，有償無償を問わず資産を移転させるいっさいの行為をいうものと解すべきである。そして，同法59条1項（昭和48年法律第8号による改正前のもの）が譲渡所得の総収入金額の計算に関する特例規定であって，所得のないところに課税譲渡所得の存在を擬制したものでないことは，その規定の位置及び文言に照らし，明らかである。

② 夫婦が離婚したときは，その一方は，他方に対し，財産分与を請求することができる（民法768条，771条）。この財産分与の権利義務の内容は，当事者の協議，家庭裁判所の調停若しくは審判又は地方裁判所の判決をまって具体的に確定されるが，右権利義務そのものは，離婚の成立によって発生し，実体的権利義務として存在するに至り，右当事者の協議等は，単にその内容を具体的に確定するものであるにすぎない。

③ 財産分与に関し右当事者の協議等が行われてその内容が具体的に確定され，これに従い金銭の支払い，不動産の譲渡等の分与が完了すれば，右財産分与の義務は消滅するが，この分与義務の消滅は，それ自体一つの経済的利益ということができる。したがって，財産分与として不動産等の資産を譲渡した場合，分与者は，これによって，分与義務の消滅という経済的利益を享受したものというべきである。

夫婦が離婚したときには，その一方は他方に財産分与を請求することができますが，最高裁は，この財産分与による資産の移転は，譲渡所得の対象となると判断したことになります。

民法では，財産分与は夫婦の財産関係の平等をはかるために行われるものとされ，夫婦財産の清算，離婚後の扶養，慰謝料の性質を持つとされています。財産の形成にあたっては，内助の功も貢献しているという観点からすれば，分

与財産の全部が課税対象となることに疑問も出てきます。例えば，上記の三つの性質に応じた課税を行うという方法も考えてもいいかもしれません。実務的には，財産分与の分与者に対する課税は定着しているといっていいでしょう。

しかし，この財産分与に対する課税により納税資金の調達できないことが，離婚成立の障害になっているという指摘があります。そのきっかけになった事例，最高裁平成元年9月14日判決は，事実，夫である分与者が，財産分与により自己に課税されないことを当然とし，その旨を黙示的に表示していたときは，その財産分与契約は錯誤により無効であると判示しています。この事例では，離婚の際，妻は子と共に住む土地建物を財産分与され登記も完了していたわけですが，夫は再婚し子までいるにもかかわらず，白紙に戻ることになってしまい，長く論争が続きました。

参考判例（19－2）【租税負担と錯誤】

> **最判平成1年9月14日・昭和63年（オ）第385号**
>
> （『判例時報』1336号93頁・最高裁HP）
>
> 【概　　要】
>
> 財産分与契約が租税負担がないという分与者の錯誤によるものとして無効とされた事例
>
> 【判決要旨】
>
> ①　意思表示の動機の錯誤が法律行為の要素の錯誤としてその無効をきたすためには，その動機が相手方に表示されて法律行為の内容となり，もし錯誤がなかったならば表意者がその意思表示をしなかったであろうと認められる場合であることを要するところ，右動機が黙示的に表示されているときであっても，これが法律行為の内容となることを妨げるものではない。
>
> ②　所得税法33条1項にいう「資産の譲渡」とは，有償無償を問わず資産を移転させる一切の行為をいうものであり，夫婦の一方の特有財産である資産を財産分与として他方に譲渡することが右「資産の譲渡」に当たり，

譲渡所得を生ずるものであることは，当裁判所の判例とするところであり，離婚に伴う財産分与として夫婦の一方がその特有財産である不動産を他方に譲渡した場合には，分与者に譲渡所得を生じたものとして課税されることとなる。

③　事実関係からすると，財産分与契約の際，少なくとも夫において右の点を誤解していたものというほかはないが，夫は，その際，財産分与を受ける妻に課税されることを心配してこれを気遣う発言をしたというのであり，記録によれば，妻も，自己に課税されるものと理解していたことが窺われる。そうとすれば，夫において，右財産分与に伴う課税の点を重視していたのみならず，他に特段の事情がない限り，自己に課税されないことを当然の前提とし，かつ，その旨を黙示的には表示していたものといわざるをえない。

④　財産分与契約の目的物は夫らが居住していた建物を含む不動産の全部であり，これに伴う課税も極めて高額にのぼるから，夫とすれば，前示の錯誤がなければ財産分与契約の意思表示をしなかったものと認める余地が十分にあるというべきである。夫に課税されることが両者間で話題にならなかったとの事実も，夫に課税されないことが明示的には表示されなかったとの趣旨に解されるにとどまり，直ちに右判断の妨げになるものではない。

■ 19－3　譲渡所得の計算

　譲渡所得の金額は，総収入金額から資産の取得費及びその資産の譲渡に要した費用の額を控除しその残額から特別控除額を控除した金額です（所法33③）。
　取得費と譲渡費用は，譲渡所得の計算上，原価と必要経費的立場におかれます。しかしながら，譲渡所得が，いわば臨時的・偶発的に発生する所得であるため，通常の必要経費の概念に比べ，その適用範囲は限定されることはいうま

でもありません。

　譲渡所得の金額の計算上控除する資産の取得費は，原則としてその資産の取得に要した金額並びに設備費及び改良費の額の合計額です（所法38①）。

　つまり，「取得に要した金額」とは，資産が他からの購入資産である場合には，買入れ原価，購入の手数料や登録に係る租税など資産の取得に要したすべての費用が含まれ，設備費とは，資産取得後において資産の量的改善に要した費用をいい，改良費とは，資産取得後において資産の質的な改善や向上に要した費用をいうものと考えられます。

　最近の事例では，遺産分割に係る弁護士費用が取得費に該当するかが争点となった裁判所の判断があります。東京高裁平成23年4月14日判決は，遺産分割は資産の取得をするための行為ではないから，これに要した費用は資産を取得するための付随費用には含まれない，と判示しています。

参考判例（19－3）【譲渡所得における取得費の意義】

> 東京高判平成23年4月14日・平成22年（行コ）第190号
> （『税務訴訟資料』261号順号11668）
>
> 【概　　要】
> 　遺産分割の際に要した弁護士費用は，遺産分割により取得した資産を譲渡した場合の譲渡所得の取得費には算入できないとして納税者の訴えを退けた事例
>
> 【判決要旨】
> 　遺産分割は，まず，これにより個々の資産の価値を変動させるものではなく，遺産分割に要した費用が当該資産の客観的価格を構成すべきものではないことが明らかである。そして，遺産分割は，資産の取得をするための行為ではないから，これに要した費用（例えば，遺産分割調停ないし同審判の申立手数料）は，資産を取得するための付随費用ということもできないといわざるを得ない（これに対し，例えば，既に共同相続人の共有名義の相続登記がされているときに，遺産分割の結果に基づいて単独名義に

> 持分移転登記手続をするために要する費用は，単独で相続したことを公示するために必要な費用であるから，単独名義の相続登記をする費用と同様に，資産を取得するための付随費用に当たるというべきである。）。したがって，遺産分割の手続について弁護士に委任をした場合における弁護士報酬は，相続人が相続財産を取得するための付随費用には当たらないものというべきである。

 この事例では，相続開始後遺産分割が完了するまで40年弱もかかっており，まさに争族といえる事情がありました。確かに，遺産分割は資産を取得するための行為ではありませんが，弁護士の代理がなければ相続はまとまらず，相続人は土地を取得することはできなかったといえます。現状では，本事案のような弁護士費用は，税法上考慮される機会がない費用ということになります。
 さらに，譲渡費用は，「その資産の譲渡に要した費用」（所法33③）と規定されていますが，適用要件や範囲に関する明確な規定はありません。税務の取扱いでは，資産の譲渡に際して支出した仲介手数料，運搬費，登記料その他当該譲渡のために直接要した費用や立退料，建物取壊し費用，売買契約解除に伴う違約金など譲渡価額を増加させるために支出した費用などの具体的例示があるのみです（所基通33-7）。

譲渡した資産の種類別課税方法

譲渡資産の種類		課税方法
土地（借地権等の土地の上に存する権利を含む）及び建物等		分離課税（土地建物等）
株式等	短期所有土地の譲渡とみなされるもの	分離課税（土地建物等）
	ゴルフ会員権の譲渡に類似するもの	分離課税
	上記以外の株式等に係る譲渡	分離課税（株式等）
その他の資産		総合課税

■ 19－4　居住用資産の譲渡

　譲渡所得の金額は，総収入金額から資産の取得費及びその資産の譲渡に要した費用の額を控除しその残額から特別控除額を控除した金額です（所法33③）。

　この特別控除額は，代表的で高額のものを示すと，5,000万円控除（収用等による譲渡），3,000万円控除（居住用財産の譲渡），2,000万円控除（特定土地区画整理事業等のための譲渡），1,500万円控除（特定住宅地造成事業等のための譲渡），800万円控除（農地保有合理化等のための農地等の譲渡）などが代表的な例でしょう。これらのなかで，もっとも一般に知られているものは，やはり居住用財産の譲渡に対する3,000万円控除といえるでしょう。

　個人が，その居住の用に供している家屋を譲渡したとき，居住用家屋とともにするその敷地等を譲渡したとき，災害により滅失した居住用家屋の敷地等を譲渡したとき，従来の居住用の家屋で居住の用に供されなくなったものを譲渡したときなどにおいては，居住用財産の譲渡に対する3,000万円控除の適用が受けることができます。

　つまり，3,000万円控除の特例の趣旨は，神戸地裁昭和60年6月24日判決が言及するように，「通常の居住用財産であれば特別控除額の範囲内で取得でき，居住用代替財産の取得を容易にできるようにし，特別控除額という免税制度によりその税負担を軽減することにある」ということになります。

参考事例（19－4）【特別控除の趣旨】

神戸地判昭和60年6月24日・昭和58年（行ウ）第1号
（『訟務月報』32巻3号677号）

【概　　要】
譲渡所得における特別控除の趣旨を言及した事例

【判決要旨】
租税特別措置法に定める，居住用財産を譲渡した場合の譲渡所得の計算

> にあたり，一定額の特別控除を認めているが，その趣旨とするところは，人間生活の基礎となる住宅事情を税制面から考慮して，居住用財産を譲渡した場合，いずれほかに居住用財産を求めなければならなくなるが，通常の居住用財産であれば特別控除額の範囲内で取得でき，居住用代替財産の取得を容易にできるようにし，特別控除額という免税制度によりその税負担を軽減することにある。他方，同条項は特別控除についてその乱用を防止するため連年適用を認めず3年に一度の適用を認めるにとどめている。したがって，このような特別控除及び連年適用制限の制度趣旨から考えると，同条項に定める「居住の用に供している家屋」とは，譲渡時若くはこれに近い時期までに，その者がある程度の時期継続的に真に起居するなど実質的に生活の本拠として利用している家屋をいうものと解すべきである。そして当該家屋を生活の本拠としているかどうかは，その者及び配偶者等家族構成員らの日常生活の状況，その家屋への入居目的，その家屋の構造，規模，設備及び管理の状況その他の諸事情を総合的に勘案し社会通念に照らして判断すべきである。

この居住用財産の判断は，譲渡又はこれに近い時期まで，ある程度の期間継続的に現実に起居し，社会通念に照らして実質的に生活の本拠として使用している家屋と考えることが一般的です。具体的な判断材料としては，住民票の移動，電気，ガス，水道の開栓及び使用，電気，ガス等の名義の変更などを根拠に，実質的な生活の本拠として使用していたか否かを認定することになると思われます。

■ 19-5　収用等の特例適用と自治体職員の誤教示

収用等は，国又は地方自治体に資産を売却することに他なりませんが，所有者の意思に反して強制的に譲渡するという見地から特別控除額が高額になっているといえるでしょう。ところで，最高裁平成22年4月20日判決は，この特例の

適用について，自治体職員の誤指導が認定され，納税者に対して国家賠償法に基づく補償が容認された事例です。自治体職員の誤指導を裁判所が認定した判例は極めて異例です。

事案の概要は，都市計画法によれば，政令市等の長は，都市計画施設の区域内の土地で政令市等の長が指定した「事業予定地」内において行われる建築物の建築については，これを許可しないことができ，この「事業予定地」内の土地の所有者から，建築物の建築が許可されないときは，土地利用に著しい支障を来すこととなることを理由として，当該土地を買い取るべき旨の申出があった場合には，特別の事情がない限り，当該土地を時価で買い取るものとされています。この場合に，5,000万円控除の特例の適用があります。

政令市職員は，都市計画施設の区域内の土地の売却を希望する納税者が具体的に建築物を建築する意思を欠いていることを認識しながら，納税者に対し，土地の売却に係る特例の適用がある旨の誤った教示をするとともに，買取りの申出をさせていました。納税者は，職員の指導に従って納税申告手続をした結果，所轄税務署長から本件特例の適用は認められないとして更正処分等を受けてしまいました。

最高裁は，「土地の売却に係る長期譲渡所得については特例の適用はないのであるから，納税者が特例の適用がないことを前提とする税額を納付したからといって，直ちに納税者に納税の額に相当する損害が発生したとはいえないが，市の担当職員の教示や指導がなければ，納税者が特例の適用があることを前提として納税申告をすることはなかったというべきである」と判示し，「延滞税の全部又は一部に相当する額を担当職員の指導等の行為による損害とみる余地や，納税者が他の特例の適用を検討する機会を逸したことにより損害が発生したとみる余地のあることも否定できない」と結論付けています。

つまり最高裁は，市職員による指導や教示の行為がなければ納税申告はなされなかったのであるから，市職員の誤教示・指導により過少申告加算税相当額の損害が発生したことは明らかとしています。一般の納税者にとっては，自治体職員も税務署職員も同じ公務員であり，その指導や教示を信頼することが当

然と考えがちです。納税者としては，市職員から指導を受けて行った申告が税務署から否認されたことへの驚きは計り知れません。担当職員の指導等と納税者の申告との因果関係を認めた最高裁の判断は妥当なものといえますが，一連の市の対応はかなり手がこんでおり，市職員の指導等であったとはいえ，その誤った指導等に安易にのってしまった納税者にも問題がなかったとはいえるかもしれません。

　しかし，本事案は，長年にわたって組織ぐるみの納税指導等を行ってきた自治体の意識の低さを露呈させ，税務行政に対する納税者の信頼を失墜させたことは明らかでしょう。

参考判例（19－5）【収用等の特例適用と市職員の誤教示】

> **最判平成22年4月20日・平成20年（受）第2065号**
> （『裁判所時報』1506号5頁・最高裁HP）
>
> **【概　　要】**
> 　納税者による申告は原則として自己責任が求められるが，自治体職員の指導に従った場合には一定の責任が自治体に生じうることを示した事例
>
> **【判決要旨】**
> 　①　都計法56条1項の規定による土地の買取りの申出をするには，当該土地の所有者に具体的に建築物を建築する意思があったことを要し，当該土地の所有者が，具体的に建築物を建築する意思を欠き，単に本件特例の適用を受けられるようにするため形式的に都計法55条1項本文の規定による不許可の決定を受けることを企図して建築許可の申請をしたにすぎない場合には，たとえ同申請に基づき不許可の決定がされ，外形的には都計法56条1項の規定による土地の買取りの形式が採られていたとしても，当該土地の売却に係る長期譲渡所得につき本件特例の適用はないものと解される〔最高裁平成21年（行ヒ）第110号同22年4月13日第三小法廷判決・裁判所時報1505号登載予定参照〕。
>
> 　②　事実関係等によれば，N市は，的確な法的根拠もないまま，長年に

わたり組織的かつ主導的に，都計法及び措置法の趣旨，目的に反する運用にのっとって都市計画施設の区域内の土地の買取りを進めていたのであって，納税者に対しても，土地の売却に係る長期譲渡所得につき措置法の特例の適用がある旨の教示をしただけでなく，特例の適用を受けられるようにするために，土地共有者の一人に建築図面の交付までして外形的に都計法56条1項の規定による土地の買取りであるかのような形式を整えさせ，納税申告をするように指導したというのである。

③　土地の売却に係る長期譲渡所得については特例の適用はないのであるから，納税者が特例の適用がないことを前提とする税額を納付したからといって，直ちに納税者に納税の額に相当する損害が発生したとはいえないが，N市の担当職員の上記の教示や指導がなければ，納税者が特例の適用があることを前提として納税申告をすることはなかったというべきであるから，納税者にも安易に上記の教示や指導に従った点で過失があることは否めないとしても，違法な公権力の行使に当たる行為により，納税者に過少申告加算税相当額の損害が発生したことは明らかである。のみならず，事実関係のいかんによっては，延滞税の全部又は一部に相当する額を担当職員の指導等の行為による損害とみる余地や，納税者が他の特例の適用を検討する機会を逸したことにより損害が発生したとみる余地のあることも否定できない。

④　納税者に損害が発生したとはいえないとして納税者の請求を棄却すべきものとした原審の判断には，判決に影響を及ぼすことが明らかな法令の違反がある。

■ 19-6　保証債務の履行と譲渡所得

　所得税法は，保証債務を履行するために土地建物などを売った場合には，所得がなかったものとして，譲渡所得が発止しないとする特例があります（所法

64②)。この保証債務の履行とは，本来の債務者が債務を弁済しないときに保証人などが肩代りをして，その債務を弁済することをいいます。

　この特例を受けるためには，以下の三つの要件のすべてに当てはまることが必要となります。

① 本来の債務者が既に債務を弁済できない状態であるときに，債務の保証をしたものでないこと。
② 保証債務を履行するために土地建物などを売っていること。
③ 履行をした債務の全額又は一部の金額が，本来の債務者から回収できなくなったこと。

　この回収できないとは，本来の債務者が資力を失っていることから債務の弁済能力がないため，将来的にも債務を回収できない，つまり求償権の一部又は全部の行使が不能という場合をさします。

　なお，所得がなかったものとする金額は，以下の三つのうち一番低い金額です。

① 肩代りをした債務のうち，回収できなくなった金額
② 保証債務を履行した人のその年の総所得金額等の合計額
③ 売った土地建物などの譲渡益の額

　納税者にとって保証債務を負担し，さらに資産を譲渡したことにより発生する税金の負担を求められるという二重の負担を負うことは過酷です。中小企業であれば，ほとんど会社と個人が一心同体であるため，自己の会社の保証人になることはよくありがちなことである。しかし，実際に本条文を適用するに当たっては，条文解釈と事実認定との間で生じる検討すべき問題が多いのです。①保証契約締結の事実又は保証債務の有無，②保証債務の履行のための資産譲渡に該当するかどうか，③保証債務の履行に伴い取得した求償権行使が不能かどうか，などが争点となります。

　この特例が適用されることで，いわば非課税となることから，納税者側も，これを悪用して課税を免れることを意図する場合もあります。債務者において資力がないため，そもそも求償権の行使が不可能であることを知っているにも

かかわらず保証した場合がその例でしょう。

　この場合は，初めから債務者に求償することを前提としていないので，保証人は，保証契約に基づいて債務を引受けたか，もしくは債務者に対して贈与した場合と実質的に同一視されるため，保証債務の特例の適用における実体的要件を満たさないと判断され，その適用は否定されます。しかし，契約書からは，契約当事者の主観的意図を汲み取ることは困難であると考えらますから，実務上，課税庁の判断には厳しいものがあることも当然といえます。

　ただ実際に，金融機関への返済に伴う保証債務履行による譲渡に際して，この特例の恩恵を受けることで課税上の救済を受けることも事実であり，そこにこの特例の意義があるはずです。

参考判例（19－6）【保証債務の履行】

> **さいたま地判平成16年4月14日・平成12年（行ウ）第18号**
> （『判例タイムズ』1204号299頁）
>
> 【概　　要】
> 　保証債務の履行に伴う譲渡所得課税の特例が争点となった事例
>
> 【判決要旨】
> 　①　譲渡所得課税は，資産が譲渡によって所有者の手を離れるのを機会にその所有期間中の増加益（キャピタル・ゲイン）を精算して課税しようとするものである。そして，資産の譲渡による譲渡代金の権利が確定したときは，原則として課税所得が発生するが，資産（事業用の資産を除く。）の譲渡代金の貸倒れ等による損失が生じた場合は，資産の譲渡収入により発生するはずであった担税力が発生しない結果となるから，課税所得のうちに含められた所得の部分については，課税所得がなかったものとして，その課税所得を修正することが適当である。
>
> 　②　債務保証を行い，その履行のために資産の譲渡があった場合において，その履行に伴う求償権の全部又は一部が行使できなくなったときは，上記の場合と同様，その求償権に基づく収入があった限度において譲渡収

入があったものとして譲渡所得課税を行うこととされている。要するに，所得税法64条2項の法意は，保証人が主債務者のために財産を譲渡して弁済し，かつ求償権行使が不能となったときは，資産の譲渡代金の回収不能が生じた場合と同様，結論的にその分はキャピタルゲインたる収入がなかったものと扱うという趣旨であると解される。

　③　所得税法64条2項に定める保証債務の特例の適用を受けるためには，実体的要件として，納税者が(ア)債権者に対して債務者の債務を保証したこと，(イ)上記(ア)の保証債務を履行するために資産を譲渡したこと，(ウ)上記(ア)の保証債務を履行したこと，(エ)上記(ウ)の履行に伴う求償権の全部又は一部を行使することができないこととなったことが必要であり，かつこれで足りるものであって，それ以上に債権者の請求があったことや主債務の期限到来が要求されているとは解し得ない。

第20講

固定資産税の課題

●●●●●●●●●●●●●●●●●●●●●●●●●●●●●●●●●●

　固定資産税は，地方税制における基幹税として重要な位置を占めています。土地税制・住宅税制の一環として，生活に及ぼす影響が大きい租税です。ところが，地域に密接なこれらの租税は，いままで課税のトラブルは何度も報道されてきた事実を否定できません。本講では，そんな側面から考えてみます。

■ 20－1　固定資産税の課税ミス

　最近の地方税判例を概観すると固定資産税に関して納税者が訴訟を提起した事例が目立ちます。確かに固定資産税は，地方税制における基幹税であることから，繁雑な課税事務において，課税トラブルは避けられないかもしれません。訴訟に至らなくても，課税トラブルに関する報道は枚挙にいとまがないことも否定できないことは，事実です。

　固定資産税徴収ミスに関する報道は，定期的といってもいいほど目立ちます。報道によれば，その原因は自治体職員の知識不足と単純ミスであり，発覚するのは氷山の一角であるという指摘もなされています。その対策としては納税者の対応策とされている不服審査制度の使い勝手の悪さも示されています。

　総務省は，全国の市町村で固定資産税を徴収しすぎるミスが相次いでいることを受け，各都道府県に対し注意を喚起する通知を出し，課税事務の検証，固定資産の評価にあたる職員の知識や能力の向上を通し，納税者の信頼を確保するよう求めたと報じられています（『日経新聞電子版』平成26年9月16日）。

いうまでもなく固定資産税は，市町村の税収に占める割合は極めて大きく，地域住民にとっても身近な租税の一つといえます。しかし，残念ながら課税ミスが多いことから，不祥事の話題は事欠かないのが現状です。

　当時，テレビのワイドショーなどでも取り上げられた話題ですが，固定資産税の誤評価による課税ミスについて国家賠償請求が認められた事例がありました。

　昭和62年度から平成18年度に至るまで，納税者の所有する倉庫は，一般用の倉庫に該当することを前提にして評価され，税額が決定されていたため，納税者は決定に従って固定資産税等を納付してきました。ところが，平成18年5月に納税者は，この倉庫が冷凍倉庫等に該当するとして，平成14年度から同18年度までの登録価格を修正した旨の通知を受け，その後，納税者は，同14年度から同17年度までの固定資産税等につき，納付済み税額と減額更正後税額との差額として389万9,000円を還付されました。

　これを受けて，納税者は昭和62年度から平成13年度までの各賦課決定の前提となる価格の決定には本件倉庫の評価を誤った違法があり，上記のような評価の誤りについて過失が認められると主張して，所定の不服申立手続を経ることなく，国家賠償法1条1項に基づき，上記各年度に係る固定資産税等の過納金及び弁護士費用相当額の損害賠償等を求めました。

　控訴審である名古屋高裁平成21年3月13日判決は，納税者の訴えを否定しましたが，最高裁平成22年6月3日判決は，固定資産税の誤評価による課税ミスについて国家賠償請求を認め，固定資産税評価の間違いについて固定資産評価審査委員会に審査の申出をできなかった場合においても，国家賠償訴訟による損害の回復の道があることを示しています。

参考判例（20－1）【固定資産税課税ミスと国家賠償】

最判平成22年6月3日・平成21年（受）第1338号
（『最高裁民事判例集』64巻4号1010頁・最高裁HP）

【概　要】
固定資産税の誤評価による課税ミスについて国家賠償請求を認めた事例

【判決要旨】
① 国家賠償法1条1項は，「国又は公共団体の公権力の行使に当る公務員が，その職務を行うについて，故意又は過失によって違法に他人に損害を加えたときは，国又は公共団体が，これを賠償する責に任ずる。」と定めており，地方公共団体の公権力の行使に当たる公務員が，個別の国民に対して負担する職務上の法的義務に違背して当該国民に損害を加えたときは，当該地方公共団体がこれを賠償する責任を負う。

② 地方税法は，固定資産評価審査委員会に審査を申し出ることができる事項について不服がある固定資産税等の納税者は，同委員会に対する審査の申出及びその決定に対する取消しの訴えによってのみ争うことができる旨を規定するが，同規定は，固定資産課税台帳に登録された価格自体の修正を求める手続に関するものであって（435条1項参照），当該価格の決定が公務員の職務上の法的義務に違背してされた場合における国家賠償責任を否定する根拠となるものではない。

③ 控訴審は，国家賠償法に基づいて固定資産税等の過納金相当額に係る損害賠償請求を許容することは課税処分の公定力を実質的に否定することになり妥当ではないともいうが，行政処分が違法であることを理由として国家賠償請求をするについては，あらかじめ当該行政処分について取消し又は無効確認の判決を得なければならないものではない〔最高裁昭和35年（オ）第248号同36年4月21日第二小法廷判決・民集15巻4号850頁参照〕。このことは，当該行政処分が金銭を納付させることを直接の目的としており，その違法を理由とする国家賠償請求を認容したとすれば，結果

的に当該行政処分を取り消した場合と同様の経済的効果が得られるという場合であっても異ならないというべきである。そして，他に，違法な固定資産の価格の決定等によって損害を受けた納税者が国家賠償請求を行うことを否定する根拠となる規定等は見いだし難い。

　④　固定資産の価格の決定及びこれに基づく固定資産税等の賦課決定に無効事由が認められない場合であっても，公務員が納税者に対する職務上の法的義務に違背して当該固定資産の価格ないし固定資産税等の税額を過大に決定したときは，これによって損害を被った当該納税者は，地方税法432条1項本文に基づく審査の申出及び同法434条1項に基づく取消訴訟等の手続を経るまでもなく，国家賠償請求を行い得るものと解すべきである。

　⑤　記録によれば，本件倉庫の設計図に「冷蔵室（－30℃）」との記載があることや本件倉庫の外観からもクーリングタワー等の特徴的な設備の存在が容易に確認し得ることがうかがわれ，これらの事情に照らすと，控訴審判決が説示するような理由だけでは，本件倉庫を一般用の倉庫等として評価してその価格を決定したことについてＮ市長に過失が認められないということもできない。

　⑥　以上と異なる見解の下に，納税者の請求を棄却すべきものとした控訴審の判断には，判決に影響を及ぼすことが明らかな法令の違反がある。論旨はこの趣旨をいうものとして理由があり，控訴審判決は破棄を免れない。

　賦課課税である固定資産税においては，自治体による評価間違いが問題となることが多いことは前述のとおりです。この点について地方税法は，固定資産評価審査委員会に対する審査の申出でその決定に対する取消しの訴えによってのみ争うことができる，と規定しています。さらに，その申出期限については，毎年4月1日の固定資産の価格を登録した旨の公示の日から納税通知書の交付を受けた日後60日以内に，文書をもって，固定資産評価審査委員会に審査の申出をすることができる，となっています。

納税者は，固定資産の評価等に不服がある場合には，この審査の申出により損害を回復する，というのが通常の手続です。しかし，審査申出の期限は非常に短いといえます。明らかに課税側である自治体職員のミスによって誤った課税がなされていた場合にも審査申出期限が過ぎてしまっている過去の分については救済される手段がないことになります。

　この事例は，倉庫が冷凍倉庫なのか，一般の倉庫なのかが問題となったのではなく，国家賠償請求により過去に遡り固定資産の評価が間違っていた場合の損害回復を求めることができるか，という点が問題となったといえます。賦課課税方式をとる固定資産税等においては，評価の間違いにすぐ気づかずに審査の申出をしない場合には国家賠償訴訟による損害の回復も求め得ない，というのでは，納税者にとって酷というべきでしょう。国家賠償請求訴訟による損害回復を認めた裁判所の判断は，妥当なものといっていいと思います。

■ 20−2　賦課課税の功罪

　周知のように納税義務が確定させる主要手続は，通常，申告納税方式と賦課課税方式の二つの方法がありますが，地方税の主流である賦課課税方式は，納税義務が課税庁の納税義務者に対する賦課決定によって確定する方法です。賦課決定は，通知書が納税義務者に送達したときに効力が生じることになります。

　賦課課税は，納税者にすれば，いわば通知課税であるから一方的な課税という意識は強いのも事実です。確かに，申告納税に比べ，手続きに関する納税者の負担という見地からすれば議論の余地はありません。しかし，賦課課税が疑問視されるのは，前述のように，固定資産税において頻発する誤課税や誤徴収の存在です。その結果，税務行政に対する納税者の不信も出てきます。賦課課税の本質は，納税者の行政に対する信頼であり，いわば課税ミスはないという前提に立つはずです。

　賦課課税における，いわゆるミスは，最終的には行政の怠慢という結論に帰することで，行政に対して注意を喚起することに止まることが多いような気が

します。しかし，根底には，税務職員の法律解釈に対する知識と認識の欠如があることを忘れてはなりません。

■ 20-3　固定資産の評価

　固定資産評価審査委員会は，教育委員会や選挙管理委員会等と共に市町村の執行機関の一端を担う行政委員会であり，市町村長から独立してその権限を行使することとなっています。この委員会が行う不服審査の制度は，簡易で迅速な国民の権利の救済と行政の適正な運営の確保を目的とする制度であるといえます。

　固定資産評価審査委員会は，固定資産税の適正賦課のために公正中立な存在であるべきです。しかし，審査委員会は，独自の職員を持つことなく，市町村長の補助職員が審査委員会の事務を行っている場合もあります。

　東京高裁平成10年9月30日判決では，この審査委員会の審理内容が，納税者の権利救済という本来の目的を達成しておらず，また第三者機関としての自主性を放棄したものと考えています。重要なことは，審査委員会の最終結論ともいうべき審査決定に至る合議において，審査委員会が公平性・中立性をいかに発揮できるかであり，それは審査制度の根幹をなすものといえるでしょう。

　判決では，この合議の実態を具体的に示して，その違法性を指摘しています。

　審査委員会は公正・中立な独立の機関として，その審査機能を十二分に果たすべきであるとの裁判所の見解が如実に表れているといえます。このような，なれ合い体質の打破が，課税庁との距離が近い地域住民である納税者の信頼に繋がるはずと考えます。

　この事例は，上告審でも争われましたが，控訴審判決とは異なり，最高裁平成14年7月9日判決（平成10年（行ヒ）第104号『判例地方自治』234号22頁）は，審査委員会の手続に不適切な点があったとしても，審査決定が違法であるとはいえないと判断しています。

参考判例（20－2）【固定資産の評価】

東京高判平成10年9月30日・平成10年（行コ）第46号
（『判例時報』1667号20頁・最高裁HP）

【概　　要】
固定資産評価審査委員会の中立性が争点となった事例

【判決要旨】
①　地方税法423条が固定資産の登録価格についての不服の審査を，評価，課税の主体である市町村長から独立した第三者的機関である固定資産評価審査委員会に行わせることとしているのは，中立の立場にある委員会に固定資産の評価額の適否に関する審査を行わせ，これによって固定資産の評価の客観的合理性を担保し，納税者の権利を保護するとともに，固定資産税の適正な賦課を期そうとするものである。

②　本件審査決定に至る手続は，本件審査委員会の第2回委員会における調査（資産税課長の補足説明等）終了後も，本件審査委員会は，一方の当事者である原処分庁（K市長）の補助機関であるK市の税務部長，税務部次長兼主税課長，資産税課長その他職員数名の退席を求めることをせず，固定資産税の賦課徴収を担当する主税課の課長，固定資産評価員である資産税課長及び固定資産評価補助員である職員が同席する場で，本件審査請求の適否についての合議をした上，本件審査請求を棄却することに決定し，書記の朗読した決定書の原案について承認しているのである。そればかりではなく，本件審査委員会の委員3名は，本件審査決定の決定書を作成した後，本件審査委員会名の決定書の正本又は副本を当事者に送達する前に，その送付に関して，右の税務部長，税務部次長兼主税課長及び資産税課長と合議している。

③　本件審査決定手続は，委員会の制度が，簡易，迅速に納税者の権利救済を図ることを目的とする行政救済手続であり，民事訴訟，行政事件訴訟における程の厳格な独立性，中立性を要請されるものではないことを考

> 慮しても，いささか一方の当事者にすぎない原処分庁に偏したとみられる審査決定手続であって，委員会の独立性，中立性に著しく反するものとの評価を免れず，地方税法423条，同425条1項の規定の趣旨に反する違法な手続であるといわざるを得ない。

■ 20-4 適正な時価

　固定資産税は，原則として1月1日（賦課期日）現在における固定資産の所有者として，固定資産税台帳に登録された者に課税されます（台帳課税主義）。固定資産税の課税標準は，課税台帳に登録されている価格であり，これが適正な時価ということになります。この価格は，3年ごとに総務大臣が告示する固定資産評価基準で評価する方法によることになっています。

　市町村長は，固定資産の価格等を固定資産税台帳に登録し，納税者にその登録内容を開示し，登録事項の確認をしなければなりません。これを固定資産税台帳の縦覧といいますが，縦覧の結果，納税者が内容に不服がある場合には，固定資産評価審査委員会に審査の申し出をすることができます。

　固定資産税の課税標準である適正な時価の意義が争点となった最高裁平成18年7月7日判決は，課税標準とされている土地の価格である適正な時価とは，正常な条件の下に成立する当該土地の取引価格，すなわち，客観的な交換価値をいうと判示しています。

　この事例では，納税者は，固定資産の価格である適正な時価は，値上がり益や将来の収益の現在価値を含まない，その年度において当該固定資産から得ることのできる収益を基準に資本還元した価格，すなわち，収益還元価格によって算定されなければならないと主張しました。固定資産税は，財産や収益に着目して課される物税であり，固定資産自体がこれを負担し，当該固定資産によって標準的に得られる収益に課されるべきという見解です。

　判決は，適正な時価はその土地の取引価格，すなわち客観的な交換価値とす

ると明示し，かねてより争われてきた適正な時価の解釈をめぐる論争に，一石を投じたものであるといわれています。

　固定資産税評価額は，固定資産税の課税標準であると同時に，相続税評価額に連動しています。つまり，相続税及び贈与税の課税計算において，時価評価と位置付けられている現状を踏まえると，それが与える影響も大きいものがあります。固定資産税評価額が示す適正な時価の評価が，単に地方自治体の重要な財源という見地だけでは，その意義を正しく評価していないと考えます。

参考判例（20-3）【適正な時価】

> **最判平成18年7月7日・平成15年（行ヒ）第30号**
> （『判例時報』1949号23頁・最高裁HP）
>
> 【概　　要】
> 　固定資産税の課税標準である適正な時価の意義が争点となった事例
>
> 【判決要旨】
> 　① 土地に対する固定資産税は，土地の資産価値に着目し，その所有という事実に担税力を認めて課する一種の財産税であって，個々の土地の収益性の有無にかかわらず，その所有者に対して課するものであるから，その課税標準とされている土地の価格である適正な時価とは，正常な条件の下に成立する当該土地の取引価格，すなわち，客観的な交換価値をいうと解される（最高裁平成10年（行ヒ）第41号同15年6月26日第一小法廷判決・民集57巻6号723頁参照）。
> 　② 上記の適正な時価を，その年度において土地から得ることのできる収益を基準に資本還元して導き出される当該土地の価格をいうものと解すべき根拠はない。また，一般に，土地の取引価格は，上記の価格以下にとどまるものでなければ正常な条件の下に成立したものとはいえないと認めることもできない。

■ 20-5　新築工事中の家屋の評価

　地方税法341条3号は家屋について，「住家，店舗，工場（発電所及び変電所を含む。），倉庫その他の建物をいう」と規定していますが，どの程度まで建築されたときに家屋となるかは規定していません。そのため，工事中の建造物については，どの時点をもって家屋といえるかが問題となることがあります。

　新築工事中の家屋の評価基準が争点となった最高裁昭和59年12月7日判決は，新築工事中の建造物が固定資産税の課税対象である家屋となる時期について，主要な構造部が完成していれば客体となるか，もしくは一連の新築工事が終了したときに客体となるかが争われました。

　固定資産税は，所有者として登記簿等又は固定資産税課税台帳に登録されている者が納税義務者とみなされる。実際には不動産登記が前提であり，登記簿に登記されていない場合には，固定資産税は課税されません。換言すれば，登記申請が受理されなければ登記簿に記載されない以上，一連の新築工事が終了し，登記の申請義務が課せられたときを固定資産税の課税客体とするという本事案の判断は，当然の帰結といえます。そうでなければ，台帳課税主義を採用する意味がないことになるといっていいでしょう。

参考判例（20-4）【新築工事】

> 最判昭和59年12月7日・昭和58年（行ツ）第19号
> （『最高裁民事判例集』38巻12号1287頁・最高裁HP）
>
> 【概　　要】
> 　新築工事中の家屋の評価基準が争点となった事例
>
> 【判決要旨】
> 　① 固定資産税は，家屋等の資産価値に着目し，その所有という事実に担税力を認めて課する一種の財産税であるところ，新築の家屋の場合は，一連の新築工事が完了した段階において初めて家屋としての資産価値が定

まり，その正確な評価が可能になるというべきである。

② 新築工事中の建造物が，工事の途中においても，一定の段階で土地を離れた独立の不動産となる場合のあることは否定できないが，独立の不動産となる時期及びその時期における所有権の帰属を認定判断することは課税技術的に必ずしも容易なことではないのであって，工事途中の建造物を課税客体とすることは，固定資産の持つ資産価値に着目しつつ明確な基準の下に公平な課税を図るべき固定資産税制度の趣旨に沿うものとはいうことができない。

③ 地方税法は，固定資産税につきいわゆる台帳課税主義を採用し，家屋については，第一次的に建物登記簿の登記によって納税義務者たる所有者を把握することとし，市町村長は建物登記簿に「登記されるべき家屋」が登記されていないため課税上支障があると認める場合においては当該家屋の所在地を管轄する登記所にその登記をすることを申し出ることができる旨規定している。

④ ここにいう「登記されるべき家屋」とは，不動産登記法の規定により建物表示登記の申請義務を課せられた家屋であり，それは一連の新築工事が完了した家屋をいうと解される。

⑤ 更に，地方税法は，固定資産税の課税標準たる家屋の価格に係る「家屋の改築又は損壊その他これらに類する特別の事情」がある場合の評価替えについて規定しているが，一連の新築工事における続行工事を右規定にいう改築又はこれに類するものと見ることは困難であって，地方税法が右続行工事による価値の増加を理由とする右価格の評価替えを予定しているとはいい難い。

以上のような固定資産税の性質目的及び地方税法の規定の仕方からすれば，新築の家屋は，一連の新築工事が完了した時に，固定資産税の課税客体となると解するのが相当である。

■ 20-6　不動産の真実の所有者

　固定資産の所有者が，固定資産税の納税義務者となります。土地や家屋については，所有者として登記簿又は固定資産課税台帳に登録されているものが納税義務者とみなされます。したがって，その年の1月1日現在，固定資産税の所有者となったとしても，登記簿又は固定資産課税台帳に登録されていない場合には，固定資産税は課税されないことになります。固定資産税の賦課について，このいわゆる台帳課税主義を採用した理由は，徴税事務の効率化といえるでしょう。

　この制度は，所有者でないのに課税され，あるいは所有者でありながら課税を免れるという不公平を生じさせる余地がありますが，登記簿上の所有者と真実の所有者が一致しない場合に，真実の所有者の判定が必ずしも容易ではなく，市町村長にその判定をさせることも妥当ではないこと，等を考え合わせると，直ちに違法であるとはいえないと思います。

　不動産登記は，不動産（土地及び家屋）の物理的現況と権利関係を公示するために作られた登記簿に登記する制度であり，一般的には所有権の移転に伴い登記事項の変更が行われ，所有者が第三者も確認できることになります。

　相違する固定資産税の納税義務者と登記名義人の関係について言及した最高裁昭和47年1月25日判決の背景には，特別な事情が窺われますが，通常の不動産取引においても売買当事者間で，契約締結後に賦課される固定資産税の負担について紛争が生じることはあります。一般的には，売買契約締結即登記申請というのが常識的な行為です。しかし，年末年始における不動産取引や固定資産税賦課通知書の送付時期などにより，納付の不知や誤解から当事者間でトラブルが起きることもあり得る話です。

　ただ現在では，不動産の売買契約書に契約締結後に賦課される固定資産税や未納の固定資産税の納付に関して，特約条項が定められることが当然とされていますから，混乱は少ないでしょう。自動車税のように，所有者の移転に伴い

納税額が月数按分されるものもありますが，固定資産税は制度上，難しいかもしれません。

参考判例（20－5）【不動産の真実の所有者】

> 最判昭和47年1月25日・昭和46年（オ）第766号
> (『最高裁民事判例集』26巻1号1頁・最高裁HP)
>
> 【概　　要】
> 　相違する固定資産税の納税義務者と登記名義人の関係について言及した事例
>
> 【判決要旨】
> 　①　原告は地方税法の規定により登記名義人として課税され，被告会社および右訴外人には課税されなかったのであるが，固定資産税，都市計画税は不動産の所有者に課せられるべきものであって，ただ徴税上の技術的考慮から一定の時点における登記簿上の所有名義人をもって納税義務者としたものにほかならないと解せられる。
> 　②　それ故所有権の変動に遅れて登記簿上所有名義の変動があった場合前名義人が納税義務者となった場合は別異に解せられる余地があるにしても前認定のごとく，登記簿上の名義人の変動が無効な登記によるものである場合は真の所有者と登記簿上の名義人との関係においては課税を免れた真の所有者は不当に利得したものというべきである。そして，このように解することが衡平の原則に適うものであることはいうまでもない。

■ 20－7　固定資産税の賦課期日に未登記であった新築家屋

　固定資産税は，原則として1月1日（賦課期日）現在における固定資産の所有者として，土地又は家屋については，登記簿又は土地補充課税台帳若しくは家屋補充課税台帳に所有者として登記又は登録された者に課税されます。これを台帳課税主義といっていますが，通常の理解としては，不動産登記を経るこ

とで，課税台帳に登載され，所有者として課税対象となると考えられてきました。最高裁平成26年9月25日判決は，不動産登記簿未登記の新築建物に固定資産税が賦課された興味深い事例です。

納税者は，平成21年12月7日に家屋を新築し，その所有権を取得しましたが，平成22年1月1日の時点では，その家屋につき登記はされておらず，家屋補充課税台帳における登録もされていませんでした。その後，平成22年10月8日にその家屋につき，所有者を納税者として，登記原因を「平成21年12月7日新築」とする表題登記がされました。

これに対して，課税庁は，平成22年12月1日，その家屋につき，平成22年度の家屋課税台帳に，所有者を納税者，建築年月を平成21年12月，新増築区分を新築とするなどの所要の事項の登録をした上で，同日，納税者に対しその家屋に係る平成22年度の固定資産税等の賦課決定処分をしました。この最高裁の判断は，1月1日に未登記の場合には課税されないという安易な節税話も消滅したといっていいでしょう。

参考判例（20-6）【未登記家屋】

> 最判平成26年9月25日・平成25年（行ヒ）第35号
> （最高裁民事判例集』68巻7号722頁・最高裁HP）
> 【概　　要】
> 家屋の現況から未登記の所有者に課税された事例
> 【判決要旨】
> ①　固定資産税は，土地，家屋及び償却資産の資産価値に着目し，その所有という事実に担税力を認めて課する一種の財産税であるところ，法は，その納税義務者を固定資産の所有者とすることを基本としており，その要件の充足の有無を判定する基準時としての賦課期日を当該年度の初日の属する年の1月1日としているので，上記の固定資産の所有者は当該年度の賦課期日現在の所有者を指すこととなる。
> ②　他方，土地，家屋及び償却資産という極めて大量に存在する課税物

件について，市町村等がその真の所有者を逐一正確に把握することは事実上困難であるため，法は，課税上の技術的考慮から，土地又は家屋については，登記簿又は土地補充課税台帳若しくは家屋補充課税台帳に所有者として登記又は登録されている者を固定資産税の納税義務者として，その者に課税する方式を採用しており，真の所有者がこれと異なる場合における両者の間の関係は私法上の求償等に委ねられているものと解される。

③　このように，法は，固定資産税の納税義務の帰属につき，固定資産の所有という概念を基礎とした上で，これを確定するための課税技術上の規律として，登記簿又は補充課税台帳に所有者として登記又は登録されている者が固定資産税の納税義務を負うものと定める一方で，その登記又は登録がされるべき時期につき特に定めを置いていないことからすれば，その登記又は登録は，賦課期日の時点において具備されていることを要するものではないと解される。

④　そして，賦課期日の時点において未登記かつ未登録の土地若しくは家屋又は未登録の償却資産に関して，法は，当該賦課期日に係る年度中に所有者が固定資産税の納税義務を負う不足税額の存在を前提とする定めを置いており，また，賦課期日の時点において未登記の土地又は家屋につき賦課期日後に補充課税台帳に登録して当該年度の固定資産税を賦課し，賦課期日の時点において未登録の償却資産につき賦課期日後に償却資産課税台帳に登録して当該年度の固定資産税を賦課することを制度の仕組みとして予定していると解されること等を踏まえると，土地又は家屋に係る固定資産税の納税義務の帰属を確定する登記又は登録がされるべき時期について上記のように解することは，関連する法の諸規定や諸制度との整合性の観点からも相当であるということができる。

⑤　以上によれば，土地又は家屋につき，賦課期日の時点において登記簿又は補充課税台帳に登記又は登録がされていない場合において，賦課決定処分時までに賦課期日現在の所有者として登記又は登録されている者は，

当該賦課期日に係る年度における固定資産税の納税義務を負うものと解するのが相当である。

⑥　なお，土地又は家屋について，賦課期日の時点において登記簿又は補充課税台帳に登記又は登録がされている場合には，これにより所有者として登記又は登録された者は，賦課期日の時点における真の所有者でなくても，また，賦課期日後賦課決定処分時までにその所有権を他に移転したとしても，当該賦課期日に係る年度における固定資産税の納税義務を負うものであるが，このことは，賦課期日の時点において登記簿又は補充課税台帳に登記又は登録がされていない場合に，賦課決定処分時までに賦課期日現在の所有者として登記又は登録されている者が上記のとおり当該年度の固定資産税の納税義務を負うことと何ら抵触するものではない。

⑦　前記事実関係等によれば，納税者は平成21年12月に本件家屋を新築してその所有権を取得し，本件家屋につき，同22年10月に所有者を納税者として登記原因を「平成21年12月7日新築」とする表題登記がされ，平成22年12月1日に本件処分がされたものであるから，納税者は，賦課決定処分時までに賦課期日である同年1月1日現在の所有者として登記されている者として，本件家屋に係る平成22年度の固定資産税の納税義務を負うものというべきである。

第21講

不動産取得税の論理

　不動産取得税は，資産課税である固定資産税の課税開始を決めるともいえる租税です。資産取得に伴い課税される租税に自動車取得税がありますが，不動産の取得という論理は，自動車取得税ほどシンプルな税制ではありません。本講では，その論理について考えてみます。

■ 21−1　不動産取得税の意義

　租税の課税対象として，所得，資産，消費，流通に係る経済行為や取引が挙げられます。資産においては，資産の取得，維持，管理，運用に伴う資力に担税力を見いだし，そこに課税するという考え方といえるでしょう。

　資産課税といえば，不動産に課税する固定資産税，自動車に課税する自動車税が思いつきますが，これらの租税には，ともに取得時に課税する不動産取得税，自動車取得税が存在します。

　これらの租税は，それぞれ資産を取得するだけの資力を持っていることに担税力があるとして，その経済力に着目したといえます。

　ただ，自動車取得税の場合は，自動車として機能を有する商品を取得するわけですから，課税客体は，いわば完成品が対象であり，また所得者も明確な意思を持って取得していますから，課税自体に疑義を申し立てることはありません。

　これに対して不動産取得税は，概要のとおりシンプルな税制に思えますが，過去においては，基本的な問題としての議論がありました。

■ 21-2 不動産取得の意義

　不動産の取得とは，売買，贈与，交換による取得のほか，家屋の新築，改築，増築も含まれるとされています。このうち改築については地方税法73条の2第3項に規定がありますが，増築については明文の規定がなく，増築は元の家屋に統合される場合が多いため，不動産の取得に含むべきではないとの指摘があります。

　不動産取得税において議論となるのは，非課税の対象です。非課税については，不動産の取得の態様について検討されることになります。課税区分にあたっては，相続等，法人の合併・分割，換地等などのように取得の原因のほか，公共の用，宗教法人，学校法人など取得者による区別に限定されています。さらに，宗教法人が，専らその本来の用に供する宗教法人法3条に規定する境内建物及び境内地を取得した場合には非課税となるなど，対象者だけでなく，対象不動産についても定められている場合があります。

　東京地裁平成20年7月4日判決は，不動産所得税の意義と性格が争点となった事例ですが，その判決では，「不動産の取得」とは，不動産の取得者が実質的に完全な内容の所有権を取得するか否かには関係なく，所有権移転の形式による不動産の取得のすべての場合を含むものと解すると判断しています。

参考判例（21-1）【不動産取得の意義】

> 東京地判平成20年7月4日・平成20年（行ウ）第11号
> （最高裁HP）
> 【概　　要】
> 不動産所得税の意義と性格が争点となった事例
> 【判決要旨】
> ①　地方税法73条の2第1項の「不動産の取得」とは，他に特段の規定がない以上，不動産所有権の取得を意味するものと解するのが相当であり，

その取得が認められる以上，取得原因のいかんを問わないものと解すべきである（最高裁昭和40年（行ツ）第12号同45年10月23日第二小法廷判決・集民101号163頁参照）。

②　不動産取得税は，いわゆる流通税に属し，不動産の移転の事実自体に着目して課せられるものであって，不動産の取得者がその不動産を使用収益し，処分することにより得られるであろう利益に着目して課せられるものではないことに照らすと，同項にいう「不動産の取得」とは，不動産の取得者が実質的に完全な内容の所有権を取得するか否かには関係なく，所有権移転の形式による不動産の取得のすべての場合を含むものと解するのが相当である（最高裁昭和43年（行ツ）第90号同48年11月16日第二小法廷判決・民集27巻10号1333頁参照）。

③　納税者は，平成18年2月1日，本件宗教法人から本件各不動産の寄付を受け，本件各不動産の所有権を取得しているのであるから，納税者の本件各不動産の取得は，地方税法73条の2第1項の「不動産の取得」に該当するものというべきである。

④　地方税法73条の7は，形式的な所有権の移転等に対する不動産取得税の非課税について規定しているところ，不動産取得税は，いわゆる流通税に属し，不動産の移転の事実自体に着目して課せられるものであるが，不動産の所有権の移転があっても，当該所有権の移転が形式的なものにすぎず，そこに担税力を見いだすことが必ずしも適当ではないと認められる不動産の取得について，例外的に非課税とする旨規定したものと解するのが相当である。

⑤　法人が新たに法人を設立するために現物出資を行う場合における不動産の取得に対しては，不動産取得税を課することができない旨規定し……現物出資とは，金銭以外の財産をもってする出資であるところ，本件宗教法人は，納税者に対し，本件各不動産の寄付をしたのであって，本件各不動産を現物出資したのではない。

■ 21-3　遺産分割と不動産の取得

　地方税法73条の7第1号にいう「相続による不動産の取得」についての議論があります。

　広島高裁昭和59年7月26日判決は，遺産分割による不動産取得の意義について検討された事例です。共有持分の取得が該当するかどうかが争点となっています。納税者の不動産の取得について，第1審岡山地裁昭和58年4月13日判決（昭和54年（行ウ）第6号・『判例地方自治』1号27頁）は，第1回遺産分割協議による所有権の取得のみであり，その後の共有持分の取得は新たな法律行為に基づくものであるから，課税庁の賦課処分に違法はないとしました。これに対し，控訴審は，相続を原因として取得したものであると判断し，処分を違法としています。最高裁昭和62年1月22日判決（昭和59年（行ツ）第299号・『判例時報』1227号34頁・最高裁HP）もこの広島高裁の判断を是認しています。

　不動産取得税は，相続による不動産の取得には課税されません。この非課税措置は，ある種の所有権の移転について，そこに担税力が見出されるような不動産の取得があったとして課税することは，適当でないという理由から設けられています。これは相続の本質を認識した制度といえます。

　もっとも，相続は非日常的なものです。そのため手続きの不備や混乱が生じることは当然といえます。相続人間の争い，いわゆる争族という事態が重なれば，配偶者の税額軽減・小規模宅地等の評価減の特例が受けられないという，より深刻な状況も出てきます。

　相続において，遺産分割は相続に係る基本手続きであり，極めて重要な決定でもあります。結論に達するまで時間を要する場合も少なくありません。一旦結論として合意された遺産分割であっても，相続財産の多寡ではなく，分割方法によっては相続税の負担も変わるという相続税の計算に直面すれば，さらに相続人間の合意に基づき，遺産分割の見直しが何度も行われたとしても，決し

て不自然なことではないのです。

参考判例（21-2）【遺産分割と不動産の取得】

> 広島高判昭和59年7月26日・昭和58（行コ）第2号
> （『シュトイエル』280号10頁）
> 【概　　要】
> 　遺産分割による不動産取得の意義について検討された事例
> 【判決要旨】
> 　①　地方税法73条の7第1号が相続による不動産の取得を，それが法律上の所有権の移転にあたるものでありながら，非課税としたのは，相続においては，被相続人の死亡の事実によって，相続人は，被相続人に属した一切の権利義務を承継するものとし，この間に形式的には相続人への所有権の移転があるものの，権利の主体については，相続人は，被相続人の有していた法律上の地位を当然に承継するもの，即ち，相続人は，法律上相続財産にかかる権利義務については被相続人と同一主体の関係に立つとされ，この間には，権利の主体に変更がないものとされることに基づくものと解される。
> 　②　納税者が本件各土地に対する共有持分を取得したのは，法律上も，また実質からも，納税者がその余の相続人から共有持分権の譲渡を受けたものではなく，被相続人が本件相続財産に対して有していた所有権の一部を，相続を原因として承継したものと解されるものであるから，納税者の右持分の取得は，「相続による不動産の取得」にあたるものと解するのを相当とし，もとよりこのように解したからといって，いわゆる流通税に属する不動産取得税の本質に悖るものでもない。
> 　③　納税者の本件各土地に対する共有持分権の取得は地方税法73条の7第1号にいう「相続による不動産の取得」にあたるから，これに対しては，不動産取得税を課することができないものであるところ，右にあたらないものとしてなされた本件各課税処分は，いずれも違法というべく，従って

> 右各処分は，その余の点について判断するまでもなく，いずれも取消を免れないから，納税者の本訴請求は，正当として，これを認容すべきところ，これと異なる原判決は失当であって，本件控訴はその理由があるから，原判決を取消す。

■ 21－4　不動産取得税と固定資産税評価額

　不動産取得税と固定資産税は，ともに登録価格を課税標準としています。不動産の価格は，需給の事情や，家屋の個別的事情により大きく変動するため，地方税法73条により家屋に適用される評価方式との間に差が生じやすいといえます。この登録価格と時価の格差の客観性が争点となった事例があります。

　従来から，この73条にいう「特別な事情」について，賦課期日後に生じた価格変動要因に限定する考え方と，賦課期日当時において著しい価格の乖離が生じていれば足りるとする考え方が対立していました。

　最高裁平成6年4月21日判決は前者の立場に立ち，賦課期日後に価格の乖離が生じた場合には「特別な事情」にあたると判断しましたが，納税者からそのような主張がなかったという理由から，控訴審・福岡高裁平成4年9月10日判決（平成4年（行コ）第4号・『判例時報』1469号68頁）での納税者勝訴の判決を覆しました。最高裁の判断の根底には，不動産の評価の統一と徴税事務の簡素化という地方自治体の税務行政の目的に沿ったものといえるでしょう。ただ同時に，納税者の視点に立てば，固定資産税と同様に不動産取得税に関する簡易な救済制度も検討すべきといえます。

参考判例（21-3）【不動産の取得価格】

最判平成6年4月21日・平成4年（行ツ）第196号
（『判例時報』1499号59頁・最高裁HP）

【概　　要】
　不動産取得税における不動産価格と固定資産税評価額の関係が争点となった事例

【判決要旨】
　①　固定資産税の課税対象となる土地及び家屋（発電所及び変電所を除く。）と不動産取得税の課税対象となる土地及び家屋とは同一であり，両税の課税標準である不動産の価格も等しく適正な時価をいうものとしている。

　②　地方税法は，固定資産課税台帳に登録される固定資産の価格が適正な時価であるようにするため，市町村長等が行う固定資産の評価及び価格の決定は自治大臣により定められた評価の基準並びに評価の実施の方法及び手続（固定資産評価基準）に基づいて行い，決定された価格については固定資産税の納税者に不服申立ての機会を与えるなどの規定を設け，さらに，このようにして固定資産課税台帳に登録された基準年度の価格についても，第2年度，第3年度において，「地目の変換，家屋の改築又は損壊その他これらに類する特別の事情」等が生じたため基準年度ないし第2年度の価格によることが不適当，不均衡となる場合には，これによらずに当該不動産に類似する不動産の基準年度の価格に比準する価格によることとするなどの規定を設けている。

　③　道府県知事が不動産取得税の課税標準である不動産の価格を定めるに当たっては，原則として，固定資産課税台帳の登録価格によることとし，両税間における不動産の評価の統一と徴税事務の簡素化を図ったものである。

　④　地方税法73条の21第1項ただし書きにいう「当該固定資産の価格に

より難いとき」とは，当該不動産につき，固定資産税の賦課期日後に増築，改築，損壊，地目の変換その他特別の事情が生じ，その結果，右登録価格が当該不動産の適正な時価を示しているものということができないため，右登録価格を不動産取得税の課税標準としての不動産の価格とすることが適当でなくなった場合をいうものと解すべきである。

⑤　不動産取得税の納税者は，右登録価格を課税標準としてされた賦課処分の取消訴訟においては，当該不動産の時価と右登録価格とに隔差があることを主張するだけでは足りず，それが，賦課期日後に生じた右にいう特別の事情によるものであることをも主張する必要があるものというべきである。

第22講

滞納と差押え

●●

　滞納対策は，地方税務行政において極めて重要な施策ですが，その対策の一環として時効対策と差押えの実施があります。この二つは，滞納問題を解決する手続きのなかでもっとも法令遵守が要求される手段と考えます。本講では，この滞納対策について検討します。

■ 22－1　地方税の滞納対策

　租税の滞納問題は，地方自治体が急務とする対策です。徴税率の向上には，地方自治体が持つ，いわば徴税力の強化が必要です。徴税力を重視することが，地方自治体に求められている大きな課題といえます。

　地方税の領域で滞納税目では，住民税が当然，第1位ですが，市町村税では固定資産税が，道府県税では自動車税がその次に位置づけられています。ともに課税対象が資産課税ということになりますが，固定資産税の対象となる土地家屋に比べ，自動車税の対象となる自動車を所有する者の数は，圧倒的に多いことはいうまでもありません。いわば自動車税は，軽自動車税も含めれば，消費税の次に身近な税といえるでしょう。

　自動車税は，自動車所有者の立場からすれば，車検手続きに納付済みの証明書が必要になります。そこで，1，2年は滞納していても，車検時に納付せざるを得ない税と考えれば，暦年ごとの滞納状況だけでは正確な滞納額は算出することは難しいのかもしれません。

身近な税といっても，消費税は間接税ですし，住民税も特別徴収であるため，納税者が直接，納税することはありません。固定資産税は，納税額が大きいことから振替納税を選択する場合もあります。つまり，そう考えると自動車税は，納税者が直接，金融機関等で納付する機会が多い税かもしれません。納税者が直接，納税する税目なら，やはり納税環境の整備が重要な滞納対策といえます。

　滞納の背景と要因は複雑ですが，納税者に義務感を押しつけるばかりではなく，納付しやすい条件の設定というのも選択に入れるべきでしょう。少なくとも地方自治体自身や金融機関等が納税に関して毎日24時間のサービスに対応することができないならば，代替手段を講ずるべきです。

　最近では，国の税収が順調だと報道されています。当然，国税の増収は地方税にも連携し，税収がアップすることになるでしょう。しかし，この滞納問題を忘れてはならないこというまでもありません。

地方税の滞納残高（累積）の推移

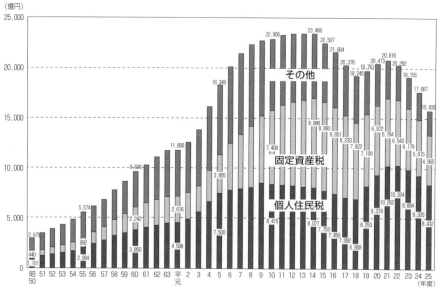

（注）1　各年度末における調定済額から収入済額を控除した，現年分及び滞納繰越分に係る滞納額の合計である。
　　　2　執行停止中及び督促前の滞納額を含み，延滞金及び加算金を含まない。

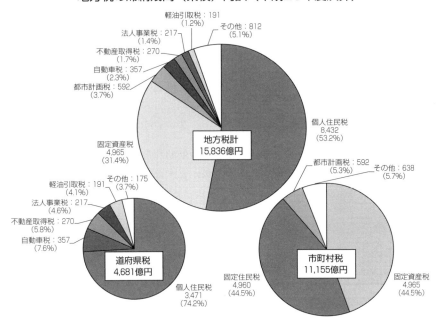

総務省HP出典

　しかし，課税から納税という一貫したプロセスを執行することが税務行政の本質であるとするならば，滞納対策は，地方自治体にとっては，日常的な取り組みです。この場合に，徴税力の向上として地方自治体が行ってきた施策は，滞納事案の解消と徴収不能の回避が一般的であると考えます。

　確かに地方自治体は，滞納対策を模索してきたことは否定できません。積極的な施策を実施してきた地方自治体も少なくないことも事実です。本講では，滞納対策の前提となる，いわゆる時効に関する基本問題と，滞納対策の実効策である差押えの現状について検討して，滞納問題の根底にある自治体側の抱える事項について考えてみたいと思います。

■ 22-2　時効の意義

　時効とは，ある事実状態が一定の期間にわたって継続した場合に，それを尊重し，その事実状態をそのまま権利関係として確定するという制度ですが，これが中断されると，それまでの時効期間はなかったことになります。

　民法153条の規定は，時効期間が満了するのを避けるために，裁判手続以外に催告を行い6か月間の猶予を経ることで時効期間を延長させる措置です。納付を催告したのちに6か月以内に差押え等をおこなったときには，時効が中断するという民法153条の準用を，最高裁昭和43年6月27日判決は示しています。

　結果としてこの最高裁判決は，租税債権の時効については，民法の規定を準用することを容認したと考えられます。

参考判例（22-1）【時効の意義】

> 最判昭和43年6月27日・昭和39年（行ツ）第91号
> （『最高裁民事判例集』22巻6号1379頁・最高裁HP）
> 【概　　要】
> 　租税債権の時効については，民法の規定を準用することが容認された事例
> 【判決要旨】
> 　①　金銭の給付を目的とする国の権利についての消滅時効の中断に関しては，適用すべき他の法律の規定のないときは民法の規定を準用すべきものとする会計法31条が，国税徴収権について適用あることはいうまでもない。されば，その徴収につき旧国税徴収法の適用される本件において，徴税機関が未納税額につき納付を催告し，その後六箇月内に差押等の手段をとったときは，民法153条の準用により，時効の中断を認めざるをえない。
> 　②　旧国税徴収法が未納税額の納付催告の方法として特に督促を設け，これを民法153条の規定にかかわらず時効中断の効力を生ずるものと規定

> したことから，かかる特則の存する以上，催告による国税徴収権の時効の中断は，右督促の手続によるもの以外には認められず，民法153条の準用の余地はないものとする原判決の見解は是認できない。原判決は，租税法律関係の具体的成立過程における行政権の認定判断の優越性，関係当事者の不対等関係，国税徴収権の自力執行性等をあげて，催告による時効の中断については，国税は私法上の債権と同様に取り扱わるべきものではなく，またそのように取り扱う必要のないことを理由とする。
>
> ③　旧国税徴収法が徴収手続において督促を定めたのは，未納税額につき強制徴収に移るにあたり，突如強制的手段にでることなく，一応さらに納期限を定めて催告するのを相当とし，督促をもって滞納処分開始の要件としたからであって，徴税機関が督促以外の方法によって納付を催告慫慂することを許さないものではないし，それが徴収手続上では格別な法的意味をもたないものにしても，その催告のあった事実に納付要求の意義を認めて法が時効中断の効力を付与できないものでもない。また国税徴収権が自力執行を可能とするからといって，時効中断について一般私法上の債権よりも課税主体にとって不利益に取り扱わなければならない理由もない。

　当時は国税通則法が制定されておらず，国税徴収法において督促が時効中断事由とされているのみでしたが，現行では，国税通則法72条3項，地方税法18条3項が民法を準用する規定を設けています。

　税法における時効の制度を議論するにあたっては，租税に関しても時効が必要なのかという点について検討の余地があるといえます。明らかに課税債権の確定したものが，納税者が不当に引き伸ばした結果，時効によってなくなるということは，公平な課税の見地からも疑義があります。

　もっとも，租税負担の公平の見地からすれば，税務行政において時効が迫るときまで，滞納を許すことは，行政の怠慢という誹りを免れないかもしれません。

　租税に関する法令遵守は，課税から徴収にいたる一連の手続きに及ぶべきも

のです。その意味からも徴収に対する認識を高めていく必要があります。

　徴収に関わる手続きで議論となるのは，5年間という地方税の徴収権の時効です。とくに一般的な納税者の感覚からの不満に，過徴収に対する返還について，地方自治体の温度差が指摘される対応であります。これを滞納に限れば，庶民感覚的な批判は，滞納者の時効による結果的な税逃れとなってしまいます。

　滞納は，納税義務の不履行ですから，本来滞納者に帰する責任があるわけですから，その積極的な解決は租税負担の公平から必要なことといえます。租税債権における時効の是非についてはともかく，時効という法制度は，課税側にも納税側にも諸刃の剣であることはいうまでもありません。

■ 22−3　時効の中断

　すでにふれたように，地方税の時効の中断は，民法の規定が準用されます（地法18③）。民法上，中断事由には，①請求，②差押え・仮差押え・仮処分，③債務承認があり，差押えが租税債権についても時効中断理由となることは当然といえます。

　もっとも問題になるのは，請求といえます。差押えの対象となるべき財産を所持していないというような事情の下でも，解決手段を見出さなければならない場合もありますが，差押えの対象となるべき財産を所持していないとなると，租税債権の執行力は事実上効果を生じず，滞納処分による差押えに着手することができません。つまり，租税債権の消滅時効の進行を中断する方法としては，裁判上の請求をする以外に方法はないと考えます。

　また，債務承認については口頭でも承認とされる見解もあります。確かに，地方自治体のなかには，違法徴収として報道された事例では，滞納者の口頭での債務承認を「時効の中断」とみなして，時効を過ぎても徴収を続けていたとされ，時効を迎えているにもかかわらず，納税の督促を受けていたというものがあります。やはり，租税債権の場合には，口頭による扱いは，疑義を呼ぶものといえるでしょう。

参考判例（22－2）【時効の中断】

> 岡山地判昭和41年5月19日・昭和40年（行ウ）第10号
> (『行政事件裁判例集』17巻5号549頁)
>
> 【概　　要】
> 時効の中断の実行方法についての判断を示した事例
> 【判決要旨】
> ①　租税債権は，税務署長に課税処分なる行政行為により国が取得し，しかも，それには所謂「自力執行力」と称される執行力が付与せられており，その任意履行がなされないときは，直ちに国税徴収法所定の滞納処分手続による差押・換価処分をして，強制的に徴収することができるのである。したがって，通常の場合国が租税債権の行使として，訴を提起する必要はない。
> ②　本件においては，当事者間に争いない事実によれば，納税者は課税庁主張の租税債権の存在を争っていながら，目下のところ，差押えの対象となるべき財産を所持していない事情があり，しかも，租税債権の消滅時効の進行を中断する方法については民法所定の方法によることとされている（会計法第31条・国税通則法第72条）。
> ③　前記事情が存する以上裁判上の請求をするよりほかに，時効中断の方法はないことになる。かかる場合は，国が租税債権の行使を裁判上の請求によりなす必要があり，そのためにする訴には本案判決を求める利益がある。

■ 22－4　差押えの範囲

　東京高裁昭和45年4月30日判決は，差押えにおける徴収職員の裁量権を容認した事例です。この事例では，徴収職員が滞納国税及び地方税を徴収するために債権全額の差押えをし，その全額を取り立て，残余金の交付をしたことの違

法性と，それによって債権者に損害が生じたか否かが争点となりました。全額差押えについて裁判所は，債権の差押えの決定は，徴収職員の自由裁量行為であると認めています。しかしその自由裁量行為には一定の範囲があり，その範囲内の行為であるならば違法行為とはならないが，その範囲を超えた行為については違法行為になると判示しています。つまり，徴収職員が有するのは，全くの自由裁量行為ではないと解していいでしょう。やはり，徴収職員にどこまでの裁量権が認められるのか，どの財産を差押えるのか，差押え財産の範囲を明確にする必要があると考えます。

参考判例（22-3）【差押えの範囲】

東京高判昭和45年4月30日・昭和42年（ネ）第2552号他

（『判例時報』600号77頁・最高裁HP）

【概　　要】

　差押えにおける徴収職員の裁量権を容認した事例

【判決要旨】

①　国税徴収法は，国税の滞納処分における財産の差押に関する通則として，法48条第1項により，国税を徴収するために必要な財産以外の財産は，差し押えることができないとし，超過差押を禁止しているが，債権の差押については，右の特則として，法63条が滞納国税の額にかかわらず全額差押を原則とし，徴収職員が全額差押の必要がないと認めるときは一部差押をすることができると規定している。

②　これは，債権の実質的な価値が第三債務者の支払能力，第三債務者の滞納者に対する反対債権その他抗弁権，その他種々の事情に左右されるものであって，名目上の債権額からこれを把握することが困難であり，どれ程の債権額を差し押えれば国税徴収に支障がないかを予め知り難いという他の種類の財産とは異なる債権特有の事情から全額差押を原則とし，ただ徴収職員が差押債権の実質的な価値を把握し，一部差押によって国税徴収に支障がなく，従って全額差押の必要がないと認めた場合には一部差押

をすることができることをも認めたものと解せられるのであって，このような差し押えるべき債権の範囲をその一部とするか否かの決定は当該徴収職員のいわゆる自由裁量行為というべきであるから，その裁量権の範囲内の行為である限り，これを違法行為とすることはできない。

■ 22-5 差押禁止財産

　平成21年4月，定額給付金の支給日に，支給と同時に滞納者の預金を一斉に差し押さえた地方自治体が報道され，話題となったことがありました。預金債権と差押禁止財産については，大阪地判平成15年11月25日が，固定資産税の滞納に係る差押えにおいて預金は差押禁止財産に該当しないと判示し，注目されました。

参考判例（22-4）【預金債権と差押禁止財産】

大阪地判平成15年11月25日・平成15年（行ウ）第38号
（『判例地方自治』266号46頁）

【概　　要】
　固定資産税の滞納に係る差押えにおいて預金は差押禁止財産に該当しないとされた事例

【判決要旨】
　①　本件預金債権は，納税者が銀行に対して有する普通預金払戻請求権及びこれに対する債権差押通知書到達日までの約定利息の支払請求権であるから，地方税法，国税徴収法の規定により差押えが一部禁止されている給料，賃金，俸給，歳費，退職年金及びこれらの性質を有する給与に係る債権に該当しないことは明らかである（なお，原告は，民事執行法所定の差押禁止債権に当たる旨主張しているが，そもそも差押え等の固定資産税の滞納処分については，国税徴収法に規定する滞納処分の例によるのであ

り，民事執行法の適用はなく，原告の主張を前記地方税法，国税徴収法に基づく差押禁止債権に当たるという趣旨のものと善解したとしても，これに当たらないことになる。）。

② この点，納税者は，本件預金債権に係る普通預金口座に現存している預金はすべて納税者の勤務先から振り込まれた給料であり，振込みによっても差押禁止債権たる性質は変わらない旨主張する。しかし，仮に上記口座に現存している預金がすべて納税者の勤務先から振り込まれた給料であるとしても，納税者の使用者に対する給料債権と銀行に対する本件預金債権とではその性質を全く異にするものといわざるを得ないから，納税者の上記主張を採用することはできない。

③ なお，国税徴収法76条2項は，給料等に基づいて支払を受けた金銭についても，その一部の差押えを禁止しており，その趣旨からすれば，給料等に基づく金銭が預金口座に振り込まれた場合においても同様に差押えが禁止されるとの見解もあり得るところではあるが，預金債権が直ちに同項にいう「金銭」に含まれると解することは困難であるし，滞納者は，その生活状況によっては，徴収の猶予，換価の猶予又は滞納処分の停止により，これらに伴う差押えの解除を受けることも可能であるから，給料等が振り込まれた預金口座に係る預金債権の差押えが禁止されないからといって，給料等及び給料等に基づいて支払われた金銭の差押えを禁止した法の趣旨が全く没却されるというものでもないと考えられる。

本来，差押禁止財産は，生活維持の保障，安らかな精神的生活の保障，社会保障制度の維持などの理由から差押えが制限されています。給与等の債権が差押禁止財産の対象にされているのも，憲法25条の生存権を保障するためです。この給与債権等が預金債権に転化すると，その判別は困難を伴うものであり，執行上の問題となることが予想されます。しかしながら，振り込みにより預金残高が増加し，またその原資が差押禁止財産であることが明らかである場合に預金債権を差押えることは，差押禁止財産への差押えと考えるべきです。

最近でも，鳥取地判平成25年3月25日は，禁止債権である児童手当の差押処分の違法性について，「児童手当が預金口座」に振り込まれた場合，法形式上は，当該児童手当受給権は消滅し児童手当受給者の銀行に対する預金債権になることを容認していますが，結論として客観的にみて，実質的に児童手当法の精神を没却するような裁量逸脱があったものとして，違法であるとしています。この判断は，控訴審である広島高裁平成25年11月27日判決（平成21年（行ウ）第3号・『判例地方自治』373号9頁）も容認しています。

この事例では，裁判所は，児童手当が預金口座に振り込まれた場合には，児童手当受給権は消滅し，受給権相当額の預金債権という別個の債権に変容することから，預金払戻請求権全額を差押えることができるとしつつも，処分行政庁が，実質的に児童手当を原資として租税を徴収することを意図した場合には，実際の差押処分の時点で，児童手当以外に預金口座への入金がない状況であることを知り又は知り得べき状態にあったときには，当該差押処分は児童手当法の精神を没却する裁量逸脱であり，違法であるとの判断基準を示しています。

課税庁が，預金債権の大部分を，担税力がないことから差押え禁止債権とされる児童手当であることを認識していたもかかわらず，預金債権を差押えたこの事案は，大きな課題を残したといえるでしょう。

参考判例（22-5）

鳥取地判平成25年3月29日・平成21年（行ウ）第3号

（『判例地方自治』373号9頁』）

【概　　要】

児童手当が振り込まれた銀行口座の差し押さえが違法であるとした事例

【判決要旨】

①　児童手当が預金口座に振り込まれた場合，法形式上は，当該児童手当受給権は消滅し児童手当受給者の銀行に対する預金債権という別個の債権になることに加え，一般に，児童手当が預金口座に振り込まれると受給者の一般財産に混入し，児童手当としては識別できなくなる可能性がある。

国税徴収法上の差押えは，債務者及び第三債務者を審尋することなく発令されるものであって，差し押さえようとする預金の原資をあらかじめ調査する仕組みを採用していないことに鑑みれば，差押えが禁止される児童手当であってもそれが銀行口座に振り込まれた場合には，原則として，その全額の差押えが許される。

② 児童手当法15条の趣旨に鑑みれば，県が，差押処分に先立って，差押えの対象として予定している預金債権に係る預金口座に，近いうちに児童手当が入金されることを予期した上で，実質的に児童手当を原資として租税を徴収することを意図した場合において，実際の差押処分（差押通知書の交付）の時点において，客観的にみても児童手当以外に預金口座への入金がない状況にあり，県がそのことを知り又は知り得べき状態にあったのに，なお差押処分を断行した場合は，当該処分は，客観的にみて，実質的に児童手当法の精神を没却するような裁量逸脱があったものとして，違法である。

③ 差押えに係る預金債権の原資のほとんど（預金債権13万73円のうち13万円）は児童手当の振込みによるものであったところ，県は，平成20年6月11日に児童手当が振り込まれる可能性が高いことを認識しつつ，あえて児童手当の振込み時期に合わせて差押えを実施した。県職員が差押え処分を執行した際には，取引履歴を確認して，差押えに係る預金債権の原資のほとんどが児童手当を原資とするものであることを現実に認識した。

④ 県は，差押対象財産を選択するに当たって，実質的には，預金口座に振り込まれる児童手当を原資として租税の徴収をすることを意図し，その意図を実現した。県職員の主観面に着目すれば，実質的には，差押禁止債権である児童手当受給権の差押えがあったのと同様の効果が生ずる。

⑤ 差押処分を取り消さなければ，児童を養育する家庭の生活の安定，児童の健全育成及び資質の向上に資することを目的とする児童手当の趣旨（児童手当法1条参照）に反する事態を解消できず，正義に反するものと

いわざるを得ないから，差押処分は権限を濫用した違法なものである。
　⑥　児童手当法の趣旨に反し，納税者家族の生活に重大な不利益を及ぼしうることは容易に想定できたはずであり，にもかかわらず，職務上通常尽くすべき注意義務を尽くすことなく漫然と差押処分を執行したものであるから，県が差押対象財産を調査，選択する過程に裁量の逸脱又は濫用がある。差押処分及びこれに引き続く一連の滞納処分には，国家賠償法1条1項の違法があった。

■ 22－6　コンビニ納税の利便性

　滞納対策の一つに納税手続の利便性の向上があります。いわゆる納税環境の整備です。その一つにコンビニ納税の制度化がありました。
　地方自治法施行令第158条は，使用料，手数料，賃貸料，貸付金の元利償還金などの歳入について，その収入の確保及び住民の便益の増進に寄与すると認められる場合に限り，私人にその徴収又は収納の事務を委託することができると規定しています。平成16年4月の改正により，同施行令158条の2において，地方税においても上述の基準を満たしている者にその収納の事務を委託することができることになりました。その結果，一部の地方自治体における公金の代行収納が，コンビニエンス・ストアの窓口サービスで開始されました。まさしく納税者の利便性を第一に考えるとすれば，遅きに失したといえます。
　一般的なコンビニエンス・ストアの利便性は，営業時間，日用品の豊富な品揃え，店舗距離などが挙げられます。店舗数の地域格差や24時間営業への疑問も指摘されますが，都市部を中心に，日常生活に及ぼしたコンビニエンス・ストアの影響は，少なくありません。宅配便の受付，公共料金等や通信販売の代金支払い，金融機関のATMの設置など物品販売以外へのサービスの拡大は，消費者のニーズに応えた経営方針といえます。
　納税者にとってのコンビニエンス・ストアの利便性は，時間的効用はいうま

でもないことですが，コンビニエンス・ストアが全国チェーンであり，事実上，収納代理金融機関の制約が無くなったことも重要です。この収納代理金融機関の存在は，地域性が強かったので，思いの外使い勝手が悪かったことを，地方自治体は理解していなかったような気がします。

　もっとも，コンビニ納税は万能ではありません。

　例えば，愛知県では，平成17年10月に自動車税未納者がコンビニ納税できるシステムを導入したところ，納税された件数，金額ともに前年同期に比べて，約３割増加しました（『中日新聞』平成17年11月17日）。

　ところが，平成20年度から自動車税納税について，電話による催促も実施することになりました（『中日新聞』平成20年５月24日）。それは，平成19年度の場合，納付期限の５月末までに支払われなかった比率は24％，７月末時点では６％の滞納が生じたとされます。新しい電話による催促は，その年だけ納めていない人を対象に，催告書を送付するとともに，民間業者に委託して電話で直接，催促する方法をとるということです。結局，最終的には納税に対する意識や意欲の問題ということでしょう。

第23講

税制改正と企業経営

●●

　税制改正は，財政の根幹をなすものですが，企業経営に及ぼす影響は測り知れません。本講では，酒税法の改正を通してビール業界の商品開発と販売戦略を考えてみたいと思います。

■ 23－1　税制改正の動向

　平成28年度税制改正は，平成27年中における軽減税率審議に追われて，改正内容が少ないと言われています。大企業優遇の声も聞こえてきますが，先送りにされたものも多かったような気がします。女性の社会進出を促す目的も含めた配偶者控除の見直しなどは最たる事項だったと思われます。他にも相続税の遺言控除，節税策の報告義務，ビール課税など気になる報道もありましたが，杞憂に終わりました。平成29年度税制改正に向かって継続した審議が始まるはずです。

　なかでも政府税調が，所得税の公平負担を目的とした所得税の抜本的な改革を約20年ぶりに行う議論を始めたことでしょう。その骨子は若年層の租税負担軽減が焦点とあるようですが，非正規雇用や共働き世帯の増加などに対応して所得控除の見直しが検討されるようです。

　すでに，いわゆる103万円の壁といわれてきた配偶者控除の再編が決まっていますので，さらに扶養控除などの人的控除に対する議論が高まって来ると思われます。現行のいわば世帯単位，家族単位的な課税体系から，単身者などを

重視した個人単位の課税が進むかもしれません。

しかしながら，この秋に向けての税制論議のなかで，もっとも注目されているのは，消費税における軽減税率（複数税率）とマイナンバー制度導入による課税の効率化の問題です。今後の進展を注目したいところです。

■ 23－2　酒税法改正の影響

前述したように，ビールや発泡酒に対する酒税の一本化に伴いチューハイの増税検討が先送りされました。実をいえば，この酒税法改正に伴う政府とビール会社との攻防は，税制に細かく制約される企業経営のなかで，唯一といえる税務対策を踏まえた商品開発として特筆されるものがあります。

酒税は，酒税法に基づき酒類に対して課される国税ですが，お酒の価格に反映することから消費者はもちろん酒造メーカーにとっても新製品の開発など，企業経営に影響を及ぼす租税でもあります。

酒税は，いわゆるたばこ税と同じように嗜好品に対する課税として共通する特徴があります。しかし，たばこ税が禁煙促進など健康対策の観点から増税に関しては世論の批判は少ないと感じることがありますが，酒税に関しては議論が盛んです。

酒税は，酒税法に基づき酒類に対して課される国税ですが，機能的には流通税であり，消費税と同様に間接税になります。酒税法が規定する酒類は，原則としてアルコール分1度以上の飲料を指します。ただし，アルコール事業法の適用を受けるものや薬事法の規定により製造の許可を受けたアルコール含有医薬品・医薬部外品などは酒税法上の酒類から除きます。

酒税法は，酒類の製法や性状に着目して，発泡性酒類，醸造酒類，蒸留酒類及び混成酒類の4種類に分類し，その分類ごとに異なる税率を適用します。税率は，酒類の数量を課税標準とする従量課税方式で計算されます。4種類に分類された酒類は，さらに17品目の酒類に区分します。

酒税の納税義務者は，酒類の製造者と酒類を保税地域から引き取る者，すな

わち輸入業者とに区分されますが，納税義務の成立時期は以下のとおりです。

・酒類の製造者……………………酒類の製造場からの移出の時
・酒類を保税地域から引き取る者……保税地域からの引取りの時

酒税法における酒類の分類及び定義

- 発泡性酒類 ─ ビール，発泡酒，その他の発泡性酒類（ビール及び発泡酒以外の酒類のうちアルコール分が10度未満で発泡性を有するもの）
- 醸造酒類(注) ─ 清酒，果実酒，その他の醸造酒
- 蒸留酒類(注) ─ 連続式蒸留しょうちゅう，単式蒸留しょうちゅう，ウイスキー，ブランデー，原料用アルコール，スピリッツ
- 混成酒類(注) ─ 合成清酒，みりん，甘味果実酒，リキュール，粉末酒，雑酒

（注）　その他の発泡性酒類に該当するものは除かれます。

品目区分	定義の概要
清　　　酒	＊　米，米こうじ，水を原料として発酵させてこしたもの（アルコール分が22度未満のもの） ＊　米，米こうじ，水及び清酒かすその他政令で定める物品を原料として発酵させてこしたもの（アルコール分が22度未満のもの）
合　成　清　酒	＊　アルコール，しょうちゅう又は清酒とぶどう糖その他政令で定める物品を原料として製造した酒類で清酒に類似するもの（アルコール分が16度未満でエキス分が5度以上等のもの）
連続式蒸留しょうちゅう	＊　アルコール含有物を連続式蒸留機により蒸留したもの（アルコール分が36度未満のもの）
単式蒸留しょうちゅう	＊　アルコール含有物を連続式蒸留機以外の蒸留機により蒸留したもの（アルコール分が45度以下のもの）
み　り　ん	＊　米，米こうじにしょうちゅう又はアルコール，その他政令で定める物品を加えてこしたもの（アルコール分が15度未満でエキス分が40度以上等のもの）
ビ　ー　ル	＊　麦芽，ホップ，水を原料として発酵させたもの（アルコール分が20度未満のもの） ＊　麦芽，ホップ，水，麦その他政令で定める物品を原料として発酵させたもの（アルコール分が20度未満のもの）
果　実　酒	＊　果実を原料として発酵させたもの（アルコール分が20度未満のもの） ＊　果実，糖類を原料として発酵させたもの（アルコール分が15度未満のもの）
甘味果実酒	＊　果実酒に糖類，ブランデー等を混和したもの
ウイスキー	＊　発酵させた穀類，水を原料として糖化させて発酵させたアルコール含有物を蒸留したもの
ブランデー	＊　果実，水を原料として発酵させたアルコール含有物を蒸留したもの
原料用アルコール	＊　アルコール含有物を蒸留したもの（アルコール分が45度を超えるもの）
発　泡　酒	＊　麦芽又は麦を原料の一部とした酒類で発泡性を有するもの（アルコール分が20度未満のもの）
その他の醸造酒	＊　穀類，糖類等を原料として発酵させたもの（アルコール分が20度未満でエキス分が2度以上等のもの）
スピリッツ	＊　上記のいずれにも該当しない酒類でエキス分が2度未満のもの
リキュール	＊　酒類と糖類を原料とした酒類でエキス分が2度以上のもの
粉　末　酒	＊　溶解してアルコール分1度以上の飲料とすることができる粉末状のもの
雑　　　酒	＊　上記のいずれにも該当しない酒類

国税庁HP出典

酒税法一覧表（平成18年5月1日～）

1．酒類法第23条関係

蒸留の分類	アルコール分等	1 kℓ 当たり 税率
○発泡性酒類（基本税率）		220,000円
ビール		220,000円
発泡酒	麦芽比率50％以上又はアルコール分10度以上	220,000円
発泡酒	麦芽比率25％以上（アルコール分10度未満）	178,125円
発泡酒	麦芽比率25％未満（アルコール分10度未満）	134,250円
その他の発泡性酒類	ビール及び発酵酒以外の品目の酒類のうち，アルコール分が10度未満で発泡性を有するもの（※）	80,000円
○醸造酒類（基本税率）		140,000円
清酒		120,000円
果実酒		80,000円
その他の醸造酒		140,000円
○蒸留酒類（基本税率）	21度以上	220,000円に20度を超える1度ごとに10,000円加算
○蒸留酒類（基本税率）	21度未満	220,000円
連続式蒸留しょうちゅう／単式蒸留しょうちゅう／原料用アルコール	21度以上	200,000円に20度を超える1度ごとに10,000円加算
連続式蒸留しょうちゅう／単式蒸留しょうちゅう／原料用アルコール	21度未満	200,000円
ウイスキー／ブランデー／スピリッツ	37度以上	370,000円に37度を超える1度ごとに10,000円加算
ウイスキー／ブランデー／スピリッツ	37度未満	370,000円
○混成酒類（基本税率）	21度以上	220,000円に20度を超える1度ごとに11,000円加算
○混成酒類（基本税率）	21度未満	220,000円
合成清酒		100,000円
みりん		20,000円
甘味果実酒／リキュール	13度以上	120,000円に12度を超える1度ごとに10,000円加算
甘味果実酒／リキュール	13度未満	120,000円
粉末酒		390,000円
雑酒	みりん類似	20,000円
雑酒	21度以上	220,000円に20度を超える1度ごとに11,000円加算
雑酒	21度未満	220,000円

（※） ホップ等を原料の一部とした酒類で次に掲げるものは，その他の発泡性酒類に含まれる。
1 糖類，ホップ，水及び一定の物品（注）を原料として発酵させたものでエキス分2度以上のもの（その他の醸造酒）
 （注） 「一定の物品」とは，次のものをいう。
 イ たんぱく質物分解物（大豆を原料とするもの）及び酵母エキス又はこれらとカラメル
 ロ たんぱく質物分解物（えんどうを原料とするもの）及びカラメル又はこれらと食物繊維
 ハ とうもろこし，たんぱく質物分解物（とうもろこしを原料とするもの），酵母エキス，アルコール，食物繊維，香味料，くえん酸三カリウム及びカラメル
2 麦芽及びホップを原料の一部として発酵させた発泡酒（麦芽比率が50％未満のもの）に，大麦又は小麦を原料の一部として発酵させたアルコール含有物を蒸留したスピリッツを加えたものでエキス分2度以上のもの（リキュール）

2．租税特別措置法第87条の2関係

次の品目のうち，発泡性のない酒類で，アルコール分13度未満のもの（リキュールについては12度未満のもの）については，1の表にかかわらず，次表の税率を適用する。

品 目	アルコール分等	1 kl 当たり 税率
連続式蒸留しょうちゅう 単式蒸留しょうちゅう ウイスキー ブランデー	9度以上13度未満	80,000円に8度を超える1度ごとに10,000円加算
スピリッツ リキュール	9度未満	80,000円

3．租税特別措置法第87条及び第87条の6関係

次の品目のうち，前年度の課税移出数量がそれぞれ1,300kl以下である者が，当年度に移出する酒類の200klまでのものについては，1の表により算出した酒税額を次表の割合で軽減した酒税額とする。

なお，ビール以外の酒類は28年度〜29年度について，ビールは27年度について，前年度の課税移出数量が1,000kl超〜1,300kl以下の場合には上段の軽減割合，1,000kl以下の場合には下段の軽減割合を適用する。

品 目	軽 減 割 合				
	25年度	26年度	27年度	28年度	29年度
清酒，連続式しょうちゅう，単式しょうちゅう，果実酒（注1）	20％	20％	20％	10％	10％
				20％	20％
合成清酒，発泡酒（注1）	10％	10％	10％	5％	5％
				10％	10％
ビール（注2）	15％	15％	7.5％	新たに免許を受けた日から5年間を経過する日の属する圧の末日まで	
			15％		

（注1） 東日本大震災により酒類の製造場に甚大な被害を受けたことについて国税庁長官の確認を受けた製造者は，上記の割合で軽減した酒税額を6.25％軽減した酒税額とする。（平成25〜27年度）
（注2） 当該免許を受けた日から5年を経過する日の属する月の末日までは経過措置が設けられており，下記に応じた経過割合が適用される。
 ・ 平成20年4月1日から平成22年3月31日までの間に初めてビールの製造免許を受けた者における軽減割合は，当該免許を受けた日から5年を経過する日の属する月の末日までは20％
 ・ 平成22年4月1日から平成25年3月31日までの間に初めてビールの製造免許を受けた者における軽減割合は，当該免許を受けた日から5年を経過する日の属する月の末日までは15％
 ・ 平成25年4月1日から平成28年3月31日までの間に初めてビールの製造免許を受けた者における軽減割合は，当該免許を受けた日から5年を経過する日の属する月の末日までは15％
 （平成27年度以後は15％又は7.5％）

国税庁HP出典

■ 23-3　発泡酒とビール

　平成26年12月，わが国と欧州連合（EU）の経済連携協定（EPA）交渉で，日本が酒税法で定めているビール類の定義の見直しをEUが求めていることが報道されました。つまり，欧州では，ベルギー産など「ビール」の一部が発泡酒に分類されていますが，実際に日本で販売される際には，ビールと同じ高い税額が課されている，という話題です。

　わが国における発泡酒の誕生は，画期的なことでした。平成6年（1994年）の年末，サントリーから「ホップス」という名前の新しいビール（？）が売り出されました。テレビのCMでは，菅原文太と松方弘樹が登場していましたから，どちらかといえば中高年を相手にしていたかもしれません。当時の希望小売価格が160円と国産ビールより45円安い180円という価格に魅力がありました。翌年，平成7年の4月，今度は，サッポロから「ドラフティー」が発売されました。こちらはサントリーよりさらに安く，160円（350ミリリットル缶）でした。

　現在でも，CMを見ていると，缶のプルトップが開き，泡がこぼれ，グラスに注ぐと泡が沸き立ち，飲み干すというシーンが続きます。会社名とブランド名は表示されますが，あえてお酒の種類は強調されません。

　「ホップス」や「ドラフティー」のCMでも，同じようなシーンが続きましたから，見ている人は新しいブランドの，しかも低価格のビールが発売されたと思ったでしょう。おそらく実際に飲んだ人たちはそう思っていたはずです。缶に表示されている原材料は，麦芽，ホップ，米，コンスターチとビールと同じなのですが，缶にビールとは書いてありません。実は，この「ホップス」や「ドラフティー」が，発泡酒の始まりでした。

■ 23－4　企業の税務戦略

　マネジメント（manegement）という理論があります。経営管理と訳されることが一般的ですが，組織の運営管理の論理と手法です。この組織とは，企業，軍隊，行政機関を対象としています。行政機関の場合には，行政学と称されることがあります。

　このマネジメントに，タックス・マネジメント（tax management）という領域があります。企業が課税負担を考慮して商品開発を行う手法です。通常は，投資商品や保険商品など金融商品が節税効果を踏まえて開発されますが，やはり米国系の外資企業の商品がもとになっている場合が多いようです。

　ただ，わが国では，米国と異なり事前情報の開示が遅れる傾向があり，また後だしジャンケン的な方法で，その商品を租税回避として封じ込める施策が行われてきたため，企業では税務戦略に消極的でした。

　しかし，この発泡酒の開発は，まさしく税務戦略として特筆される内容でした。たばこは，元来，専売制でしたから経営的な手法は必要がなかったわけですが，間接税とした商品価格に反映される酒税についての十分，経営的手法が発揮できることを考えれば，発泡酒の誕生は遅かったかもしれません。

　しかし，この発泡酒戦略も酒税法の改正で混乱することになります。

■ 23－5　発泡酒と酒税法改正

　「ホップス」や「ドラフティー」が発売された当時，ビールの酒税は1キロリットル当たり222,000円でした。350ミリリットル缶1本当たり酒税の負担が約78円となります。

　これに対して発泡酒は，雑酒という酒類に分類されますが，発泡酒の税率はその成分中，麦芽の使用割合が67パーセント以上のものが1キロリットル当たり222,000円，25パーセント以上67パーセント未満のものが同じく152,000円，

その他のものが同じく83,300円と決まっていました。酒税法の定義するビールとは，つまり麦芽の使用割合が67パーセント以上のものを指すことになります。

実は，「ホップス」の麦芽の使用割合を65パーセントに抑え，酒税の負担を350ミリリットル缶1本当たり約53円まで下げました。これに対して，「ドラフティー」は麦芽の使用割合を25パーセント未満としたため，酒税の負担は1缶当たり約29円と格安になりました。これが低価格の秘密ですが，節税ビールといわれた理由はここにありました。

この節税ビールといわれた「ホップス」の登場に対して国税庁は，ビールと発泡酒とは全く別物と素っ気ない態度をとっていました（『朝日新聞』平成6年11月29日夕刊）。ところが「ドラフティー」が発売され，競争が激化し，消費者にも歓迎され爆発的な人気が生まれ平成7年夏のヒット商品といわれるようになった頃，大蔵省は考え方を変えました。その言い分は，発泡酒の広告・宣伝で「生」とか「ドライ」といった，ビールと錯覚するような表現を使う一方で，ビールとの税格差を売り物にして売り上げを伸ばしていることから，税を負担する消費者の不公平感を助長する恐れがあるというものでした（『日経新聞』平成7年8月30日夕刊）。メーカー側は企業努力や消費者のニーズを強調して反対しましたが，結局，酒税法は改正されてしまいました。

平成8年10月1日以降，発泡酒の税率は，麦芽の使用割合が50パーセント以上のものが1キロリットル当たり222,000円，25パーセント以上50パーセント未満のものが同じく152,700円，その他のものが同じく105,000円と改正されました。ところがこの改正に対抗して，サントリーが平成8年夏に向けて売り出した，「スーパーホップス」は，なんと350ミリリットル缶150円と値下げをしました。麦芽の使用割合を24パーセント程度まで下げた新製品の登場です。サントリー側は，限られた条件で最良の商品を提供するのがメーカーの仕事と記者会見していました（『毎日新聞』平成8年5月8日朝刊）。

■ 23－6　第3のビールの開発

　実を言えば，その後も酒税法改正とビール業界の攻防は続いています。それは，第3のビールといわれるお酒の存在です。

　第3のビールとは，正確には，発泡性酒類は，①ビール，②発泡酒，③その他の発泡性酒類に分類されますが，この3番目のその他の発泡性酒類に区分される，いわばビール風味の発泡性のあるお酒ということになります。ビール及び発泡酒と異なりますから，原料は麦芽以外となります。大豆，トウモロコシ，エンドウなどが代表的な原料とされています。現行では，酒税を350ミリリットル缶で計算すると，ビール77円，発泡酒47円，第3のビールは28円ですから，この第3のビールの安さは大きいものがあります。

　この第3のビールでサッポロビールの極ZEROの販売終了が話題になりました。と同時に第3のビールではなく，ビールと同じ税率だった場合に納付する税額に対する不足分を追加納税が行われました。

　ところが，サッポロビールが，酒税115億円の返還を国税当局に求めたことが報道されています（『朝日新聞』平成27年1月30日）。極ZEROは税率の低い第3のビールにあたらない可能性があると指摘され，高い税率との差額として納めたわけですが，社内の検証で，第3のビールに間違いないという確信を得たとサッポロ関係者が明らかにしたといわれています。国税当局の対応に興味があります。

　しかしながら，先送りされた酒税法改正案の骨子は，ビール類飲料の酒税一本化です。現行のビール77円，発泡酒47円，第3のビールは28円を55円に統一するものです。その結果，発泡酒と第3のビールの税額が引き上げられる一方，ビールの税額は下がりますから，ビール業界は新たな製品開発と販売戦略に挑戦することになりますから，国税当局の結論が出た頃には，極ZERO問題に関する話題は，残念ながら風化しているかもしれません。

著者紹介

林　　仲　宣（はやし　なかのぶ）

1952年　愛知県豊橋市生まれ
現　在　税理士
　　　　市町村職員中央研修所（市町村アカデミー）客員教授
　　　　明治学院大学大学院，専修大学大学院，中京大学大学院各非常勤講師

【最近の著書】

（単　著）
　税社会学（税務経理協会）2003年
　地方分権と地方税システム（中央経済社）2005年
　所得税法・消費税法の論点（中央経済社）2005年
　租税手続法の解釈と適用（税務経理協会）2009年
　地方分権の税法学（税務経理協会）2011年
　租税基本判例120選（改訂版）（税務経理協会）2014年
　実務のための財産評価判例集（税務経理協会）2015年

（共編著）
　交際費税務に生かす判例・裁決例53選（税務経理協会）2010年
　はじめての租税法（成文堂）2011年
　贈与税対策に生かす判例・裁決例45選（税務経理協会）2012年
　今のうちから考えよう相続税対策のはじめ方（日本加除出版）2014年
　重要判決・裁決から探る税務の要点理解（清文社）2015年
　ガイダンス税法講義（3訂版）（税務経理協会）2015年
　年金世代から考える税金とのつきあい方と確定申告
　　　　　　　　　　　　　　　　　（日本加除出版）2015年
　実務のための貸倒損失判例・裁決例集（税務経理協会）2016年

著者との契約により検印省略

平成28年9月1日　初版第1刷発行	アドバイス税法講義　上巻 地方税職員のための税法入門 税法総論・所得税・固定資産税等

著　者　林　　　仲　宣
発行者　大　坪　嘉　春
印刷所　税経印刷株式会社
製本所　株式会社　三森製本所

発行所　〒161-0033 東京都新宿区　　株式　税務経理協会
　　　　下落合2丁目5番13号　　　　会社
振　替　00190-2-187408　　　　電話　(03)3953-3301（編集部）
ＦＡＸ　(03)3565-3391　　　　　　　　(03)3953-3325（営業部）
　　URL　http://www.zeikei.co.jp/
乱丁・落丁の場合は，お取替えいたします。

© 林　仲宣　2016　　　　　　　　　　　　　　　　Printed in Japan

本書の無断複写は著作権法上での例外を除き禁じられています。複写される
場合は，そのつど事前に，（社）出版者著作権管理機構（電話 03-3513-6969,
FAX 03-3513-6979, e-mail : info@jcopy.or.jp）の許諾を得てください。

JCOPY ＜(社)出版者著作権管理機構　委託出版物＞

ISBN978-4-419-06376-4 C3032